Gier · Fußballheimat Saarland

Meinen Eltern

Carsten Gier

Fußballheimat Saarland

100 Orte der Erinnerung

Arete Verlag Hildesheim

Der Autor
Carsten Gier wuchs in Bous/Saar auf und arbeitet heute hauptberuflich als Software-Entwickler. Nebenbei schreibt und fotografiert er für das Zeitspiel-Magazin für Fußball-Zeitgeschichte, verfasst Beiträge für die Buchreihe Zeitspiel-Legenden und unterhält eine Webseite über die Oberligavereine im Südwesten (www.suedwest-fussball.de).

Bibliografische Information der Deutschen Nationalbibliothek
Die Deutsche Bibliothek verzeichnet diese Publikation in der Deutschen Nationalbibliografie; detaillierte bibliografische Daten sind im Internet über http://dnb.ddb.de abrufbar.

Layout, Satz und Umschlaggestaltung: Composizione Katrin Rampp, Kempten
Fotografien: 047a: NK Kaufhaus Levy: Reproduktion, Sammlung Tobias Fuchs; 059: Ludwigspark: Carsten Pilger, 060: Ludwigspark II: Landesarchiv Saarbrücken, N NL HartmannP 2731; 087a: Sulzbach Festhalle: © Landesbildstelle Saarland im LPM; 099a: Hofhaus Antz Weiskirchen: © Landesbildstelle Saarland im LPM; Alle anderen Fotos: Carsten Gier
Umschlagfotos: Saarlandliga-Spiel im Ellenfeld (Cover), Ensdorf: Glückauf-Stadion (vordere Klappe außen), Neunkirchen: Das Ellenfeld bei Flutlicht, anlässlich des Saarlandpokal-Spiels gegen den 1. FCS im Oktober 2015 (hintere Klappe innen), Vereinsheim der Sportfreunde Saarbrücken am Saarwiesen-Stadion (hintere Klappe außen)
Grafiken: Matthias Hunger
Druck und Verarbeitung: Westermann Druck Zwickau GmbH
ISBN: 978-3-96423-066-9

Inhaltsverzeichnis

Vorwort

Die Frage wurde mir oft gestellt: Gibt es im kleinen Saarland überhaupt 100 Orte, die hier die Fußballheimat prägen? In einem Land, das in den Medien oft nur als Vergleichsgröße für Waldbrände oder Eisberge herangezogen wird?

Die große Zeit des Saarfußballs, das sei zugegeben, liegt in der Vergangenheit. In einer Zeit, die ich (Jahrgang 1971) nicht mehr erlebt habe. Von 1946 bis 1957 war das Saarland ein autonomer Staat mit beachtlicher Wirtschaftskraft: Kohle und Stahl waren damals die Motoren des Wirtschaftswunders. Davon profitierte auch der saarländische Fußball. Das Saarland stellte als FIFA-Mitglied eine eigene Nationalmannschaft auf, die zu 19 offiziellen Länderspielen antrat, insbesondere zu zwei legendären Spielen gegen das DFB-Team im Rahmen der WM-Qualifikation 1954. Zwei Vereine konnten in jenen Jahren ihre größten Erfolge feiern: Der 1. FC Saarbrücken war 1952 deutscher Vizemeister, siegte im Europapokal beim AC Mailand und war Bundesliga-Gründungsmitglied. Borussia Neunkirchen stand 1959 im DFB-Pokalfinale und belegte 1964/65 in der Bundesliga Rang 10.

Fußball wird im Saarland aber nicht nur in den Städten und im Ballungsraum im Saartal gespielt, sondern ist auch in den eher ländlichen Gebieten wie Saargau, Hochwald oder Bliesgau tief verwurzelt: Etwa jeder zehnte Saarländer ist heute Mitglied in einem Fußballverein.

Aus der Region stammen namhafte Fußballer wie Bubi Sold, Herbert Martin, Rudi Dörrenbächer, Margret Kratz, Stefan Kuntz oder Jonas Hector, außerdem Persönlichkeiten wie DFB-Präsident Hermann Neuberger oder DFB-Mannschaftsarzt Heinrich Heß. Andere, wie Karl Ringel, Jupp Derwall oder Uwe Klimaschefski, fanden als „Zugezogene“ an der Saar ihre Wahlheimat. Weil die französische Nachbarregion Lothringen auf vielfältige Weise das Schicksal des Saarlandes teilt, blickt dieser Band außerdem dreimal (knapp) über die Landesgrenze hinaus, denn auch Forbach, Sarreguemines und Schœneck sind eng mit dem saarländischen Fußball verbunden.

Die eingangs genannte Frage kann ich also eindeutig mit Ja beantworten: Das Saarland mag nicht groß sein, aber 100 Orte zu finden war kein Problem in einer Fußballheimat, die zahlreiche Geschichten erzählen kann. Ich wünsche daher viel Vergnügen bei einer Tour durch ein schönes und interessantes Land.

Auersmacher 001

Saar-Blies-Stadion

Jugendstil

1978 startete die neue Oberliga Südwest in ihre erste Saison. Sie hatte schnell den Ruf einer Hartplatzliga, denn Rasenspielfelder waren bei den oft kleinen Dorfvereinen nicht unbedingt die Regel. Der SV Speicher zum Beispiel war, dank der etwas verworrenen Qualifikationsregeln im Rheinland, direkt aus der Bezirksklasse in die Oberliga gesprungen. Aus dem Saarland hatte sich unter anderem der SV Auersmacher qualifiziert, ein Dorfclub zwar, aber mit einer ligatauglichen Spielstätte ausgestattet.

Im 1974 eröffneten Saar-Blies-Stadion, das heute Platz für etwa 3.500 Besucher bietet, kickte man von Anfang an auf Naturrasen. Trotzdem musste der SV Auersmacher direkt nach der ersten Spielzeit absteigen, weil ein Punkt zum rettenden Ufer fehlte.

Der Club gehört schon lange zu den guten Adressen des saarländischen Fußballs. 1971 in die Amateurliga Saarland aufgestiegen, halten sich die Grün-Weißen seitdem im saarländischen Oberhaus – wenn sie nicht sogar, wie 1978, 1995 oder 2011, in die Oberliga Südwest aufsteigen. In der Chronik des Vereins stehen sechs Oberliga-Spielzeiten, außerdem ein Saarlandpokal-Titel (1979) und fünf Siege beim Hallenmasters. Die Basis dieser Erfolge ist eine seit vielen Jahren sehr gut aufgestellte Jugendabteilung. Als in der Oberliga-Saison 2009/10 mit Rang 5 die beste Saisonplatzierung der Vereinsgeschichte gelang, erzielte ein junger Spieler aus dem vereinseigenen Nachwuchs in 34 Saisonspielen neun Tore: Jonas Hector.

Er wechselte nach der Saison zum 1. FC Köln und machte für die Geißböcke 2012 sein erstes Bundesligaspiel, dem inzwischen mehr als 250 weitere Erstliga-Einsätze sowie 43 Länderspiele folgten. Wenn sich die Gelegenheit bietet, schaut er gerne in der alten Heimat vorbei. In Auersmacher wiederum ist man stolz auf den erfolgreichen Spieler – und weiß, dass er dem Verein noch immer hilft: „Jonas ist der Grund, warum wir so einen starken Zulauf im Jugendbereich haben", sagt Klaus Thiel, Hectors ehemaliger Trainer und heutiger Vereinspräsident.

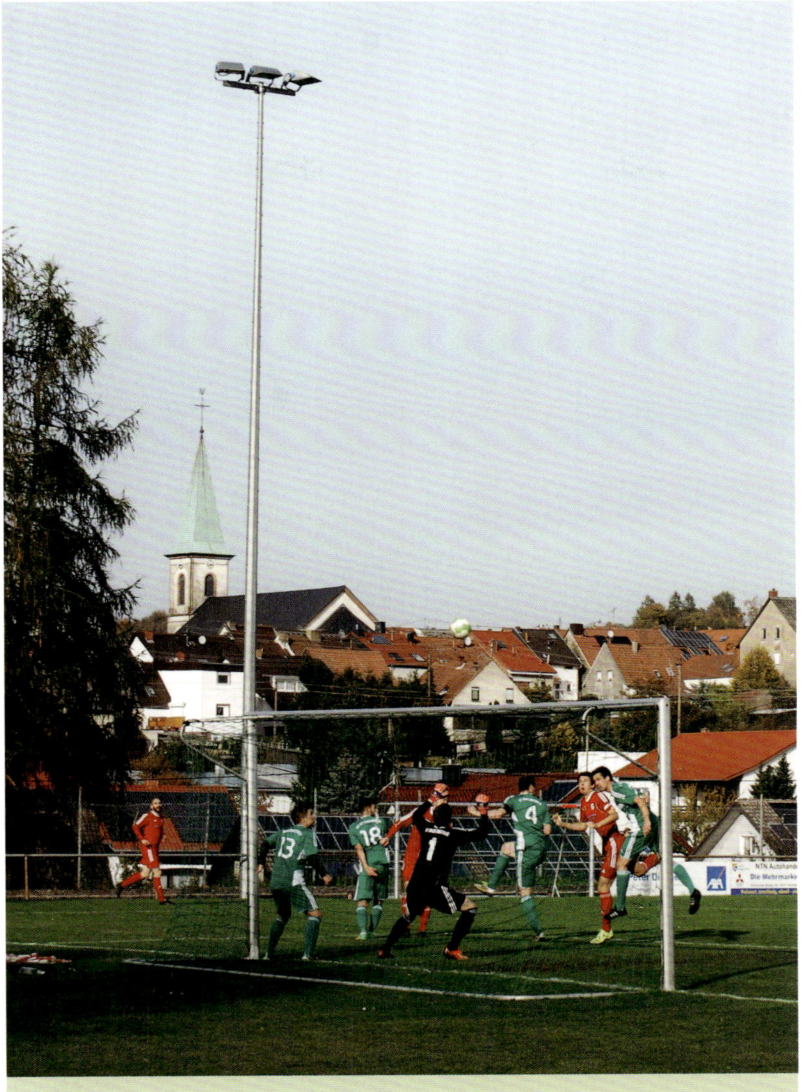

HARTE 4 FAKTEN

Adresse: Stadionstraße, 66271 Kleinblittersdorf-Auersmacher

Kapazität: 3.500

Verein: SV Auersmacher

Vereinsfarben: Grün-Weiß

Bachem 002

Kurt-Gluding-Dorf

Ein Förderer des Jugendfußballs

Nur ein paar Schritte vom Sportplatz des Losheimer Ortsteils Bachem entfernt weist eine hölzerne Tafel auf ein „Kurt-Gluding-Dorf“ hin. Dieses Dorf liegt auf einer Lichtung im Wald und entpuppt sich als Gruppe von acht großen Blockhütten aus Holz mit einem Zelt- und Grillplatz. Sportvereine können hier Trainings- oder Freizeitlager durchführen und dürfen dabei auch die in unmittelbarer Nähe gelegenen Sportstätten, die Turnhalle und den Kunstrasen-Sportplatz der SG Bachem-Rimlingen, nutzen. Die Nachfrage ist hoch: Das Kurt-Gluding-Dorf mit seinen 48 Übernachtungsplätzen ist vor allem in den Sommermonaten immer gut ausgelastet. Es kann außer von Vereinen auch von Privatpersonen gemietet werden und bietet eine komplett eingerichtete Küche sowie einen Gemeinschaftsraum.

Benannt ist die vom Saarländischen Fußballverband unterhaltene Anlage nach einem Fußballfunktionär: Kurt Gluding, 1921 in Neunkirchen geborenen, war Mitglied von Borussia Neunkirchen und viele Jahre im Präsidium des Vereins aktiv. Von 1982 bis 1993 war er als Nachfolger des Mettlachers Franz Josef Ollmann Vorsitzender des Saarländischen Fußballverbandes. Ein besonderes Anliegen war ihm zeitlebens die Förderung der Kinder- und Jugendarbeit im Sport. Daher regte er noch während seiner Amtszeit die Einrichtung eines Jugenddorfes im Saarland an. Die Borussia ernannte ihn zum Ehrenpräsidenten. Außerdem erhielt er das Bundesverdienstkreuz und die Goldene Ehrennadel des DFB.

Nach Gludings Tod im April 1993 riefen seine Familie und die Stadt Neunkirchen gemeinsam eine Stiftung ins Leben, um förderungsbedürftigen Kindern und Jugendlichen eine Integration in den Sport zu ermöglichen. Die Kurt-Gluding-Stiftung unterstützt seitdem die Jugendabteilungen von Vereinen, finanziert aber auch Fortbildungs- und Trainingsveranstaltungen, insbesondere natürlich in dem Jugenddorf, für dessen Standort man Bachem im nordwestlichen Saarland auswählte. Es wurde im Mai 1994 eingeweiht und nach dem Initiator benannt.

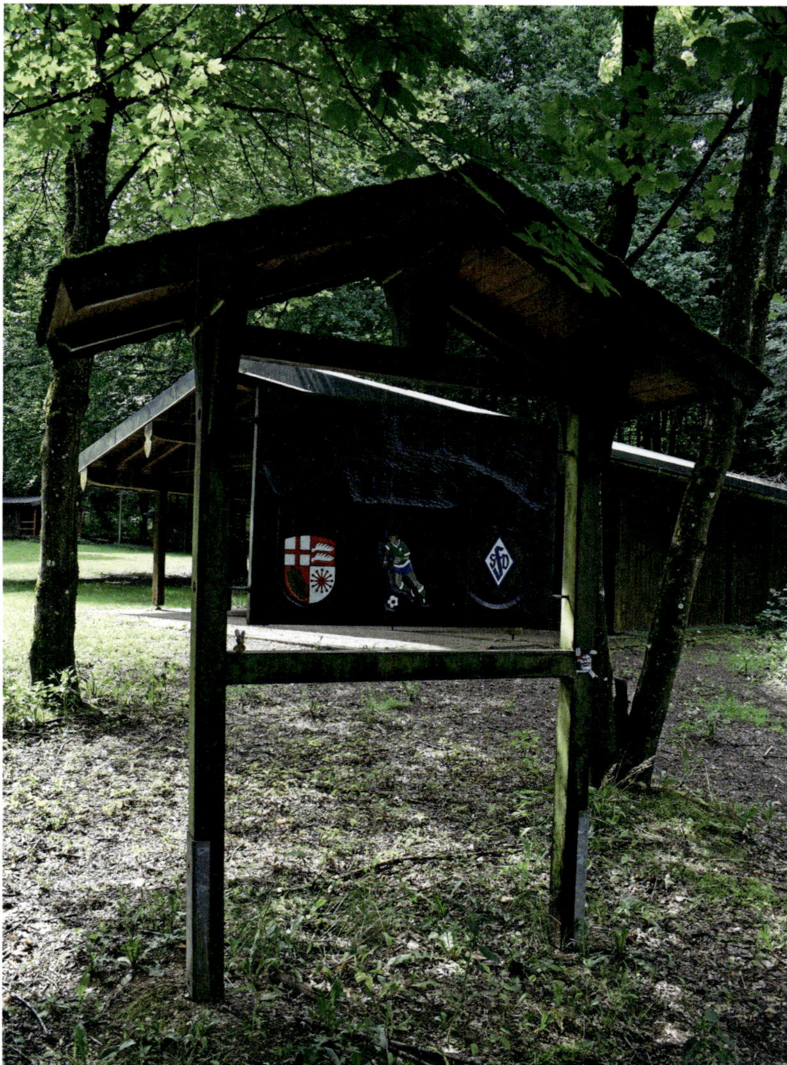

HARTE 4 FAKTEN

Adresse: Quellenstraße, 66679 Losheim am See
Lebensdaten: 1921–93
SFV-Präsident: 1982–93
Eröffnung des Kurt-Gluding-Dorfes: 1994

Bexbach 003

Sportanlage auf der Heide

Der Chefankläger und die Schutzschwalbe

Die Industriestadt Bexbach im östlichen Saarland ist die Heimat des Kabarettisten Gerd Dudenhöffer, der hier seinen „Heinz Becker" wohnen lässt. Als erfolgreichen Fußballer hat er seine bekannte Bühnenfigur nicht angelegt, und überhaupt kann die Stadt keine große Fußball-Historie vorweisen. Der Ortsteilverein ASV Kleinottweiler kommt auf zehn Jahre in der höchsten saarländischen Klasse. Von 1949 bis 1951 spielte der 1911 gegründete SV Bexbach in der Ehrenliga Saarland, verschwand danach aber schnell im lokalen Spielbetrieb. Sehenswert ist immerhin das etwa 5.000 Plätze zählende SV-Stadion auf der Heide. Auf die überregionale Fußball-Landkarte kam Bexbach durch all dies aber nicht.

Durch Andy Möller auch nicht. Aber er musste vor den DFB-Kontrollausschuss, das Sportgericht des Fußballbundes, nachdem er am 13. April 1995 aufsehenerregend, aber ohne Einwirkung eines Gegners im Strafraum gefallen war. Der Vorsitzende des Kontrollausschusses (besser bekannt als „DFB-Chefankläger") hieß damals Horst Hilpert. Der Jurist und gebürtige Bexbacher war von 1986 bis 1995 Präsident des Saarländischen Verfassungsgerichts und seit 1972 auch im DFB-Kontrollausschuss aktiv, den er von 1992 bis 2007 als Nachfolger von Hans Kindermann leitete.

In dieser Funktion musste Hilpert nicht nur über die Möllersche „Schutzschwalbe" urteilen, sondern behandelte auch weitere spektakuläre Fälle wie Thomas Helmers Phantomtor gegen Nürnberg (1994). Im Wettskandal um Schiedsrichter Robert Hoyzer (2005) war Hilpert maßgeblich an der Aufarbeitung beteiligt sowie an dem umfangreichen Maßnahmenkatalog, den der DFB als Reaktion auf die Bestechung von Schiedsrichtern aufstellte. Mit 75 Jahren erwarb Hilpert mit seiner Dissertation zur Geschichte des Sportrechts den Doktortitel. Er starb in Bexbach im Oktober 2019 im Alter von 82 Jahren.

Andy Möller wurde vom Sportgericht übrigens, als erster Spieler überhaupt wegen einer Schwalbe, zu einer Geldstrafe in Höhe von 10.000 DM und zu einer Sperre von zwei Spielen verurteilt.

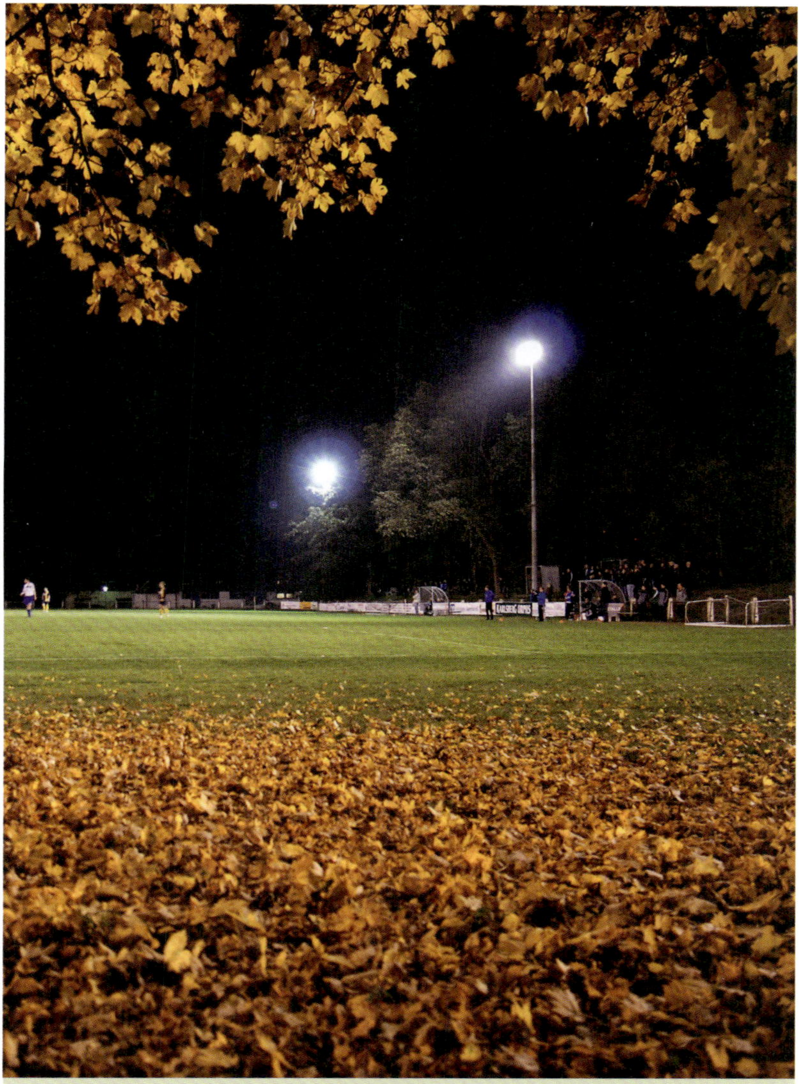

HARTE 4 FAKTEN

Adresse: Auf der Heide, 66450 Bexbach

Lebensdaten: 28. 11. 1936 (Bexbach) – 16. 10. 2019 (Bexbach)

Vorgänger im Amt: Hans Kindermann (bis 1992)

Nachfolger im Amt: Anton Nachreiner (ab 2007)

Bliesen 004

Schänzchen-Park

Das WM-Pech des Adlers

Bernd Franke kommt auf die stolze Zahl von 488 Pflichtspielen, darunter 345 Bundesligapartien für Eintracht Braunschweig. Damit wird er zwar von Franz Merkhoffer überboten, der 1968-84 insgesamt 563 Pflichtspiele für die Eintracht bestritt, davon 419 in der Bundesliga, aber der langjährige Stammtorwart Franke ist in Braunschweig dennoch unvergessen. Er wird vom Fanclub noch immer regelmäßig ins Eintracht-Stadion eingeladen, obwohl er, als typischer Saarländer, nach der aktiven Karriere in die Heimat zurückkehrte und nun in Urexweiler wohnt.

Er stammt aus Bliesen bei St. Wendel und spielte zunächst für den SV Blies Bliesen, dessen Sportplatz auf einer Anhöhe namens Schänzchen liegt und daher Schänzchen-Park heißt. Über Saar 05 und Fortuna Düsseldorf kam er zur Eintracht, für die er am 14. August 1971 in Bochum sein erstes Spiel machte. In der Welfenstadt entwickelte er sich bald zur festen Größe, trotz verschiedener Angebote auch aus dem Ausland. Erst als die Eintracht 1985 aus der Bundesliga abstieg, beendete er seine Karriere. Die Fans riefen ihn „Adler" und gaben ihm so die verdiente Anerkennung für seine konstant guten Leistungen und seine langjährige Vereinstreue.

So erfolgreich er im Verein war, so unglücklich verlief Frankes internationale Karriere, die 1973 mit einem Länderspiel gegen die CSSR begann. Er hätte 1974 wohl im deutschen WM-Aufgebot gestanden, obwohl die Eintracht zu diesem Zeitpunkt nur Regionalligist war. Aber weil Franke noch in der Aufstiegsrunde zur Bundesliga spielte, als die Nationalelf schon zur Vorbereitung in Malente weilte, wurde der Schalker Norbert Nigbur an seiner Stelle nachnominiert. 1978 verletzte er sich kurz vor Turnierbeginn und verbrachte die WM-Zeit im Krankenhaus statt in Argentinien. Erst 1982 stand er endlich im WM-Kader, machte aber kein Spiel – auch, weil Toni Schumacher im Halbfinale gegen Frankreich trotz seines Fouls gegen Patrick Battiston auf dem Platz bleiben durfte. So kam Franke schließlich nur auf sieben Länderspiele.

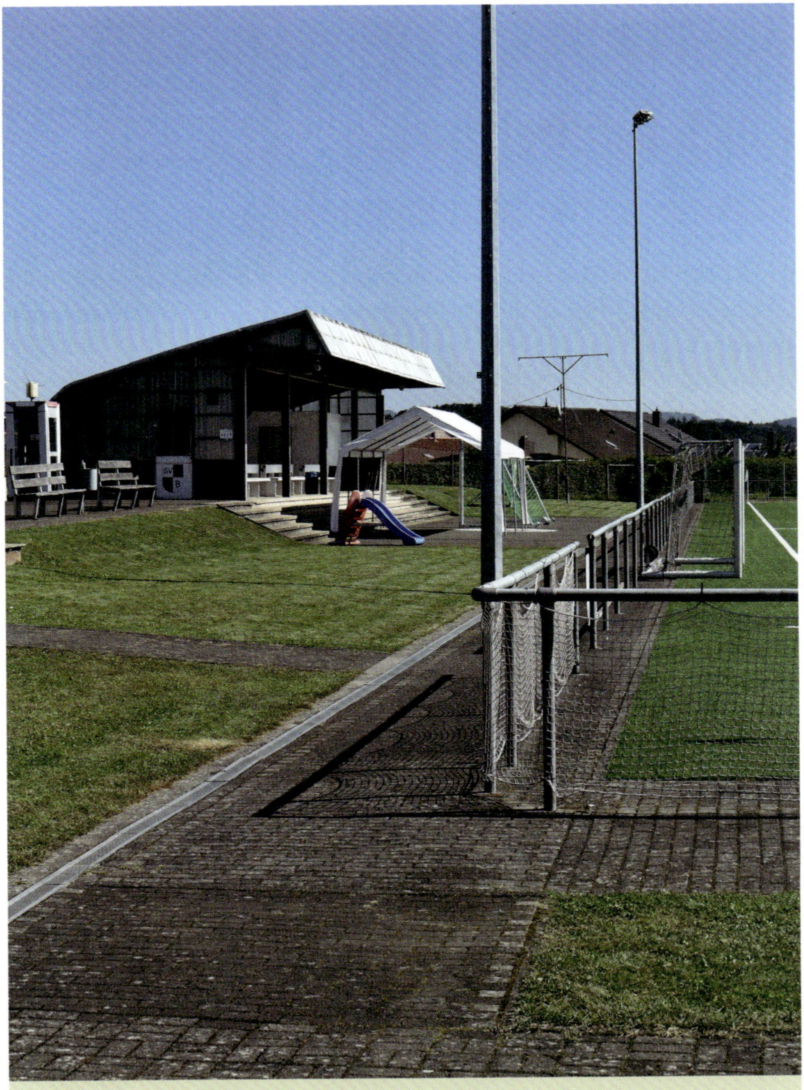

HARTE 4 FAKTEN

Adresse: Am Sportplatz 6, 66606 St. Wendel-Bliesen

1969–71: Fortuna Düsseldorf (2 Pflichtspiele)

1971–85: Eintracht Braunschweig (488 Pflichtspiele)

Länderspiele: 7

L 105 bei Breitfurt

Denkmal an der Unglücksstelle

An der Landstraße 105, die von Blieskastel an der Blies entlang in Richtung Gersheim führt, erinnert am Straßenrand bei Breitfurt seit 1988 ein Denkmal an ein Unglück, das sich an dieser Stelle im November 1948 ereignete. Zu dieser Zeit lief der im Krieg zum Erliegen gekommene Fußballspielbetrieb längst wieder, nicht nur in der auf Geheiß der französischen Verwaltung für die besten Saarvereine gegründeten Ehrenliga Saarland, sondern auch in den unteren Amateurklassen.

Der SV Rohrbach hatte am 14.11.1948 ein Auswärtsspiel in Herbitzheim im Bliesgau, etwa 20 Kilometer entfernt. Private Autos gab es in diesen frühen Nachkriegsjahren kaum, Busse auch nicht. Daher wurden für solche Auswärtsfahrten häufig Lkw eingesetzt, meist Vorkriegsmodelle, die irgendwie die Kriegszeit überstanden hatten. So fuhren 48 Rohrbacher Fußballer, Angehörige und Vereinsmitglieder an diesem Novembersonntag auf der Ladefläche eines alten Büssing-Lkw, der mit zusammengesuchten Ersatzteilen einsatzfähig gemacht worden war, in Richtung Herbitzheim.

In einer Kurve der Landstraße zwischen Mimbach und Breitfurt kam der Lkw von der Straße ab, rutschte eine Böschung zur Blies hinunter und kippte in den Fluss. Die mit einer Plane abgedeckte und mit 43 Personen besetzte Ladefläche (die restlichen fünf Personen saßen im Führerhaus) wurde zur Falle: Sie lag unter der Wasseroberfläche, Wasser drang ein, die Plane konnte nicht schnell genug entfernt werden, und 20 Menschen ertranken im kalten Wasser der Blies.

Manche der Insassen überlebten, weil glücklicherweise kurz nach dem Unfall ein weiterer Lkw die Unfallstelle passierte. Fußballer aus Breitfurt, die zu einem Auswärtsspiel nach Einöd fuhren, konnten einige der Verunglückten aus der Blies retten. Als Unfallursache stellte sich später ein Bruch an der Lenkung des Lkw heraus. Zur Trauerfeier und zur Beisetzung der Toten in Rohrbach kamen zahlreiche Gäste, darunter auch der Hohe Kommissar Gilbert Grandval und der saarländische Ministerpräsident Johannes Hoffmann.

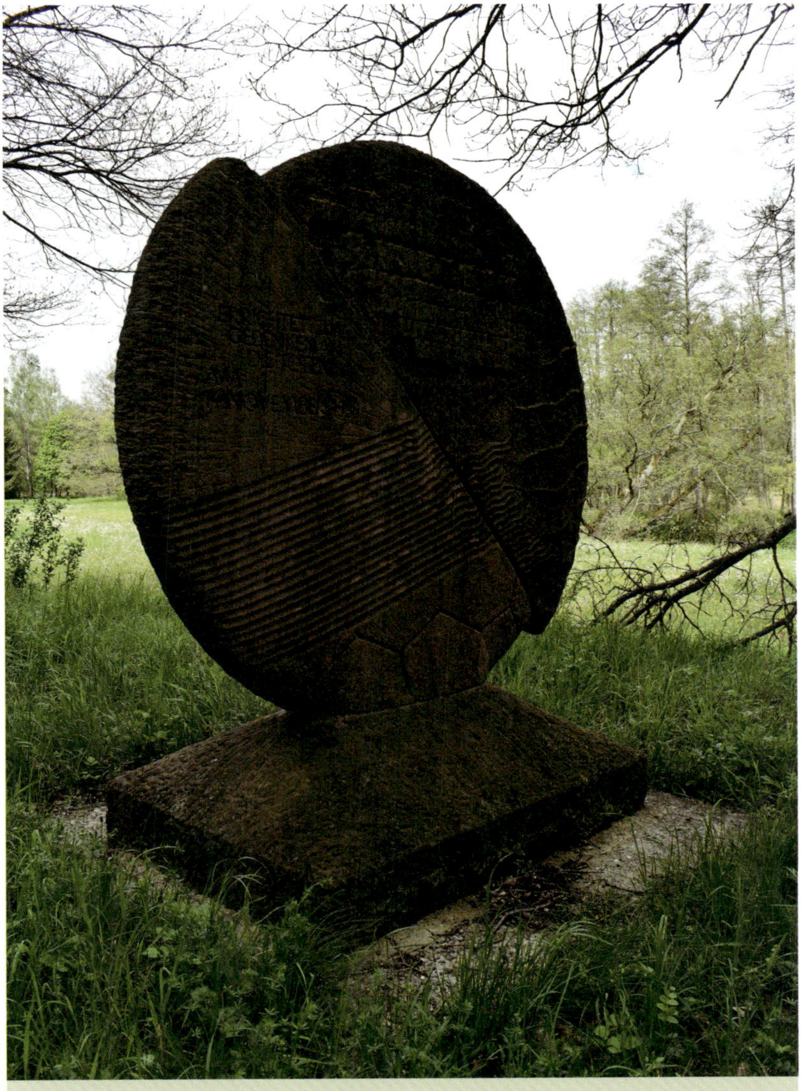

HARTE 4 FAKTEN

Adresse: L 105 zwischen Mimbach und Breitfurt, 66440 Blieskastel

Unfalltag: 14. 11. 1948

Trauerfeier: 17. 11. 1948 (Pfarrkirche St. Johannes in Rohrbach)

Heute: Ehrengedenkstätte auf dem Friedhof Rohrbach

Sportplatz Sauerwiese

Zum Abschied ein 12:0

Am 29. April 1978 hatte Schiedsrichter Ferdinand Biwersi beim Bundesligaspiel im Düsseldorfer Rheinstadion alle Hände voll zu tun. Allerdings nicht wegen zahlreicher strittiger Szenen oder eines Kampfspiels mit zahlreichen Fouls, sondern weil er viele Torschützen notieren musste: Biwersi leitete an diesem Tag das legendäre 12:0 von Borussia Mönchengladbach gegen den Namensvetter aus Dortmund, den höchsten Sieg in der Bundesliga-Geschichte. Es war Biwersis 120. und letztes Bundesligaspiel als Schiedsrichter. Als er seine aktive Karriere beendete, war er mit nur zwei roten Karten ausgekommen. Er leitete als FIFA-Schiedsrichter außerdem 26 Partien im Europapokal und 16 Länderspiele, darunter ein Vorrundenspiel bei der WM 1978 in Argentinien (Schweden-Spanien). 1976 wurde er als Schiedsrichter des Jahres ausgezeichnet.

Dank Biwersi wurde auch Bliesransbach hin und wieder in der ARD-Sportschau erwähnt. Die Herkunftsorte der Schiedsrichter wurden in der Sendung häufiger genannt, und so lernten die Zuschauer zum Beispiel Ottobrunn (dank Aron Schmidhuber) oder Wiebelskirchen (dank Gerhard Theobald) kennen. Und eben Bliesransbach, denn Biwersi stammte aus dem 2.400-Einwohner-Dorf im Bliesgau nahe der französischen Grenze. Er war Kriminalbeamter im mittleren Dienst mit Tarifgruppe 9, der privat Mercedes fuhr. Das konnte man 1978 in einem Fernsehporträt mit heute undenkbarer Detailliertheit erfahren.

Später war er noch als Schiedsrichter-Obmann beim SFV tätig, außerdem Ehrenmitglied seines Heimatvereins SC Blies Bliesransbach. Er lebte zuletzt an der Costa Dorada in Spanien, wo er 2013 im Alter von 79 Jahren starb. Während Biwersi in der Bundesliga aktiv war, bewegte sich der SC Blies in den lokalen Amateurklassen. Gespielt wird aktuell in der Landesliga Süd (8. Liga) auf dem Sportplatz Sauerwiese, einer außerhalb des Ortes hübsch zwischen Wiesen und Feldern gelegenen Sportanlage. Für einen Auftritt in der Sportschau dürfte das allerdings wohl nicht ausreichen.

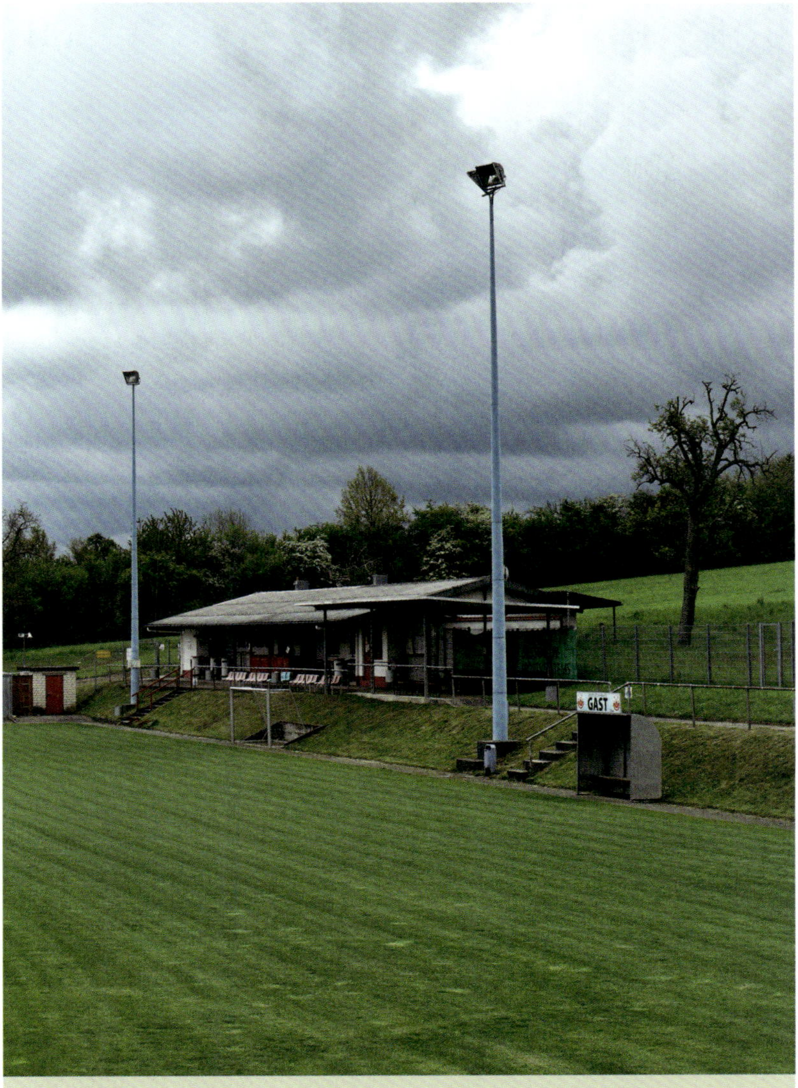

HARTE 4 FAKTEN

Adresse: Bliesgersweilerstraße, 66271 Kleinblittersdorf

Lebensdaten: 24. 6. 1934 (Bliesransbach) – 4. 9. 2013 (Mont-Roig del Camp)

Bundesligaspiele: 120 (zwischen 1965 und 1978)

Länderspiele: 16 (zwischen 1969 und 1978)

Sportplatz zur Schafbrücke

Von der Saar zum Bökelberg

Als Schiedsrichter Eugen Striegel am 24. Juni 1995 das Berliner DFB-Pokalfinale zwischen Borussia Mönchengladbach und dem VfL Wolfsburg abpfiff, durften die Gladbacher jubeln: Mit 3:0 hatten sich die „Fohlen“ gegen den Zweitligisten durchgesetzt und nach längerer Durststrecke endlich wieder einen Titel an den Niederrhein geholt.

Im Gladbacher Team standen damals unter anderem Heiko Herrlich und Stefan Effenberg, aber den Pokal überreichte Bundespräsident Roman Herzog dem Kapitän des Teams. Der trug die Nummer 3, war ein klassischer, harter Abwehrspieler und hieß Michael Klinkert. Ein ruhiger, reflektierter Typ, kein Lautsprecher. 1989 aus Schalke nach Gladbach gekommen, reifte er bald zum Stamm- und Führungsspieler und blieb zwölf Jahre lang am Bökelberg: Insgesamt 274 Bundesligaspiele absolvierte er für die Borussia (16 Tore). Dazu kommen noch 27 Bundesligaspiele für Schalke (2 Tore).

Ursprünglich stammte Klinkert weder vom Niederrhein noch aus dem Ruhrgebiet, sondern aus dem Saarland: Er wuchs in Bous auf, einer Gemeinde mit etwa 7.000 Einwohnern im Saartal zwischen Völklingen und Saarlouis. Hier ist die FSG 08 Bous beheimatet, eine aus SV 08 und DJK gebildete Spielgemeinschaft, die den 1973 eröffneten Sportplatz Schafbrücke nutzt: eine hübsche Sportanlage, an deren Westseite das Vereinsheim steht, mit einer kleinen überdachten Tribüne als Anbau im Obergeschoss, bestehend aus zwei Reihen hölzerner Sitzbänke. In Bous durchlief Klinkert alle Jugendmannschaften, ehe er 1986, gerade 18 Jahre alt geworden, zum 1. FC Saarbrücken in die 2. Bundesliga wechselte. Als er dort aber nur sporadisch zum Einsatz kam, zog es ihn ein Jahr später zum FC Schalke 04. Das war der Einstieg in seine lange Bundesliga-Karriere.

Auch nach seiner aktiven Zeit blieb Klinkert am Niederrhein, wo er als Gesundheitsreferent arbeitet und zusammen mit seinem ehemaligen Mitspieler Marcel Witeczek Lehrgänge und Turniere für Jugendmannschaften organisiert. Kontakte in die Heimat hat er nur noch wenige.

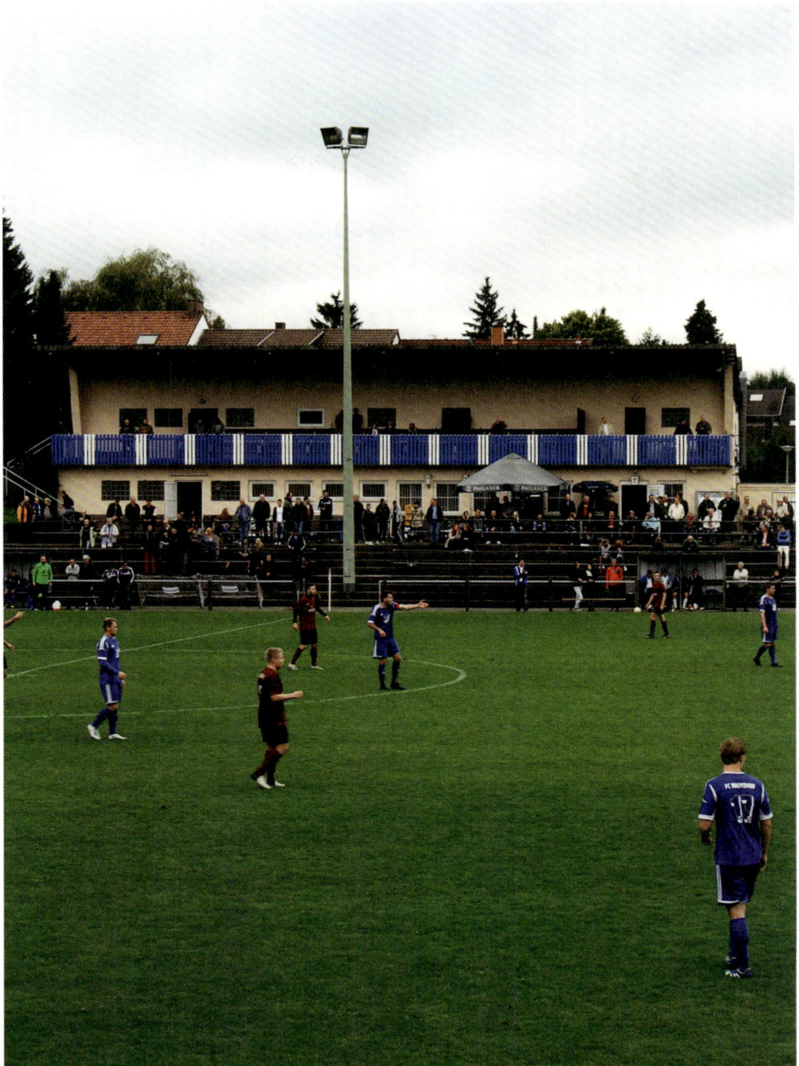

HARTE 4 FAKTEN

Adresse: Germanenweg 2, 66359 Bous/Saar

1987–89: FC Schalke 04

1989–2001: Borussia Mönchengladbach

U21-Länderspiele: 12

Braunshausen 008

Gästehaus des SFV

An der Skipiste

Braunshausen liegt im nördlichen Saarland und ist mit seinen 700 Einwohnern zwar ziemlich klein, aber trotzdem landesweit bekannt. Und zwar als Wintersportzentrum. Der Ort liegt im Hochwald am Fuß des Peterbergs, der mit 584 m einer der höchsten Berge des Saarlandes ist und schon in den frühen Nachkriegsjahren auch für sportliche Aktivitäten genutzt wurde: Man errichtete am steilen Nordhang einen Sessellift, später auch einen Schlepplift, legte eine Skipiste an und verschaffte somit dem Saarland ein eigenes Skigebiet. Nachdem aber in den letzten Jahren nicht mehr genug Schnee fiel, wurde der Wintersportbetrieb im Jahr 2013 eingestellt, und die Lifte wurden abgebaut.

Ein beliebtes Freizeit- und Sportzentrum ist der Peterberg trotzdem immer noch, vor allem wegen der 1.800 m langen Sommerrodelbahn und als Wanderziel, unter anderem zu der Sternwarte auf dem Gipfel. Rund um den Berg gibt es weitere Freizeitanlagen wie eine Modellauto-Rennbahn, einen Freizeitpark und, in der Nähe des „Zielraumes“ der ehemaligen Skipiste, die Sportanlage Peterberg mit dem Gästehaus des SFV.

Letzteres wird vom Saarländischen Turnerbund und vom Saarländischen Fußballverband gemeinsam betrieben. Ursprünglich als Turner- und Jugendheim eröffnet, dient es heute als Schullandheim, steht für Schulungen, Tagungen, Firmen- oder Familienfeiern offen und bietet Übernachtungsmöglichkeiten und ein Restaurant. Der DFB hat hier außerdem einen Stützpunkt für die Jugendsichtung eingerichtet. Direkt nebenan steht die 1993–94 errichtete Peterberghalle, eine Turn- und Sporthalle mit Fitnessräumen und Kletterwand.

Ein Sportplatz gehört natürlich auch zur Anlage: Der recht neue Kunstrasenplatz wird außer von Seiten des Gästehauses auch von der SG Peterberg genutzt, einer 2010 gegründeten Spielgemeinschaft dreier Vereine aus dem Hochwald (SV Braunshausen, TuS Fortuna Schwarzenbach und FC Kastel). Fußballer kommen in Braunshausen also noch immer auf ihre Kosten. Nur die Wintersportler müssen heute andere Ziele ansteuern.

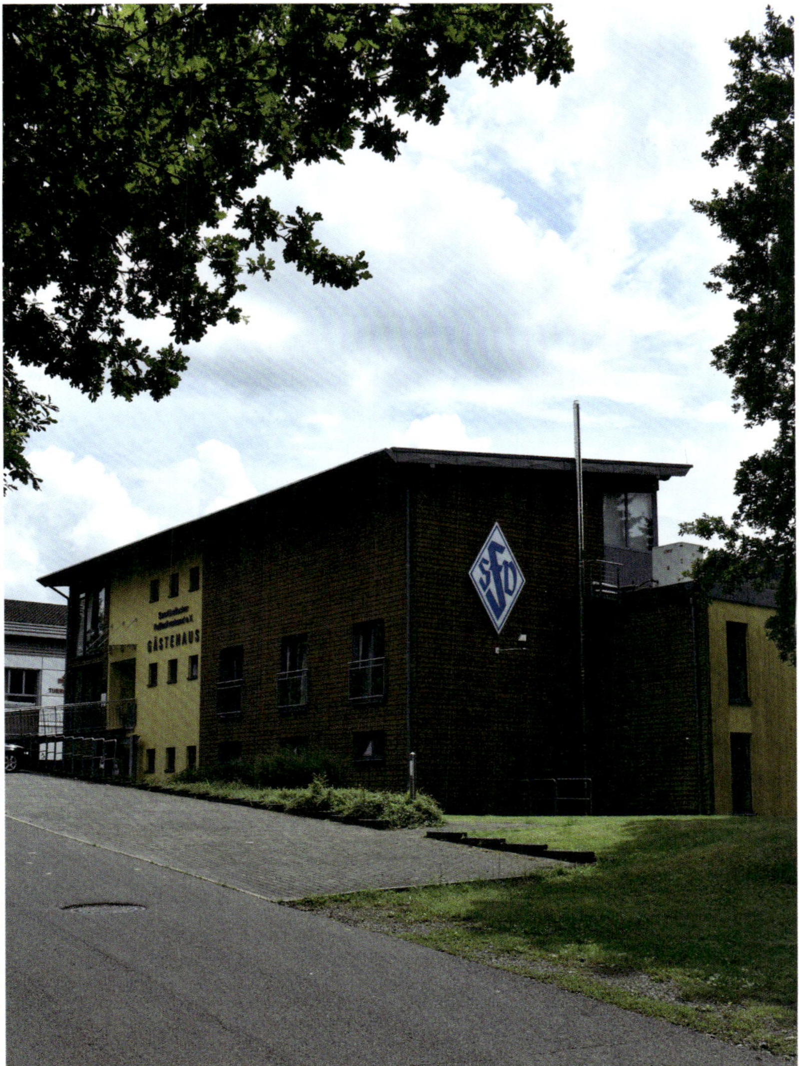

HARTE 4 FAKTEN

Adresse: Peterbergstraße 40, 66620 Nonnweiler
Beginn des Wintersportbetriebes: 1956
Einstellung des Wintersportbetriebes: 2013
Eröffnung des Gästehauses (als Turnerheim): 22. 6. 1975

Brotdorf 009

Sportplatz Hausbacher Straße

Streit ums liebe Geld

Kurz nachdem Andi Brehme am 8. Juli 1990 in Rom den Elfmeter verwandelt hatte, feierte Fußball-Deutschland den 1:0-Sieg über Argentinien und den dritten Fußball-Weltmeistertitel. Genau an diesem Tag kam im saarländischen Merzig Kevin Trapp zur Welt. Er wuchs im Stadtteil Brotdorf auf und spielte ab 1997 in der Jugend des FC Brotdorf, später auch in einer JSG mit dem SSV Bachem und dem SV Mettlach. Auf das 15-jährige Torwarttalent wurde der 1. FC Kaiserslautern aufmerksam und holte Trapp in die Pfalz.

Ab 2007 spielte er dort in der zweiten Mannschaft, machte 2011 sein erstes Bundesligaspiel und löste in der Folgesaison Tobias Sippel als Stammtorhüter ab. Nach dem Abstieg der Lauterer wechselte er nach Frankfurt. Drei Jahre und 82 Bundesligaspiele später folgte der Sprung zum französischen Spitzenclub Paris Saint-Germain. Trapp spielte nun in der Champions League und hatte seine ersten Länderspieleinsätze. 2018 kehrte er nach Frankfurt zurück.

In der Heimat hatte sein Wechsel zu PSG Stolz ausgelöst – und einigen Ärger: Der drehte sich ums liebe Geld, speziell um eine Ausbildungsentschädigung, auf die ausbildende Vereine gemäß FIFA-Vorgaben bei Spielertransfers Anspruch haben. Beim SSV Bachem zückte man die Taschenrechner und kam anhand der kolportierten Ablösesumme beim Wechsel vom Main an die Seine auf eine Vergütung von 63.700 Euro – Peanuts für einen Club wie PSG, aber eine beträchtliche Summe für einen saarländischen Amateurverein.

Der Bachemer Geschäftsführer schickte daraufhin eine Rechnung nach Paris, musste aber parallel mit dem FC Brotdorf und dem SV Mettlach streiten, die nun ebenfalls Ansprüche erhoben, weil sie damals auch an der JSG beteiligt waren. Der Saarländische Fußballverband musste schlichten, war sich aber nicht sicher und gab den Fall an den DFB ab. Der zahlte schließlich eine Ausbildungsvergütung an Brotdorf und Bachem, die allerdings deutlich unter dem ursprünglich diskutierten Betrag lag. Und PSG? Die äußerten sich zu alldem überhaupt nicht.

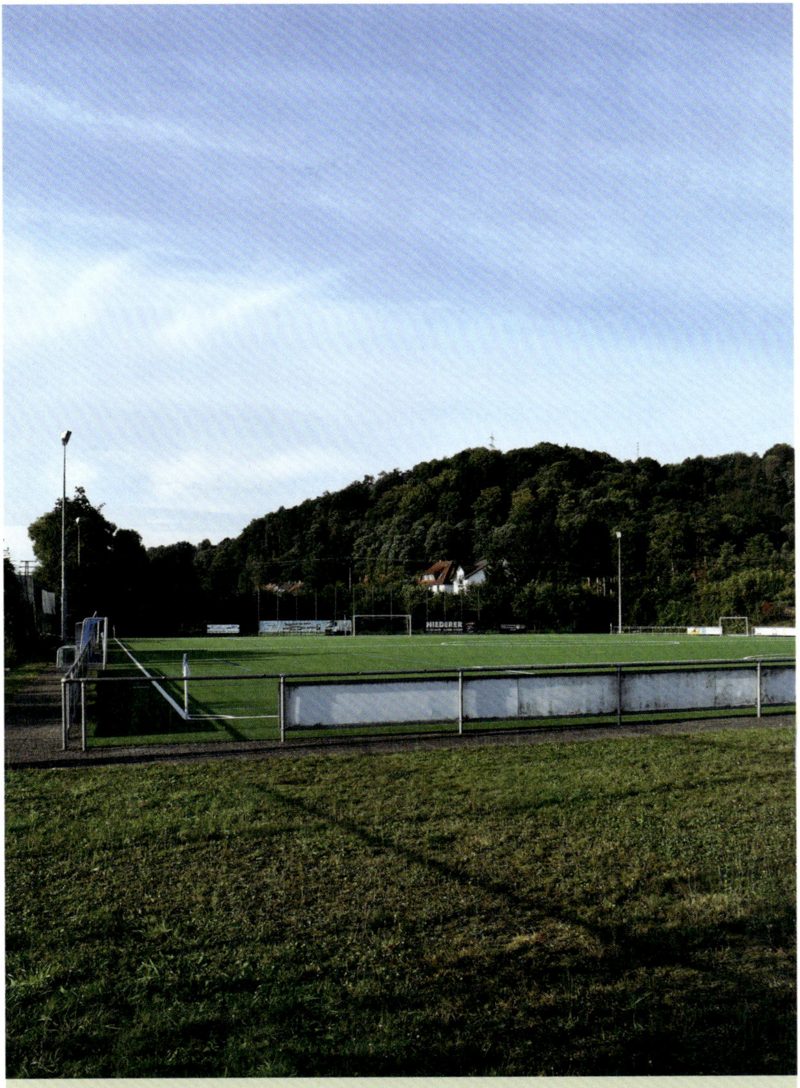

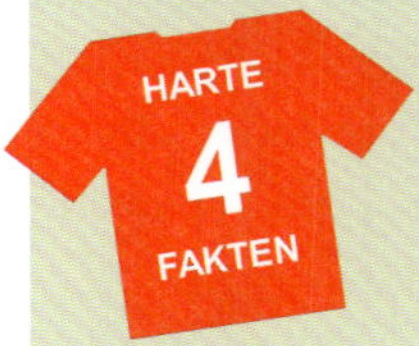

Adresse: Hausbacher Straße 9, 66663 Merzig

Ablösesumme von PSG an Frankfurt: 9,5 Mio. €

Ablösesumme von Frankfurt an PSG: 7 Mio. €

Solidaritätsbeitrag von PSG an den SSV Bachem: 0 €

Bubach-Calmesweiler 010

Stadion am Schloss

Ein Pionierverein des Frauenfußballs

Lange hatten sie sich dagegen gesträubt, aber schließlich mussten die Verantwortlichen doch einsehen, dass die Verweigerungshaltung nicht mehr aufrechtzuerhalten war: Am 31.10.1970 hob der DFB auf seinem Verbandstag in Travemünde das seit 1955 bestehende Verbot des Frauenfußballs auf.

Noch im gleichen Jahr gründete sich beim SV Bubach-Calmesweiler eine Frauenfußballabteilung, die zunächst von den Herren der Schöpfung bestenfalls belächelt wurde. Aber das Team von Trainer Patrick Müller fuhr schnell Erfolge ein, zum Beispiel die saarländischen Meistertitel 1973 und 1974, und die Kritiker verstummten.

Als Landesmeister vertraten die SV-Frauen das Saarland 1974 bei der erstmals ausgetragenen Endrunde zur Deutschen Meisterschaft im Frauenfußball. Die Saarländerinnen besiegten in ihrer Vorrundengruppe den TSV Grötzingen aus Württemberg mit 9:0, gewannen dann – vor 2.000 Zuschauern im Eppelborner Illtalstadion – gegen Bayern München mit 3:2, und standen nach einem dritten Sieg gegen die SpVgg Wiehre aus Freiburg im Breisgau im Halbfinale. Hier setzte sich in Bingen zwar die DJK Eintracht Erle mit 3:1 durch, aber die SV-Frauen gewannen anschließend wenigstens noch das Spiel um Platz 3, im Elfmeterschießen gegen den Bonner SC. Der erste deutsche Meistertitel ging in die Pfalz an den TuS Wörrstadt.

Der Sportplatz in Calmesweiler heißt Stadion am Schloss, benannt nach dem nahegelegenen hübschen Schlösschen Buseck, auch wenn das eigentlich gar nicht direkt am Sportgelände steht, sondern ein Stück entfernt in einer kleinen Parkanlage. Aber weit sind die Wege hier im Ort nicht: Bubach-Calmesweiler hat 2.700 Einwohner. Während die SV-Frauen noch mit einem Hartplatz vorliebnehmen mussten, spielen die Herren- und Jugendmannschaften des Vereins inzwischen auf Kunstrasen, der vor einigen Jahren verlegt wurde. Frauenteams gibt es heute im Pionier-Club des Frauenfußballs im Saarland nicht mehr: 1989 fand der Verein nicht mehr genügend Spielerinnen und meldete sein Team vom Spielbetrieb ab.

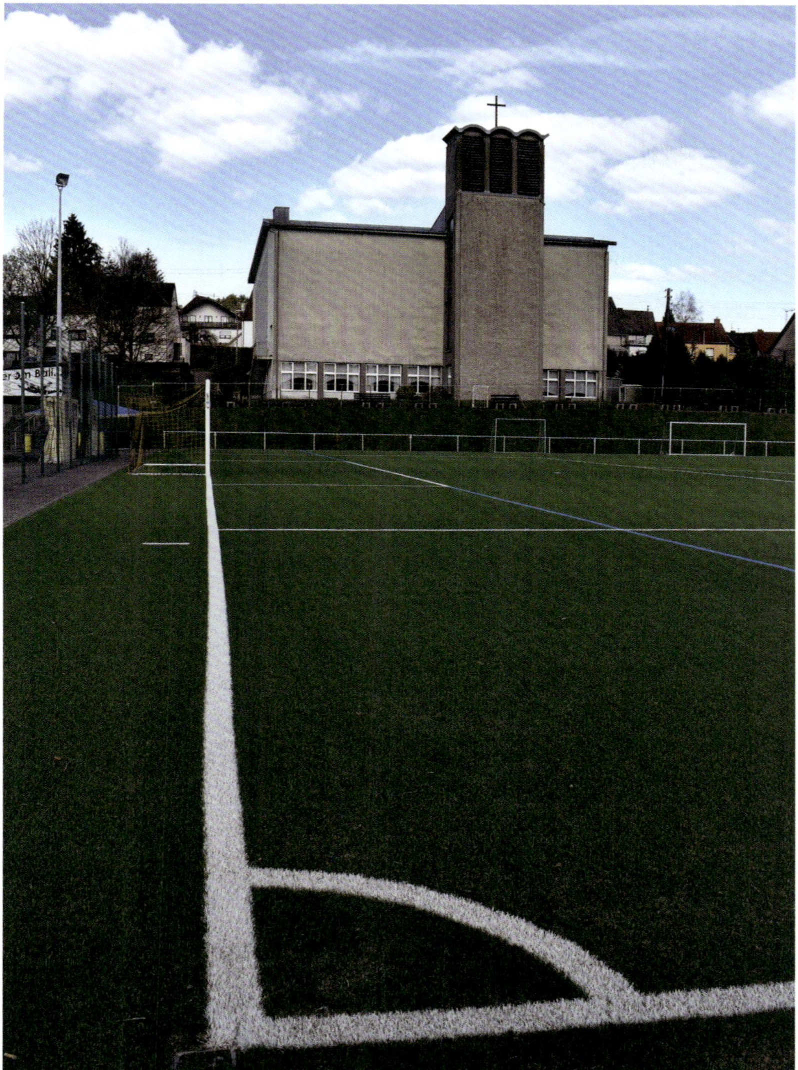

HARTE 4 FAKTEN

Adresse: Am Kindergarten, 66571 Eppelborn
Kapazität: 2.000
Verein: SV Bubach-Calmesweiler
Frauenfußball: 1970 bis 1989

Stadion Babelsberg

Die Macht vom Babelsberg

Der Fußball hielt schon recht früh Einzug in der damals noch selbständigen Gemeinde Diefflen, heute ein Stadtteil von Dillingen: Am 26. Juli 1907 trugen zwei Mannschaften, die sich „Viktoria" und „Britania" nannten, ein Wettspiel aus (Endstand 0:0 auf ungünstigem Gelände, da „stark mit Steinen besät", wie die Vereinschronik zu berichten weiß). Die offizielle Gründung eines FC Diefflen fand 1910 statt, und nach einer Fusion aller Dieffler Fußballclubs entstand 1919 der FV 07 Diefflen.

Nach dem Krieg erhielten die Rot-Weißen ihr heutiges Sportgelände auf dem Babelsberg auf den Höhen über dem Primstal und spielten hier zwischen 1956 und 1971 insgesamt acht Jahre in der Amateurliga Saarland. Dann rutschten sie hinunter in die Kreisliga, und niemand in Diefflen und Umgebung rechnete wohl um die Jahrtausendwende mit einem größeren Aufschwung. Der aber begann 2004 mit dem Aufstieg in die Bezirksliga West, dem jeweils nach zwei oder drei Jahren weitere Aufstiege folgten. Mit dem in Völklingen geborenen Ex-Profi Thomas Remark (121 Bundesligaspiele für Hertha und Waldhof) als Trainer erreichten die Dieffler 2011 die Saarlandliga.

Hier trafen die Rot-Weißen auf den VfB Dillingen und landeten direkt in der Aufstiegssaison vor dem Lokalrivalen. „Die Nummer Eins der Stadt sind wir" durften die Dieffler Anhänger seitdem skandieren, die speziell zu den Derbys gegen den VfB, aber auch sonst in großer Zahl auf den Babelsberg kamen. 2014 festigte der FV 07 mit dem Oberliga-Aufstieg endgültig die Kraftverhältnisse und stürzte sich in das Oberliga-Abenteuer, das mit einer 4:5-Heimniederlage gegen Hertha Wiesbach begann und mit dem direkten Abstieg endete. Trotzdem hatte der FV 07 den besten Zuschauerschnitt der Liga. Direkt in der Folgesaison schafften die Dieffler den souveränen Wiederaufstieg, und im zweiten Anlauf gelang dann auch der Klassenerhalt. Seitdem tummelt sich der Verein aus dem 4.500-Einwohner-Ort in der Oberliga, stets unterstützt von einer beachtlichen Anhängerschar.

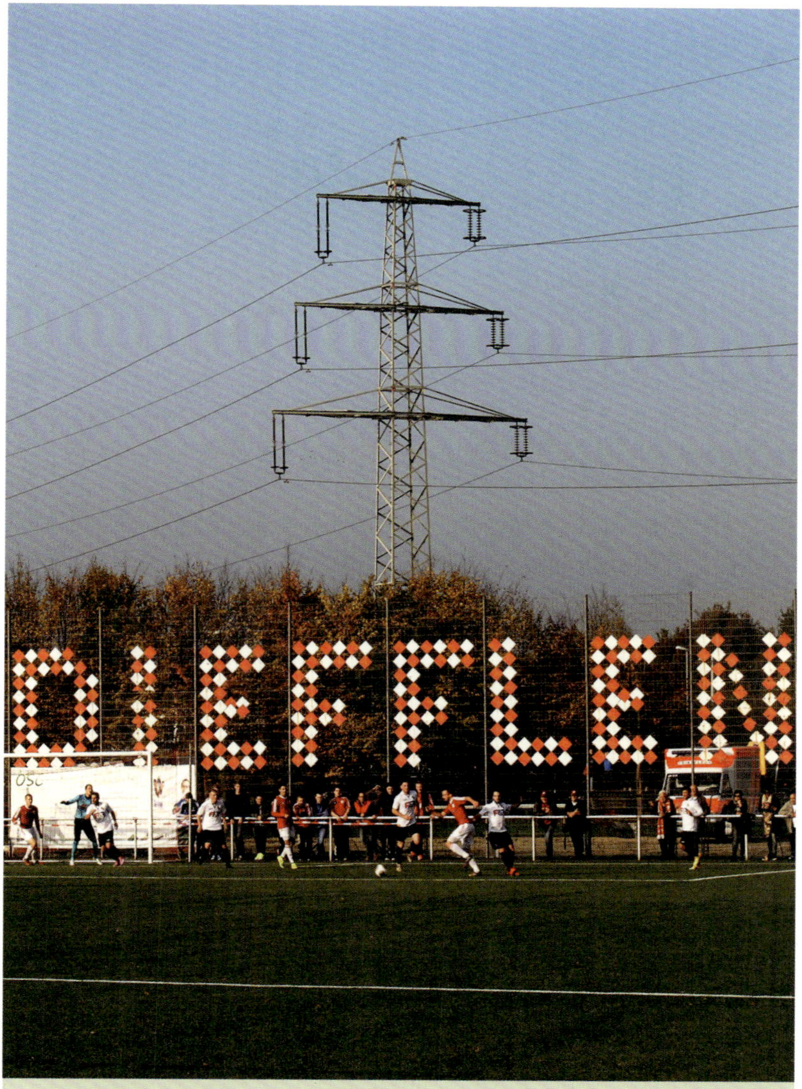

HARTE 4 FAKTEN

Adresse: Friedhofsweg, 66763 Dillingen-Diefflen
Kapazität: 2.000
Verein: FV 07 Diefflen
Vereinsfarben: Rot-Weiß

Dillingen 012

Parkstadion

Hier werden Pokalsiege gefeiert

In den Wiesen an der Saar am südlichen Stadtrand legte die Stadt Dillingen in den 70er Jahren ein großes Schul- und Sportgelände an. Es umfasst neben dem 1977 gegründeten Technisch-Wissenschaftlichen Gymnasium und dem Berufsbildungszentrum auch mehrere Sportanlagen wie die große Sporthalle West und die (inzwischen geschlossene) Eissporthalle. Zeitgleich entstand auf diesem Gelände auch ein Mehrzweckstadion mit zahlreichen Leichtathletikanlagen, denn speziell für Leichtathletikwettbewerbe war das Parkstadion ursprünglich geplant.

Die angestammte Heimat des VfB Dillingen ist eigentlich der Sportplatz Papiermühle. Aber 1978, im Jahr der Eröffnung des Parkstadions, qualifizierte sich der VfB für die neugegründete Oberliga Südwest. Der Club zog daher von dem etwas kleineren Platz an der Papiermühle in das neue Stadion um und empfing hier den FK Pirmasens, Borussia Neunkirchen oder Mainz 05 zu Ligaspielen. Auch wenn sich der VfB nicht dauerhaft in der Oberliga halten konnte und bereits 1980 wieder in die Verbandsliga abstieg, blieb das Parkstadion noch einige Jahre die Heimat der Schwarz-Weißen. Später kehrten sie aber doch wieder an die Papiermühle zurück, wo auch das VfB-Vereinsheim steht.

Der VfB spielt heute nur noch selten im großen Parkstadion. Ansonsten wird es nicht mehr regelmäßig für Fußballspiele genutzt, aber wenn, dann sind es oftmals entscheidende Begegnungen: Insgesamt acht Mal wurde hier das Endspiel des Saarlandpokals ausgetragen, häufiger als in jedem anderen Stadion. Der erste Club, der in Dillingen einen Pokalsieg bejubeln durfte, war 1988 der SV Saar 05 (4:0 gegen Mettlach). Später feierten hier Rot-Weiß Hasborn, der SV Mettlach, der FC Homburg und gleich viermal der 1. FC Saarbrücken den Titelgewinn. Und manchmal gab es auch stolze Verlierer, zum Beispiel 1991: Für den VfB Gisingen, der als Kreisligist sensationell bis ins Endspiel vordringen konnte, war das Spiel trotz der Niederlage gegen Rot-Weiß Hasborn das größte Spiel der Vereinsgeschichte.

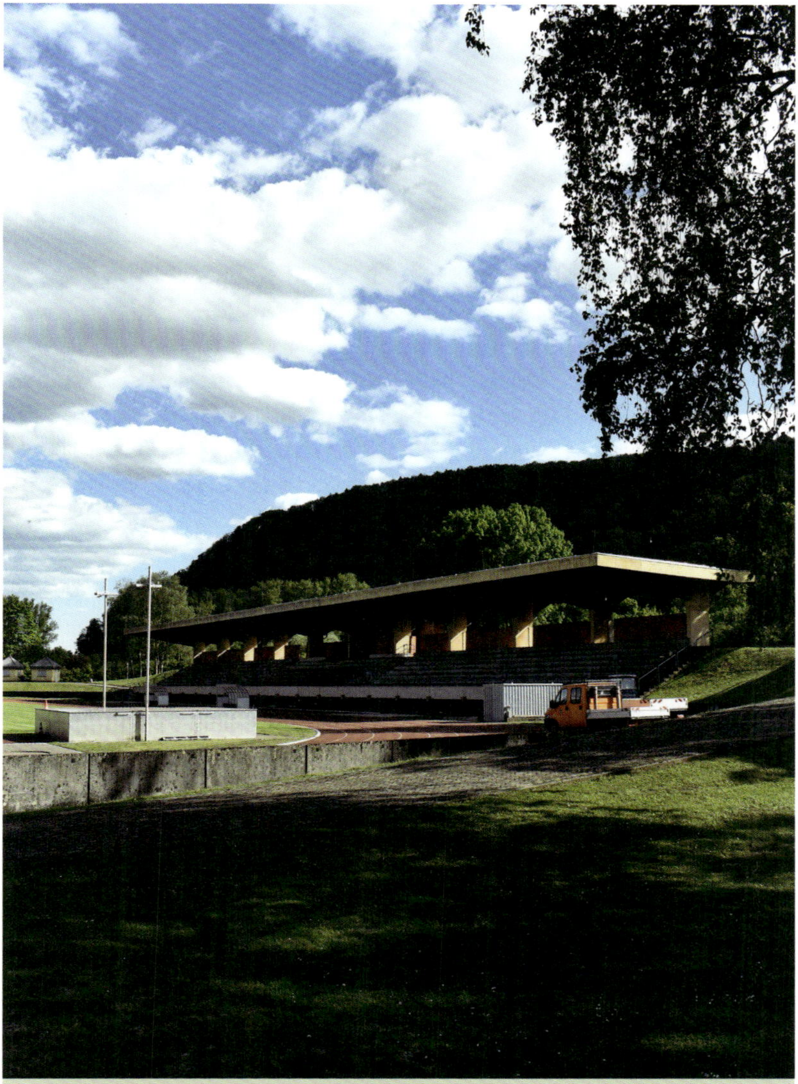

HARTE 4 FAKTEN

Adresse: Wallerfanger Straße, 66763 Dillingen

Eröffnung: 1978

Kapazität: 6.000

Verein: VfB Dillingen

Dillingen 013

Sportplatz Papiermühle

Hochöfen als Kulisse

Der Verein für Ballspiele aus der saarländischen Hüttenstadt Dillingen gehört seit Jahrzehnten zu den festen Größen im höherklassigen Saar-Fußball: Seit 1952 stehen in der Statistik mehr als vierzig Spielzeiten in der höchsten saarländischen Spielklasse, die zunächst 1. Amateurliga, dann Verbandsliga hieß und heute als Saarlandliga der Unterbau unter der Oberliga ist. Und trotzdem ist der VfB selbst innerhalb der Stadtgrenzen nur noch die Nummer Zwei, seit der FV 07 Diefflen zwischen 2004 und 2014 aus der Kreisliga in die Oberliga durchmarschierte.

Der VfB wurde 1906 als Viktoria Dillingen gegründet und trägt seit 1919 seinen heutigen Namen. Nach dem Krieg wurde das Team zeitweise vom ehemaligen Waldhöfer Nationalspieler Karl Höger trainiert, der seine „Höger-Elf" 1952 zur Meisterschaft in der Amateurliga Saarland führte. Erfolgreich waren die Schwarz-Weißen auch in der Saison 1977/78, als sie sich für die neue Oberliga Südwest qualifizieren konnten.

In deren Premierensaison gelang den Dillingern mit Rang 14 knapp der Klassenerhalt. Im zweiten Jahr stiegen sie ab und gehörten von nun an zur Stammbelegschaft der Verbandsliga. Weitere Spielzeiten im Südwest-Oberhaus blieben für den finanziell nie auf Rosen gebetteten Verein stets nur kurze Stippvisiten, so in den Jahren 1994/95 und 2018/19, in denen jeweils vier Saisonsiege aus 34 Spielen nicht zum Klassenerhalt reichten. Auch die beiden Oberliga-Derbys in der Saison 2018/19 gegen den Ortsrivalen aus dem Stadtteil gingen verloren: Mit 5:2 und 4:2 machten die Rot-Weißen aus Diefflen deutlich, wer im Dillinger Fußball aktuell die Nase vorn hat.

Die Heimat des VfB ist der Sportplatz Papiermühle südlich der Dillinger Innenstadt, ein reiner Fußballplatz mit Kunstrasen-Spielfeld, ein paar Stufen auf den Längsseiten und Blick auf die Hochöfen der Dillinger Hütte. In der Oberliga und bei wichtigeren Spielen wechselt der VfB bisweilen ins größere Parkstadion, bleibt aber auf Dauer doch dem etwas kompakteren Platz an der Papiermühle treu.

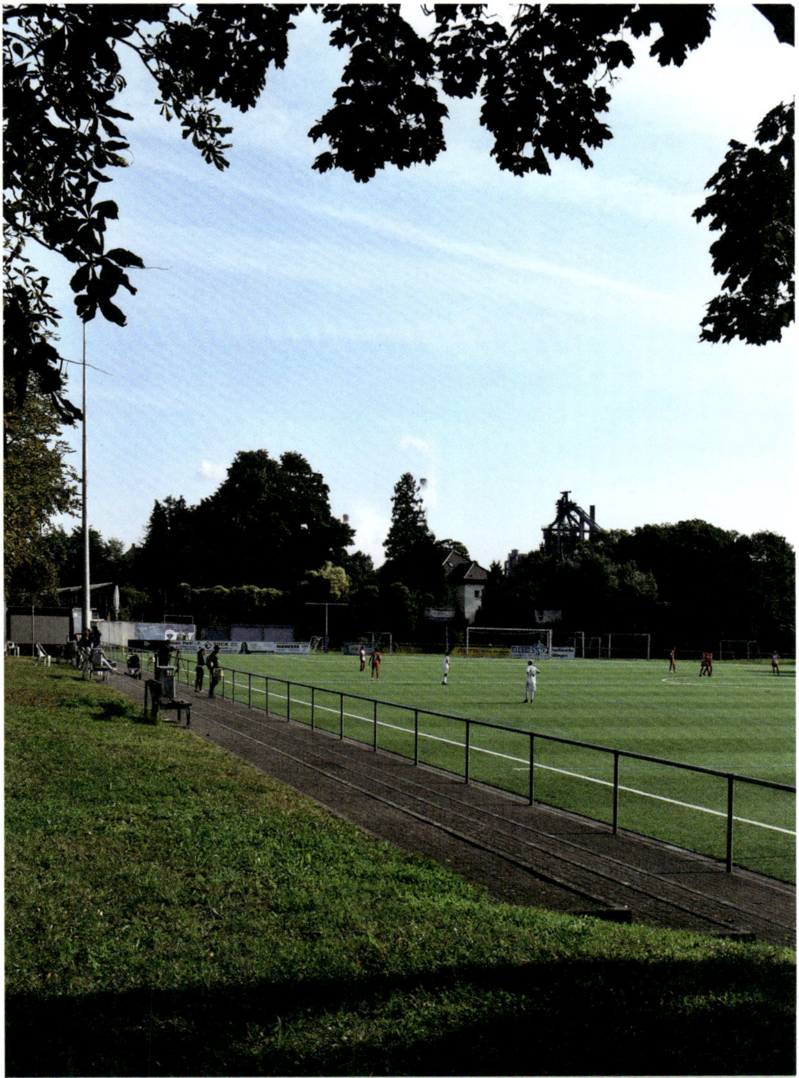

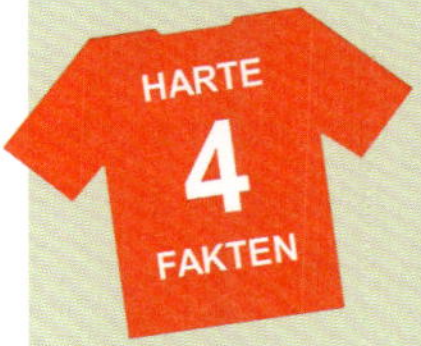

Adresse: Brückenstraße 15, 66763 Dillingen

Kapazität: 2.500

Verein: VfB Dillingen

Vereinsfarben: Schwarz-Weiß

Dillingen 014

Stadion Weißes Kreuz

Die Stars von morgen spielen sehen

Ursprünglich war die Idee bei der DJK Eintracht Dillingen nur, eine Jugendmannschaft des 1. FC Saarbrücken oder des 1. FC Kaiserslautern zu einem Turnier in das heimische Stadion Weißes Kreuz einzuladen. Aber schon bei der ersten Austragung im Jahr 2007 gelang es den Ausrichtern um den Turnier-Initiator Sebastian Britz, nicht nur lokale Größen nach Dillingen zu lotsen. Bereits für das Premierenturnier meldeten sich weitere Bundesligisten und auch Vertreter aus anderen europäischen Ländern an. Erster Turniersieger war Bayer Leverkusen, heute mit vier Titelgewinnen auch der Rekordsieger des „Talents Cup“.

Mit diesem Turnier entstand binnen weniger Jahre eine international beachtete Veranstaltung für U14-Teams. Im Lauf der Jahre machte das Who's Who des nationalen Fußballs im Saarland seine Aufwartung, z.B. die Bayern, Dortmund, Köln, Bremen oder Schalke. Auch die internationalen Vertreter tragen große Namen. So schickten der FC Liverpool, Inter Mailand und Galatasaray Jugendmannschaften nach Dillingen. Der FC Barcelona (2018) und Benfica Lissabon (2016, 2017) konnten sich bereits in die Siegerlisten eintragen. Zum Teilnehmerfeld gehörten aber immer auch lokale Teams, zum Beispiel aus Dillingen, Saarlouis oder Lebach.

2016 zog das Turnier aus Dillingen weg. Es wurde ein Jahr auf dem Sportplatz in Besseringen, danach im Merziger Blättelbornstadion ausgetragen. In den letzten beiden Jahren fand der Talents Cup in St. Wendel im dortigen Sportzentrum statt. Hier holten sich Standard Lüttich (2020) und Eintracht Frankfurt (2021) den Titel.

Als Spieler haben unter anderem Leroy Sané, Kai Havertz oder Serge Gnabry am Turnier teilgenommen, so dass die Veranstalter zu Recht damit werben können, dass man hier die Stars von morgen erleben kann. Da es neben dem umfangreichen Spielplan auch stets ein größeres Rahmenprogramm gibt, lockt der Talents Cup jedes Jahr etwa 4.000 Zuschauer an, die dabei sein möchten, wenn die Jugendlichen das „renommierteste U14-Turnier Europas“ austragen.

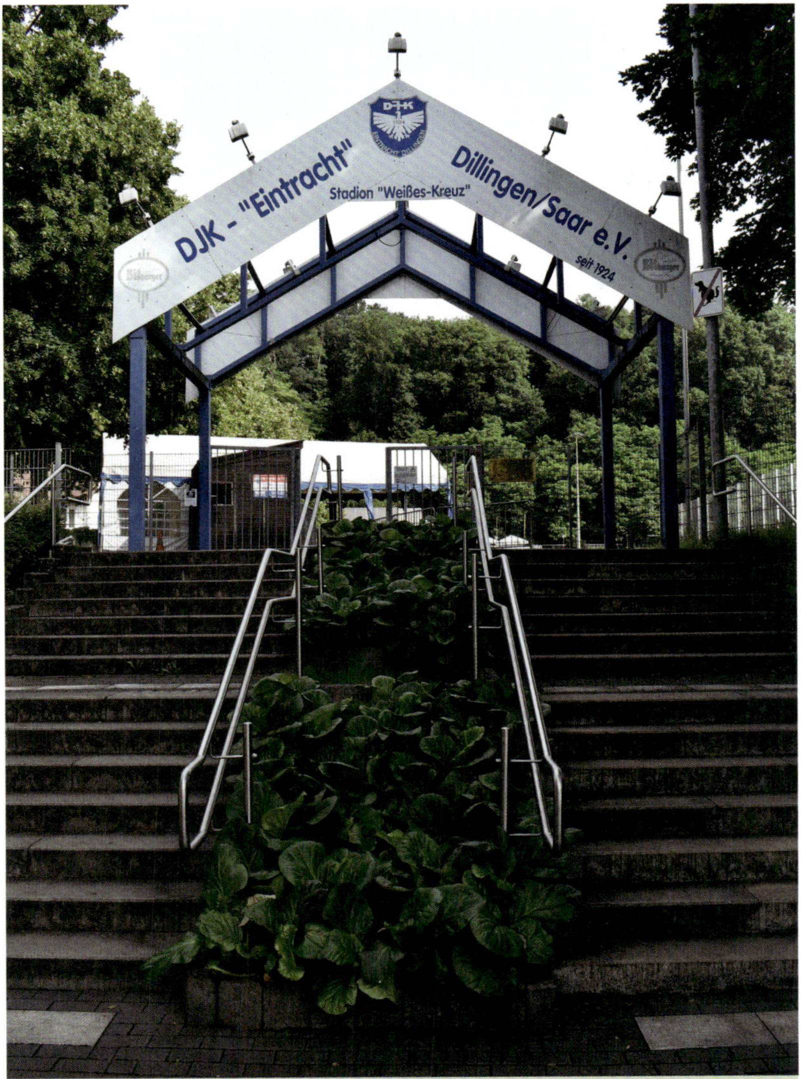

HARTE 4 FAKTEN

Adresse: Am Stadion, 66763 Dillingen

Erste Austragung: 2007

Rekordsieger: Bayer 04 Leverkusen (2007, 2009, 2010, 2013)

Amtierender Titelträger: Eintracht Frankfurt

Belkerstadion (Sportplatz Ziegelhütte)

Zweite Bundesliga auf dem Belker

Nahezu alle frühen Hochburgen des saarländischen Frauenfußballs waren im zentralen Saarland angesiedelt: Viktoria Neunkirchen war 1971 der erste Saarlandmeister, gefolgt vom SV Bubach-Calmesweiler aus der Gemeinde Eppelborn. Danach beherrschte mehrere Jahre lang der FC Hellas aus der Nachbargemeinde Marpingen die Szene.

Auch der SV Dirmingen, ebenfalls aus einem Eppelborner Ortsteil, hatte bereits 1971 eine Frauenfußball-Abteilung gegründet, deren Team 1975 in die höchste saarländische Spielklasse (Landesliga) aufstieg. Erste große Erfolge, zum Beispiel zwei Saarlandpokalsiege, konnten 1996 und 1997 auf dem Belker gefeiert werden, einer Anhöhe am Rand des Kaselswaldes im Osten des 3.000-Einwohner-Ortes. Hier war schon vor dem Zweiten Weltkrieg der Sportplatz Ziegelhütte angelegt worden. Nach einem Intermezzo auf dem Sportplatz im Brühl unten im Tal kehrte der Verein 1974 auf den Belker zurück, baute den dortigen Sportplatz aus und benannte ihn 1999 in Belkerstadion um.

1996 war der SV Dirmingen Gründungsmitglied der neugebildeten Regionalliga Südwest, der dritten Liga im Frauenfußball. Hier etablierten sich die Dirmingerinnen und standen bereits 1999 als Vizemeister kurz vor dem Aufstieg in die Zweite Liga, die sie dann aber erst mit einigen Jahren Verzögerung im Jahr 2007 erreichten. Erfolgreich waren sie in jenen Jahren auch im Saarlandpokal mit drei weiteren Siegen (2005 bis 2007) und beim Women's Indoor Cup, der saarländischen Hallenmeisterschaft im Frauenfußball, die sie zwischen 2004 und 2007 gleich viermal in Folge gewinnen konnten. In der 2. Liga Süd erspielte sich das Team des SV Dirmingen in der Aufstiegssaison mit Rang 8 einen guten Mittelfeldplatz, aber in der zweiten Saison, die ja bekanntlich die schwerste ist, gelang nur noch ein Sieg in 22 Spielen, was den Abstieg bedeutete. Seitdem pendelt der SV Dirmingen zwischen Regionalliga und Verbandsliga. Dennoch ist auf dem Belker noch immer eines der besten Teams im saarländischen Frauenfußball zu Hause.

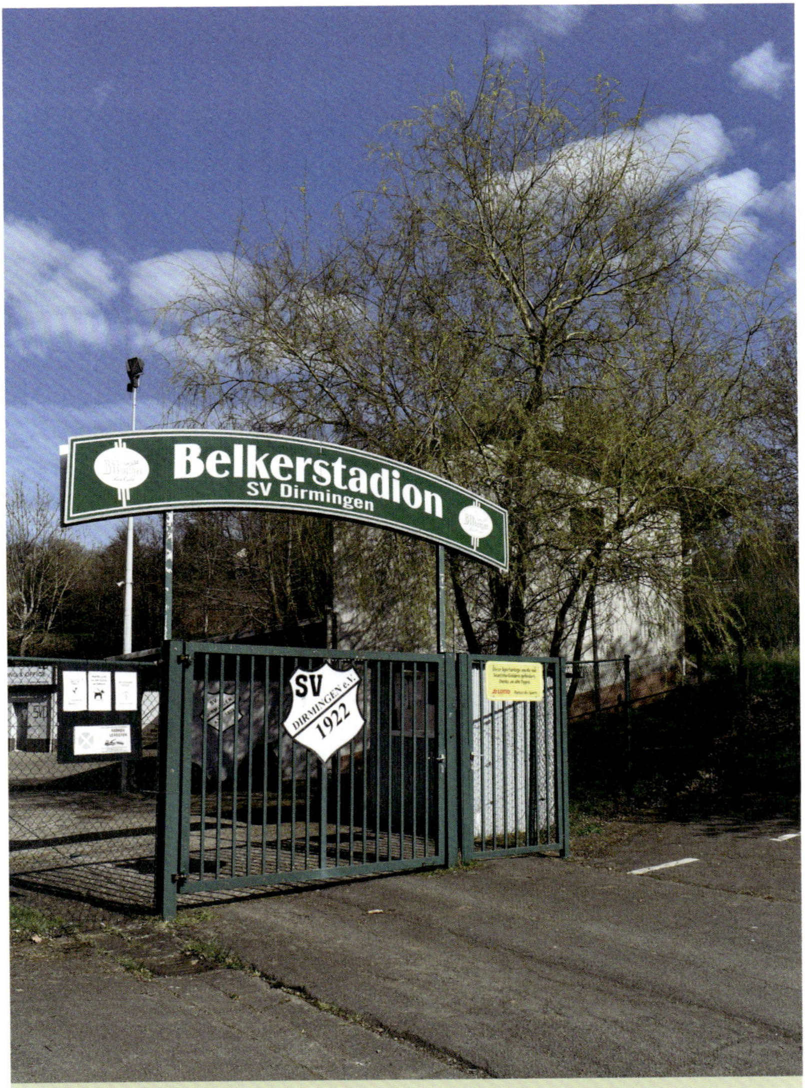

HARTE 4 FAKTEN

Adresse: Ziegelhütte 47, 66571 Eppelborn-Dirmingen

Kapazität: 2.000

Verein: SV Dirmingen

Frauenfußball: seit 1971

Elversberg 016

Kaiserlinde

Von Niklas umgeworfen

Die SV Elversberg spielte seit den 20er Jahren auf einem schlichten Hartplatz am westlichen Ortsrand im Bereich des heutigen Willi-Neu-Rings. Dieser Platz genügte den Ansprüchen, bis der Verein 1980 in die Oberliga Südwest aufstieg. Dann musste eine größere und komfortablere Spielstätte her. So wurde etwas nördlich an der Lindenstraße ein neues Stadion angelegt und 1983 eröffnet. Im Lauf der Jahre und mit zunehmendem Erfolg des Vereins wurde es sukzessive erweitert, insbesondere als die SVE 2013 in die Dritte Liga aufstieg. Seitdem bietet das Waldstadion Kaiserlinde 10.000 Plätze, davon etwa ein Drittel Sitzplätze, die zum großen Teil überdacht sind.

Den Namen Kaiserlinde erhielt das Stadion von einem mächtigen Baum an der Lindenstraße, nur wenige Meter entfernt. Die Kaiserlinde habe dort seit 1913 gestanden, war lange Zeit zu lesen, gepflanzt anlässlich des 25-jährigen Thronjubiläums Kaiser Wilhelms II. Elversberger Heimatforscher fanden aber kürzlich heraus, dass die Linde wohl deutlich älter war und schon 1871 gepflanzt wurde, um Wilhelm I. zu ehren, der im Zuge der Reichsgründung zum Deutschen Kaiser ausgerufen worden war. Solche Baumpflanzungen waren überall im Reich populär, im Königreich Preußen, zu dem Elversberg damals gehörte, aber besonders verbreitet. 1913, zum genannten Thronjubiläum, wurde daher erneut eine Linde gepflanzt, und zwar am Alten Markt im Ortszentrum. Diese musste aber schon in den 30er Jahren durch einen Nachfolge-Baum ersetzt werden.

Die originale Kaiserlinde von 1871 hielt deutlich länger und überlebte sämtliche Kaiser. Nicht aber den Orkan „Niklas" im März 2015, der den Baum entwurzelte und umwarf. Im Januar 2021 pflanzte man an gleicher Stelle eine neue Linde, die nun auch wieder „Kaiserlinde" heißt, obwohl es schon längst keinen Kaiser mehr gibt. Aber so hat das Stadion Kaiserlinde wieder seinen namensgebenden Baum. Der wirkt momentan noch etwas schmächtig, soll aber zu einer ebenso stattlichen Linde heranwachsen wie der Vorgänger.

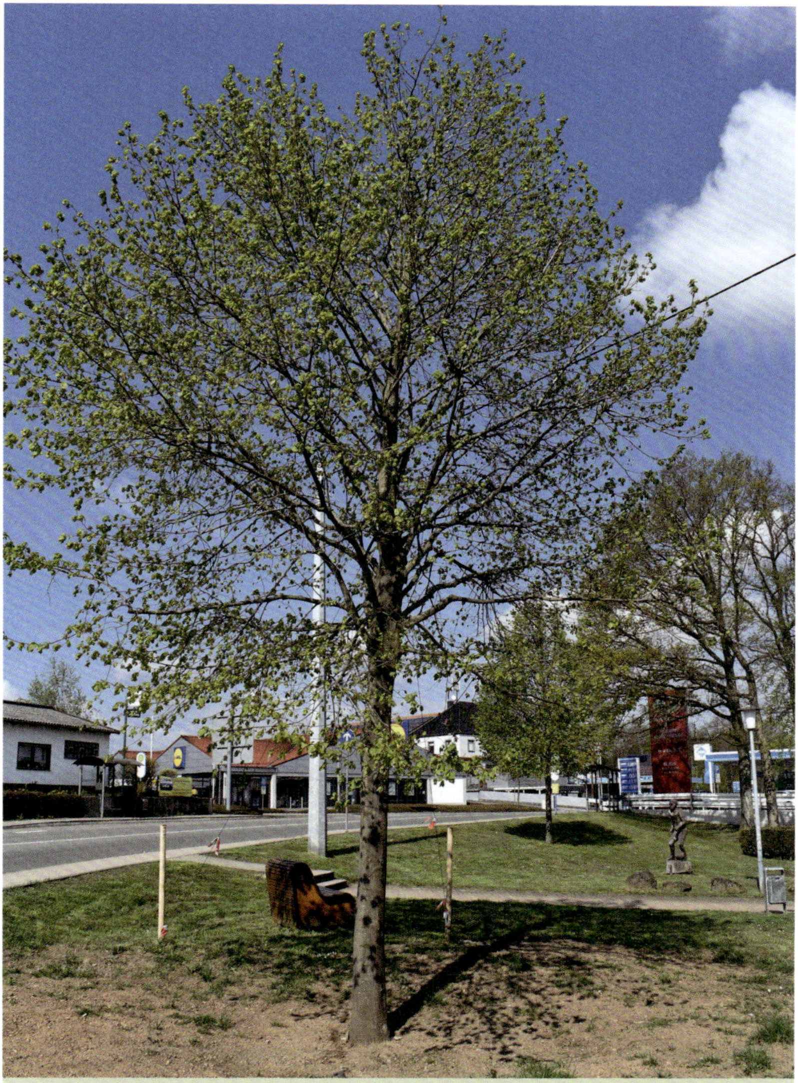

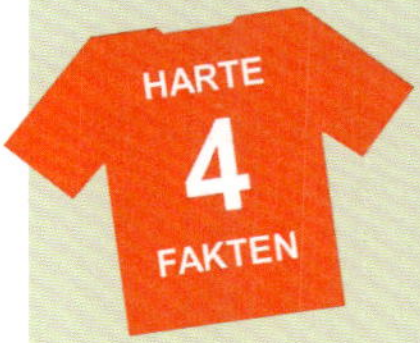

Adresse: Lindenstraße / Waldstraße, 66583 Spiesen-Elversberg

Kaiserlinde 1: 1871–2015

Kaiserlinde 2: 1913–ca. 1938

Kaiserlinde 3: 2021ff.

Elversberg 017

Waldstadion Kaiserlinde

Als zweite Kraft im Saarland etabliert

Die Sportvereinigung 07 Elversberg ist der Spätstarter unter den saarländischen Spitzenclubs. Erst durch die finanzielle Unterstützung des Pharmaunternehmers Frank Holzer, der lange Zeit auch Vereinspräsident war, gelang dem Club der Sprung in die überregionalen Spielklassen.

1907 als FC Germania gegründet, ist die SVE nicht wesentlich jünger als der Ort, aus dem sie stammt: Elversberg entstand erst 1852 als Wohnkolonie für die Bergleute der nahen Grube Heinitz. Seit 1952 ist der Verein als SV Elversberg eigenständig und spielte schon damals in der Amateurliga Saarland. Nach dem Abstieg 1960 dauerte es einige Zeit, bis die Elversberger wieder in der Verbandsliga auftauchten, dann aber 1979/80 als Aufsteiger direkt in die Oberliga durchmarschierten. Auf mehrere Jahre mit guten Mittelfeldplätzen folgten drei Jahre Abstiegskampf. 1987 mussten die Elversberger das Südwest-Oberhaus verlassen, nahmen einen Schuldenberg von 750.000 DM mit in die Verbandsliga und wurden 1989 in die Landesliga durchgereicht.

In diesem Jahr übernahm Frank Holzer das Präsidentenamt. Er hatte für Braunschweig in der Bundesliga gespielt und leitete nach seiner Sportkarriere das väterliche Pharmaunternehmen Ursapharm in Saarbrücken als Geschäftsführer. Holzer sorgte für eine enge Verbindung zwischen seinem Unternehmen und der SVE und brachte den Club unter zunehmender Professionalisierung bis in die Regionalliga. Hier hält sich der Verein seit 1998. In der Saison 2013/14 konnten die Elversberger nach einem Sieg in der Relegation gegen 1860 München sogar für ein Jahr in der Dritten Liga spielen. Auch das Stadion wurde im Lauf der Zeit ausgebaut, bietet nun 10.000 Plätze und könnte sogar für eventuelle Spiele in der 2. Bundesliga erweitert werden. Aktuell ist das aber kein Thema, denn die Elversberger scheiterten zweimal in der Relegation (2016 gegen Zwickau, 2017 gegen Unterhaching) an der Rückkehr in die Dritte Liga. Sie etablierten sich aber dennoch über die Jahre als zweite Kraft im saarländischen Fußball.

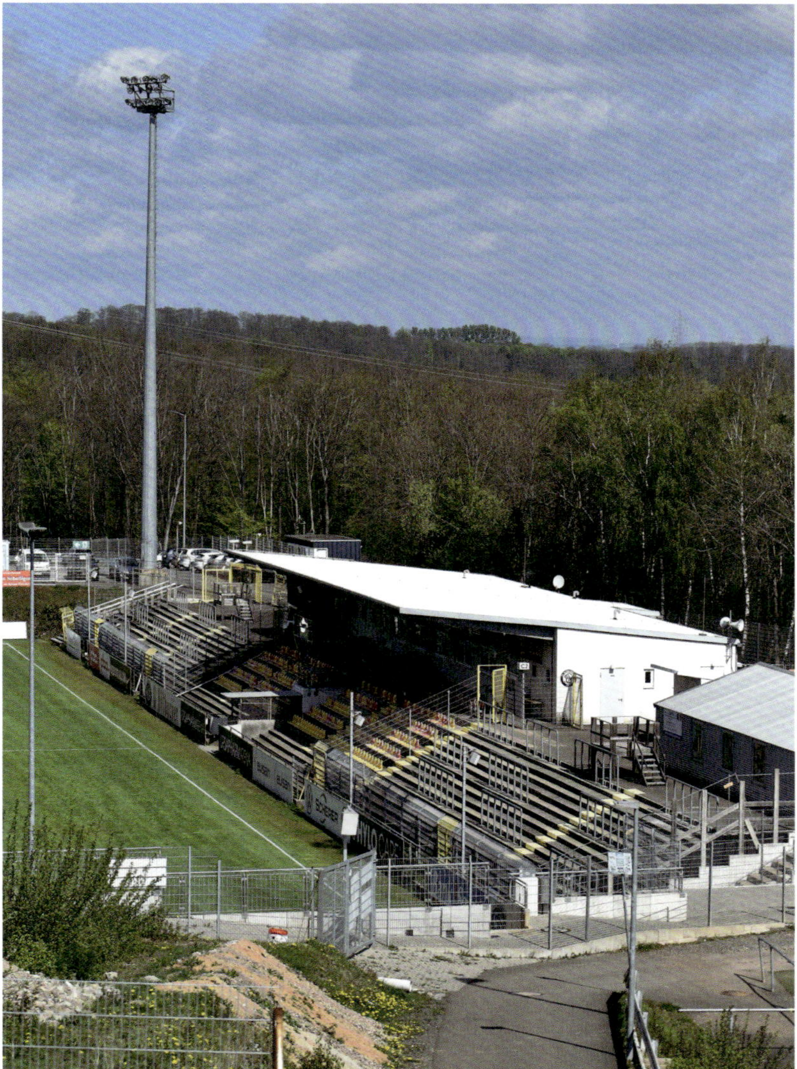

HARTE 4 FAKTEN

Adresse: Lindenstraße, 66583 Spiesen-Elversberg
Kapazität: 10.000
Verein: SV 07 Elversberg
Vereinsfarben: Schwarz-Weiß

Ensdorf 018

Glückauf-Stadion

Am Fuß der Bergehalde

Was für eine Kulisse: Hinter dem Glückauf-Stadion des FC Ensdorf erhebt sich die 140 m hohe Bergehalde mit dem Saar-Polygon. Die begehbare Skulptur steht seit 2016 dort oben als Denkmal für den Kohlebergbau an der Saar, der 2012 mit der Schließung der Grube in Ensdorf sein Ende fand. Vom Ensdorfer Bergwerk profitierte viele Jahre lang nicht nur die Gemeinde, sondern auch der 1912 gegründete örtliche Fußballclub, zu dessen Unterstützern außerdem der Energieversorger VSE zählte, der am Ort ein Kohlekraftwerk unterhielt.

Seinen ersten Höhenflug mit drei Jahren in der saarländischen Ehrenliga (1948-51) verdankte der FC Ensdorf aber nicht zuletzt einem der besten Fußballer, den das Saarland hervorgebracht hat: Der 1925 geborene Herbert Martin stammte aus Ensdorf und wechselte 1950 vom FCE zum 1. FC Saarbrücken. Dort erzielte er in 279 Oberligaspielen sagenhafte 215 Tore und galt zusammen mit Herbert Binkert als geniales Sturmduo. Mit sechs Toren in 17 Länderspielen ist er Rekordtorschütze der saarländischen Nationalelf.

1972 gelang dem FC Ensdorf mit einem fast ausschließlich aus Eigengewächsen bestehenden Team der Aufstieg in die Regionalliga Südwest. In einer Liga mit Mainz 05, dem FCS und dem FK Pirmasens waren die Blau-Weißen aber überfordert: Nur ein Saisonsieg und 8:52 Punkte bedeuteten den letzten Platz, was vielleicht auch daran lag, dass sie für ihre Heimspiele ins benachbarte Fraulautern ausweichen mussten.

Mit Unterstützung der Grube wurde daher das 12.000 Zuschauer fassende Glückauf-Stadion errichtet und 1974 eröffnet: In dem weiten Oval spielten die Ensdorfer wenig später ihre fünf Jahre in der Oberliga Südwest. 1982 gewannen sie durch ein 1:0 gegen Elversberg zum ersten und einzigen Mal den Saarlandpokal. Dann verstärkte sich die Kohlekrise, die Grube fuhr ihre Unterstützung zurück, und nach dem Oberliga-Abstieg 1985 begann der Sturz durch die Amateurklassen, der erst auf dem untersten Level zum Halten kam. Inzwischen ist der FCE in der Bezirksliga (9. Liga) anzutreffen.

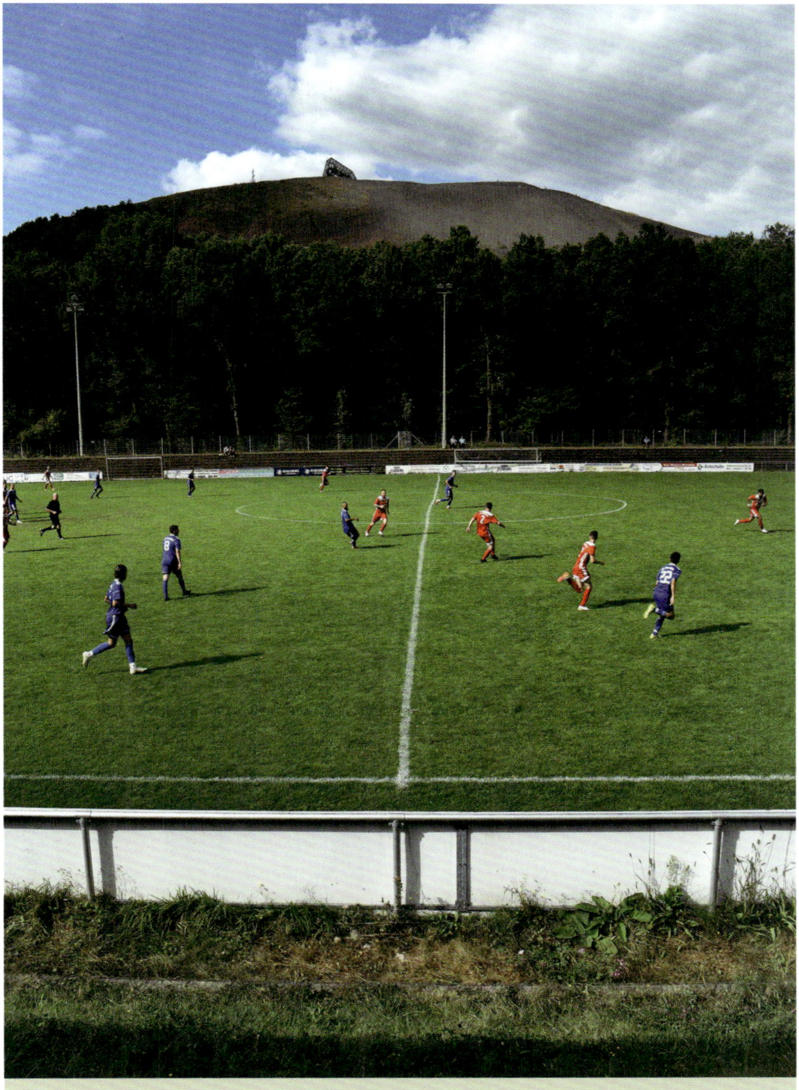

HARTE 4 FAKTEN

Adresse: Prälat-Anheier-Straße 55, 66806 Ensdorf

Kapazität: 12.000

Verein: FC Ensdorf

Vereinsfarben: Blau-Weiß

Eppelborn 019

Illtalstadion

Stammgast in der höchsten saarländischen Liga

Rechnet man die Spielzeiten der Amateurliga Saarland, der Verbandsliga Saar und der Saarlandliga zusammen, belegt der FV Eppelborn mit großem Vorsprung den ersten Platz der Gesamttabelle. Der Club stieg 1969 in die höchste saarländische Klasse auf und spielte in den folgenden 48 Jahren fast durchgängig in dieser Liga, unterbrochen nur durch drei Jahre (1982–85) in der Landesliga.

Die Serie endete 2017 – mit einer großen Feier: Im Spitzenspiel am letzten Spieltag der Saarlandliga siegte der FVE beim punktgleichen Tabellennachbarn VfL Primstal vor 3.000 Besuchern mit 2:0. Das bedeutete die Saarlandmeisterschaft und den erstmaligen Aufstieg in die Oberliga.

Hier gelang aber der Klassenerhalt nicht: Die Rot-Weißen fuhren in 36 Spielen nur vier Siege ein und standen nach holprigem Saisonstart (sechs Punkte aus zehn Spielen) fast durchgängig auf den Abstiegsrängen. Auch die beiden prestigeträchtigen Lokalderbys gegen die Hertha aus dem Eppelborner Ortsteil Wiesbach gingen verloren, sorgten aber zumindest für stolze Kulissen in der chronisch zuschauerschwachen Oberliga: 1.300 Zuschauer sahen einen 3:2-Sieg der Wiesbacher im Eppelborner Illtalstadion, und auch das Rückspiel in Wiesbach zog mehr als 1.000 Besucher an.

Achtungserfolge konnten die Eppelborner in diversen Pokalwettbewerben erzielen, auch wenn es nie zu einem Titelgewinn reichte: 1970 standen sie im Halbfinale der Deutschen Amateurmeisterschaft (0:3, 3:1 gegen Eintracht Braunschweig Amat.). Im DFB-Pokal zogen sie 1974/75 nach einem Sieg gegen Eisbachtal in die zweite Hauptrunde ein, wo sie sich im Düsseldorfer Rheinstadion mit 1:4 gegen Bundesligist Fortuna recht gut hielten. Zweimal erreichten sie zudem das Finale des Saarlandpokals, verloren aber beide Male (1986 im Elfmeterschießen gegen Neunkirchen, 2002 gegen den FCS).

Das Illtalstadion war übrigens sogar schon Austragungsort eines Endspiels um die Deutsche Meisterschaft: 1978 spielten die Frauen von Hellas Marpingen hier ihr Final-Rückspiel gegen Bad Neuenahr.

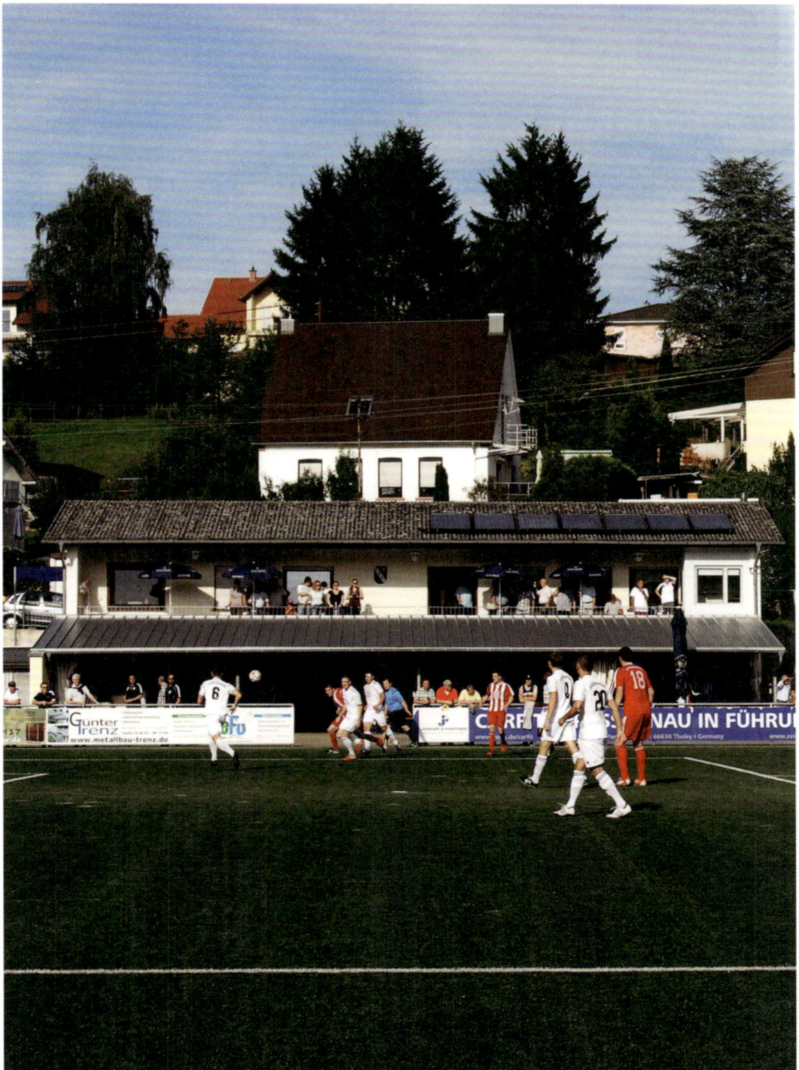

HARTE 4 FAKTEN

Adresse: Alfred-Groß-Straße, 66571 Eppelborn

Kapazität: 2.500

Verein: FV Eppelborn

Vereinsfarben: Rot-Weiß

Forbach (F) 020

Stade du Schlossberg

Eine „rencontre symbolique"

Das lothringische Forbach gehörte von 1871 bis 1918 zum Deutschen Reich, das sich das Elsass und Teile Lothringens einverleibt hatte. In der Industriestadt im Lothringer Kohlebecken entstanden damals mehrere Fußballvereine, die Namen wie FC Hansa, FC Phönix oder FC Triumph trugen. 1909 bündelten sie ihre Kräfte und bildeten den Sport-Club Forbach, der in Union Sportive de Forbach umbenannt wurde, als das Elsass und Lothringen nach dem Ersten Weltkrieg wieder Teil der Französischen Republik geworden waren.

Im Zweiten Weltkrieg musste die Stadt erneut die Seiten wechseln. Die stärksten Teams aus dem besetzten Lothringen (Metz, Saargemünd und später auch Merlebach) wurden ab 1941 in die deutsche Gauliga Westmark einsortiert. Die US Forbach schaffte den Sprung in die höchste deutsche Liga nicht. Ihre große Zeit kam erst später, zwischen 1957 und 1966, als die Blau-Weißen in der Division 2, der zweithöchsten französischen Spielklasse, antreten konnten. 1957/58 gelang hier mit Rang 6 die beste Platzierung der Vereinsgeschichte, und 1960 erreichten sie das französische Pokal-Achtelfinale.

Das große, 1923 eröffnete Stade du Schlossberg war zu dieser Zeit häufig gut besucht: In der Zweitliga-Debütsaison kamen im Schnitt fast 10.000 Besucher. Heute spielen die Forbacher nur noch in der Regional 1, der sechsten Liga, die die ehemalige Region Lothringen umfasst. Dass sie auch in der Gegenwart noch große Zuschauermengen anlocken können, bewiesen sie 2010/11: In der Runde der letzten 32 im französischen Pokal kam OSC Lille zum Pokalspiel nach Forbach, und das in der Kapazität zwischenzeitlich verkleinerte Stadion war mit 6.000 Zuschauern ausverkauft.

Fast genauso viele Besucher, nämlich gut 4.000, kamen am 17. Mai 1953 ins Stadion, das nach schweren Zerstörungen im Krieg gerade erst wieder aufgebaut worden war. An diesem Tag spielte in einer „rencontre symbolique" (symbolische Begegnung) die saarländische Amateur-Nationalelf gegen eine lothringische Auswahl, die das Spiel mit 4:1 gewann.

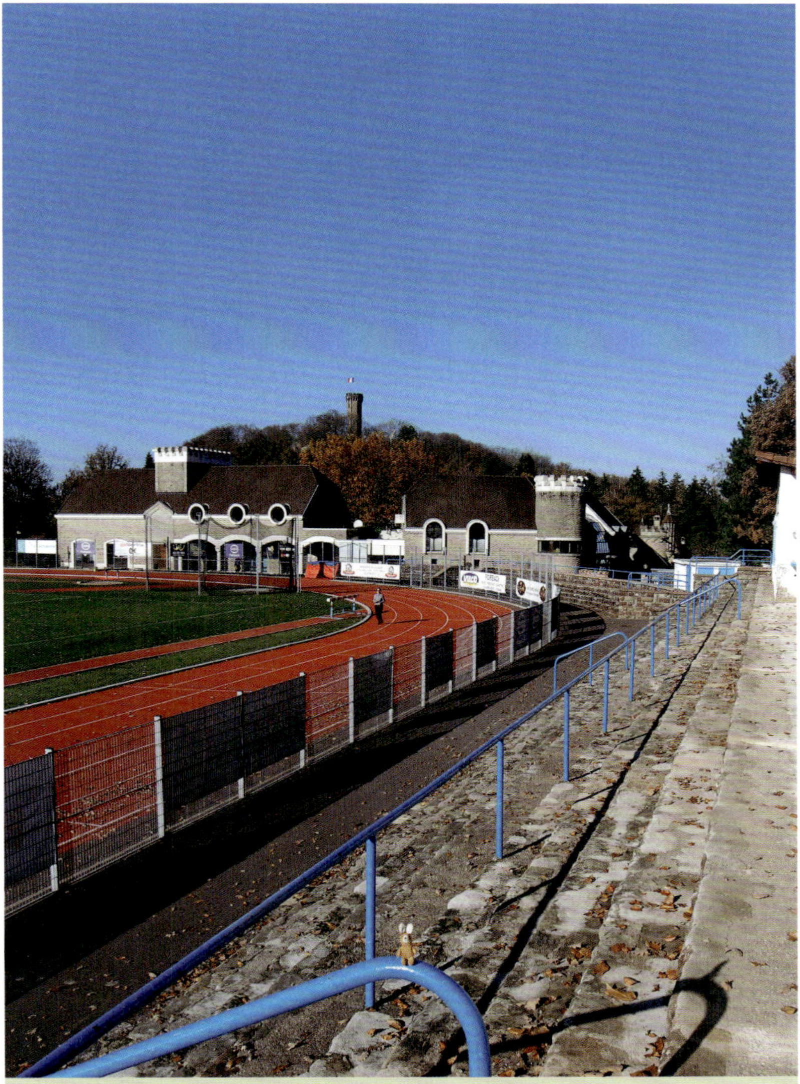

HARTE 4 FAKTEN

Adresse: Rue du Parc, F-57600 Forbach
Kapazität: heute 6.000
Verein: US Forbach
Vereinsfarben: Blau-Weiß

Friedrichsthal 021

Hofschule

Ein Hallenturnier für Förderschulen

Die Sporthalle der Bildstocker Hofschule ist jedes Frühjahr Austragungsort eines besonderen Hallenfußball-Turniers: Dann spielen Mannschaften, die aus verschiedenen Förderschulen des Saarlandes kommen, um den Hofschulcup.

Das Turnier wurde im Dezember 2001 erstmals ausgetragen und etablierte sich seitdem als jährliche Veranstaltung, an der etwa acht bis zehn Schulen teilnehmen. Organisiert und durchgeführt wird es von der Hofschule, einer Förderschule im Friedrichsthaler Stadtteil Bildstock, die auch bereits mehrfach in der Siegerliste des Turniers steht und im Fußball ohnehin sehr engagiert ist. Dem in der Regel im Frühjahr ausgetragenen Hofschulcup stellte die Schule im Jahr 2019 erstmals den Anfang September auf der Anlage der DJK Bildstock ausgetragenen Sommercup zur Seite. Diesen gewann das Team von der Neunkircher Palotti-Schule. Für jüngere Schüler richtet die Schule außerdem ein Nikolausturnier aus.

Auch an anderen Turnieren im Saarland nimmt die Hofschule teil, zum Beispiel am Seffersbach-Cup, den die Schule auf der Wild in Merzig-Brotdorf ausrichtet. Bei diesem seit 2007 jährlich veranstalteten Turnier stellen die Bildstocker aktuell den Rekordsieger. Die Schüler aus Brotdorf kommen ihrerseits regelmäßig zum Gegenbesuch nach Bildstock und machen beim Hofschulcup mit.

Neben diesen Schulturnieren werden auch jährliche Saarlandmeisterschaften für Förderschulen ausgespielt. Erfolgreich ist die Hofschule auch hier: Im Sommer 2016 zum Beispiel gelang nicht nur die Saarlandmeisterschaft, sondern anschließend bei einem Turnier, das im Reimsbacher Waldstadion ausgetragen wurde, auch die Südwestmeisterschaft gegen fünf andere Mannschaften aus dem Saarland (Anne-Frank-Schule Saarlouis), Hessen und Rheinland-Pfalz.

2020 und 2021 fiel der Hofschulcup pandemiebedingt aus. Im Frühjahr 2022 sollen aber wieder Schülermannschaften aus dem ganzen Saarland nach Bildstock kommen und den Nachfolger des seit 2019 amtierenden Turniersiegers ausspielen. Der heißt natürlich: Hofschule Bildstock.

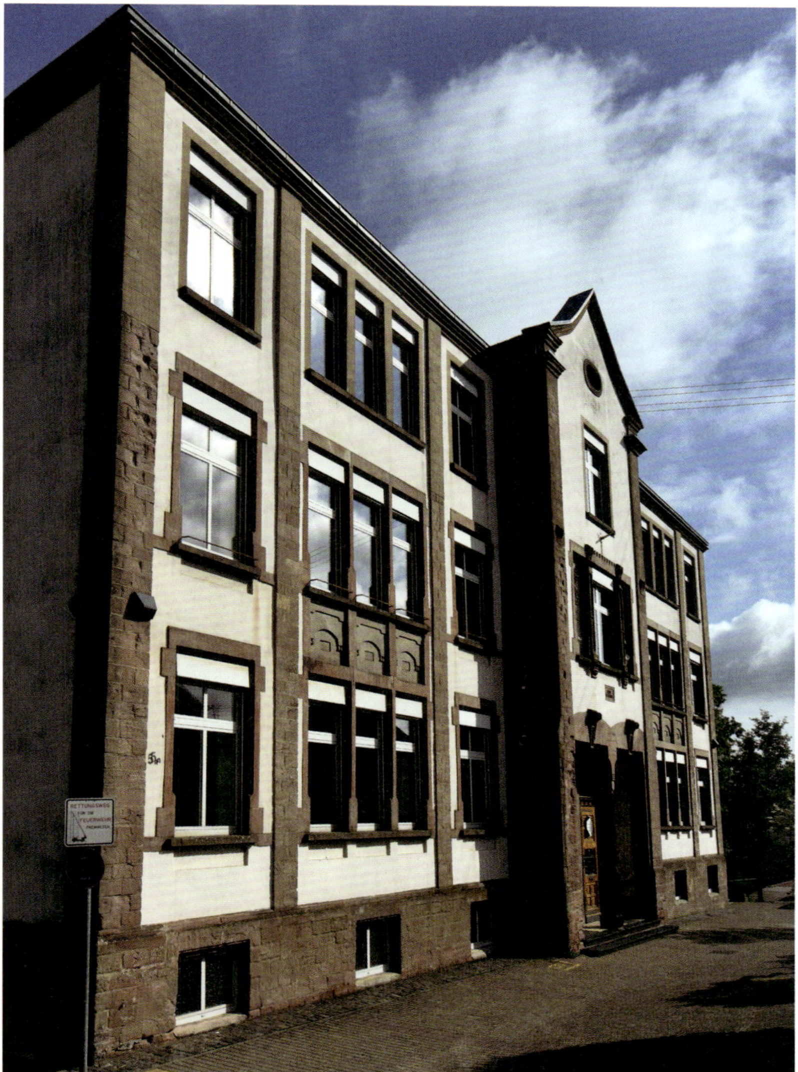

HARTE 4 FAKTEN

Adresse: Hofstraße 5a, 66299 Friedrichsthal

Erste Austragung: 2001

Amtierender Titelträger (2019): Hofschule Bildstock

Endspielgegner 2019: Schule am Ludwigsberg, Saarbrücken

Friedrichsthal 022

Stadion am Franzschacht

Zwei Kurzbesuche in der Regionalliga

Der Sport-Club 1893 Friedrichsthal entstand in seiner heutigen Form erst 1946. Die frühe Jahreszahl erinnert aber an den ältesten Vorgängerverein, den 1893 gegründeten Turn-Club Friedrichsthal. Dieser besaß ab 1920 eine Fußballabteilung, verschwand später in Fusionen mit anderen Sportvereinen und lebte nach dem Krieg als Teil des Sport-Clubs wieder auf.

Auch das Friedrichsthaler Stadion besitzt indirekt eine Verbindung zum Jahr 1893: Im Franzschacht, einer von zahlreichen Schachtanlagen im Bergbauort Friedrichsthal, wurde nämlich in genau diesem Jahr die Kohleförderung aufgenommen, wenn auch nur kurz: Als 1924 in der nahegelegenen Stockbrunnerwies ein Turnplatz mit Laufbahn angelegt wurde, existierte der Franzschacht bereits nicht mehr. Namensgeber der Sportstätte blieb die Schachtanlage aber dennoch, auch als der Platz in den 60er Jahren zur heutigen, recht großen Mehrzweckanlage (7.500 Plätze) ausgebaut wurde.

Das große Stadion wurde in Friedrichsthal durchaus benötigt, denn der SCF spielte von 1959 bis 1963 in der 2. Division Südwest, also in der damaligen zweiten Liga. 1967 gelang unter dem langjährigen Trainer Dieter Harig, der zuvor 16 Jahre für Borussia Neunkirchen gespielt hatte, der Sprung in die Regionalliga. Dort hatte der SCF zwar einen recht guten Zuspruch von durchschnittlich 1.700 Zuschauern, konnte aber die Klasse nicht halten, auch nicht bei einem zweiten Anlauf in der Saison 1969/70.

In der Amateurliga bzw. Verbandsliga war der Sport-Club danach mit 35 Spielzeiten zwischen 1970 und 2018 eine feste Größe. Was aber auch daran lag, dass er die Qualifikation zur Oberliga Südwest 1978 deutlich verpasste und auch später nie mehr in die Nähe des Aufstiegs kam. Immerhin siegten die Friedrichsthaler 1975 im erstmals wieder ausgetragenen Saarlandpokal und standen somit im DFB-Pokal, wo sie dem SC Herford im dortigen Jahnstadion mit 1:3 unterlagen. Seit dem freiwilligen Rückzug aus der Saarlandliga im Sommer 2018 geht der SCF nun in der Bezirksliga an den Start.

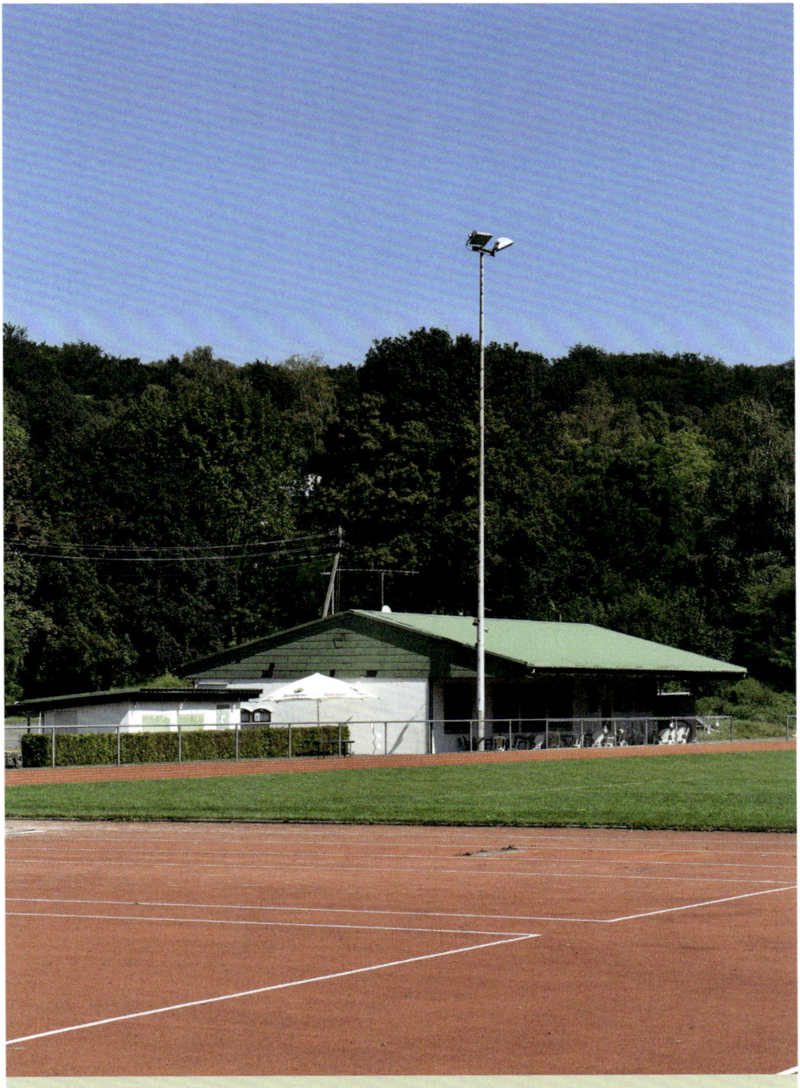

HARTE 4 FAKTEN

Adresse: Am Franzschacht, 66299 Friedrichsthal

Kapazität: 7.500

Verein: SC Friedrichsthal

Vereinsfarben: Grün-Weiß

Sportplatz an der L 352

Die Pokalhelden vom Saargau

Der Saargau im westlichen Saarland ist eine sehr hübsche, sanft gewellte Landschaft mit Streuobstwiesen, Feldern und kleinen Dörfern. Der große Fußball ist hier eher nicht zuhause, auch nicht in Gisingen mit seinen gerade einmal gut 800 Einwohnern. Der örtliche VfB kam seit seiner Gründung 1954 im Ligaspielbetrieb nie über die Bezirksliga hinaus, machte aber dennoch Schlagzeilen: Und zwar als Pokalschreck in der Saison 1990/91.

Der VfB spielte in dieser Saison in der Kreisliga A Saar und errang am Ende der Spielzeit die Meisterschaft. Die Basis hierfür legten die Gisinger zuhause: 27:3 Punkte gelangen auf dem hübschen Fußballplatz, der außerhalb des Ortes an der Landstraße nach Kerlingen liegt.

Ihre Heimstärke spielten sie auch im Saarlandpokal aus und siegten in den ersten Hauptrunden gegen die Landesligisten aus Hüttigweiler (3:0) und Püttlingen (1:0). Gegen Bezirksligist Wemmetsweiler setzten sie sich im Elfmeterschießen durch, standen somit als einziger Kreisligist zwischen Ober- und Verbandsligisten im Viertelfinale und hatten bisher noch nicht einmal ein Tor kassiert.

Gegen Hellas Marpingen aus der Verbandsliga hielten die Gisinger ein 2:2 n.V. und bewiesen wieder Nervenstärke beim Elfmeterschießen: Halbfinale! Der nächste Gegner kam drei Tage später auf den Saargau und hieß 1. FC Saarbrücken. Es waren zwar „nur" die FCS-Amateure, aber die spielten als Oberligist trotzdem vier Klassen höher als der VfB. Nach 90 Minuten stand es 2:1 – für Gisingen. Der Kreisligist stand im Finale des Saarlandpokals.

Auch gegen Finalgegner Rot-Weiß Hasborn hielten die Gisinger vor 3.000 Zuschauern im Dillinger Parkstadion sehr gut mit: Die Hasborner Führung aus der 35. Minute glichen sie in der 75. Minute aus. In der Verlängerung konnte sich dann aber der Verbandsligist mit 3:1 durchsetzen, weil den Gisingern am Ende doch die Luft ausging. Das ganz große Pokalwunder blieb also aus, aber stolz ist man in Gisingen trotzdem noch heute auf die Pokalhelden aus der Saison 1990/91.

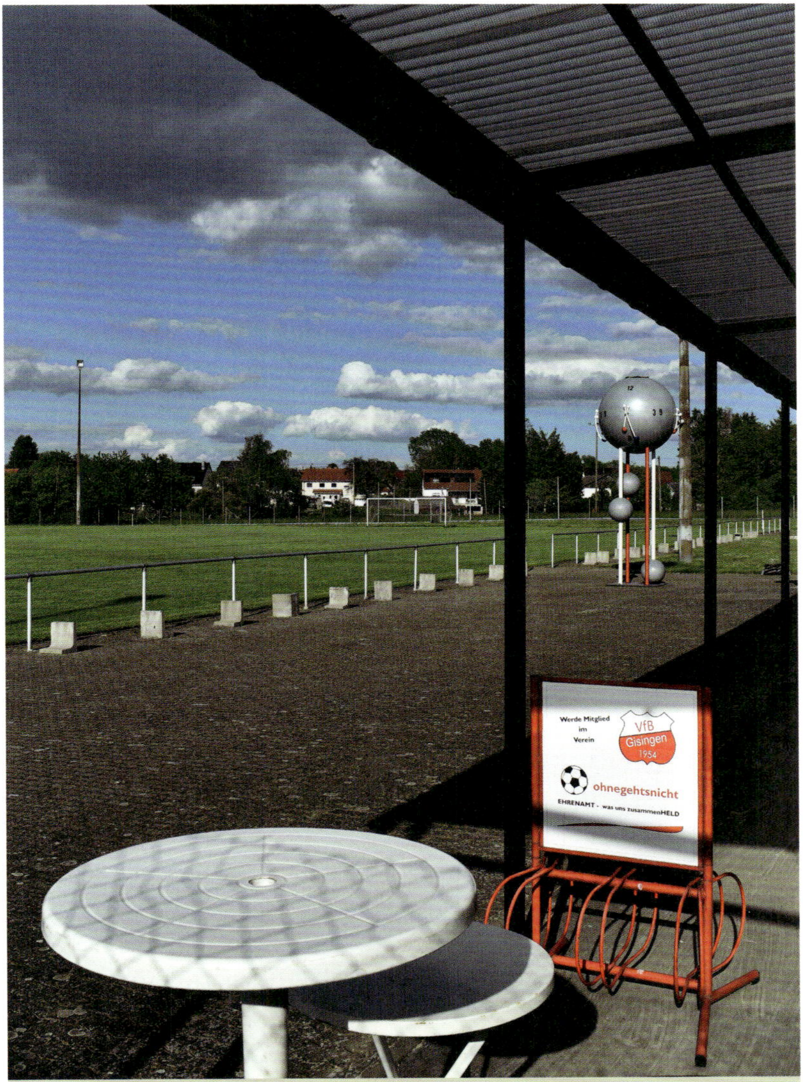

HARTE 4 FAKTEN

Adresse: L 352, 66798 Wallerfangen-Gisingen
Kapazität: 1.000
Verein: VfB Gisingen
Vereinsfarben: Rot-Weiß

Heinz-Simmet-Weg

Er hielt Overath den Rücken frei

Als im September 2013 der Weg am Stadion des SV Germania Göttelborn offiziell in Heinz-Simmet-Weg umbenannt wurde, war nicht nur der so Geehrte anwesend. Auch Uwe Klimaschefski und der langjährige Kölner Bundesliga- und Nationalspieler Bernd Cullmann waren hierfür ins Saarland gekommen.

Göttelborn ist ein vom Bergbau geprägter Ort, den die Bewohner nur „die Heh“ nennen, weil er auf einem Hügelrücken liegt. An das große Bergwerk erinnert noch ein weithin sichtbares Baudenkmal: Der 1992 erbaute Förderturm von Schacht IV der Grube Göttelborn, mit fast 90 Metern Höhe der höchste Förderturm Europas. Er kostete umgerechnet etwa 200 Millionen Euro und war nur acht Jahre in Betrieb, denn im Jahr 2000 wurde die Grube geschlossen.

Hier in Göttelborn wurde 1944 Heinz Simmet geboren. Er spielte in der Jugend des SV Germania, mit dessen A-Jugend er 1961 saarländischer Vizemeister wurde. Über die Zwischenstation SV Holz wechselte er 1963 nach Neunkirchen und stieg mit der Borussia in die Bundesliga auf. Trotz längerer Pause wegen eines Wadenbeinbruchs kam er in zwei Jahren im Ellenfeld auf die bemerkenswerte Quote von 13 Toren in 29 Bundesligaspielen.

Nach dem Abstieg der Borussia wechselte Simmet zu Rot-Weiss Essen und ein Jahr später zum 1. FC Köln. In der Domstadt wurde der Saarländer heimisch und spielte bis 1978 für die Kölner in 357 Bundesligaspielen, davon zwischen 1970 und 1977 in 259 Spielen ohne Unterbrechung – ein Bundesligarekord für Feldspieler bis heute. In seiner Kölner Zeit gewann Simmet dreimal den DFB-Pokal und einmal (1977/78) die Deutsche Meisterschaft. Der defensive Mittelfeldmann war wegen seiner knüppelharten Spielweise bei den Gegnern nicht sonderlich beliebt, aber in Köln mochten sie ihn: Als feste Größe in der Mannschaft und als derjenige, der Wolfgang Overath erfolgreich den Rücken frei hielt.

Nach Ende seiner aktiven Karriere leitete er seine eigene Malerwerkstätte. Köln und dem FC blieb er bis heute treu, aber um den Heinz-Simmet-Weg einzuweihen, kam er gerne ins Saarland.

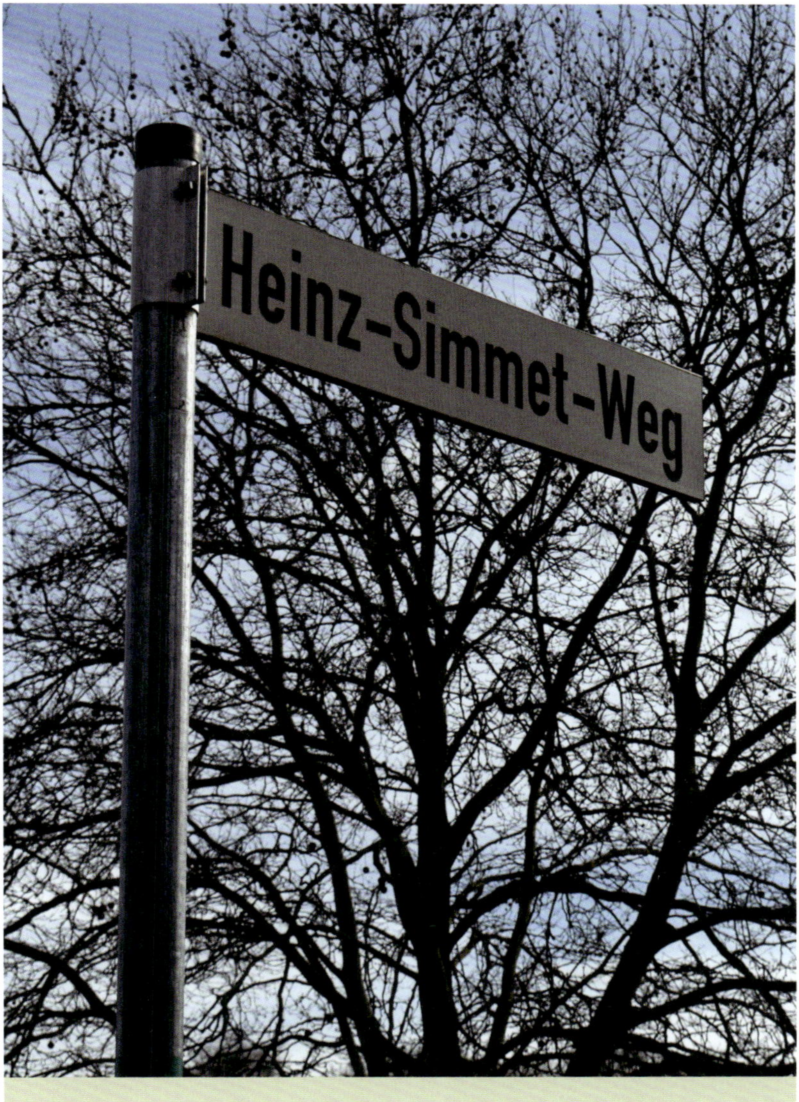

HARTE 4 FAKTEN

Adresse: Heinz-Simmet-Weg, 66287 Quierschied-Göttelborn

1963–66: Borussia Neunkirchen

1966–67: Rot-Weiss Essen

1967–78: 1. FC Köln

Sportanlage Nachtweide

Die Überraschung im DFB-Pokal blieb aus

Der Hamburger SV leistet sich bekanntlich im DFB-Pokal hin und wieder eine Niederlage gegen einen Amateurclub. In Eppingen oder Geislingen kann man davon erzählen. Daher sah auch der saarländische Landesligist SC Großrosseln durchaus eine realistische Chance, als er bei der Pokalauslosung in der Saison 1994/95 den HSV als Gegner zugeteilt bekam.

Der Sport-Club aus dem Ort an der französischen Grenze hatte sich 1993/94 für den DFB-Pokal qualifiziert. Im Saarlandpokal war der Landesligist zwar lediglich Außenseiter, aber die Grün-Weißen eilten von Erfolg zu Erfolg. Durch Siege gegen die Verbandsligisten SV Noswendel und VfB Dillingen sowie den Bezirksligisten 1. FC Niederkirchen erreichten sie das Viertelfinale. Ab hier warteten nur noch Oberligisten, zwei Klassen höher angesiedelt.

Dennoch setzten sich die Großrosselner sowohl bei den FCS-Amateuren (3:1) als auch bei der FSG Schiffweiler (2:1 n.V.) durch und standen somit im Endspiel gegen den FSV Saarwellingen. Das Finale zwischen dem Oberligisten und dem Landesligisten, am 31. Mai 1994 im Ensdorfer Glückauf-Stadion ausgetragen, entwickelte sich zunächst in Richtung des Favoriten: Die Saarwellinger hatten mit Toren in der 21. und 73. Minute eine 2:0-Führung herausgespielt und sahen schon wie der sichere Sieger aus.

Dann aber schlug der Landesligist zu und erzielte innerhalb von 60 Sekunden in der 85./86. Minute den Ausgleich zum 2:2 – und legte gegen offenbar geschockte Saarwellinger noch in der regulären Spielzeit nach: Andreas Walter erzielte in der 90. Minute das 3:2. Danach: Schlusspfiff und Riesenjubel in den Reihen der Großrosselner.

Für das DFB-Pokal-Spiel im September 1994 zog der SCG nach Völklingen ins dortige Stadion um. Die Hamburger ließen dieses Mal allerdings keine Pokalsensation zu, gingen bereits nach vier Minuten in Führung und gewannen locker mit 5:0. Aber auch wenn die Überraschung nicht gelang, war das Match gegen den HSV dennoch das größte Spiel der Vereinsgeschichte des SC Großrosseln.

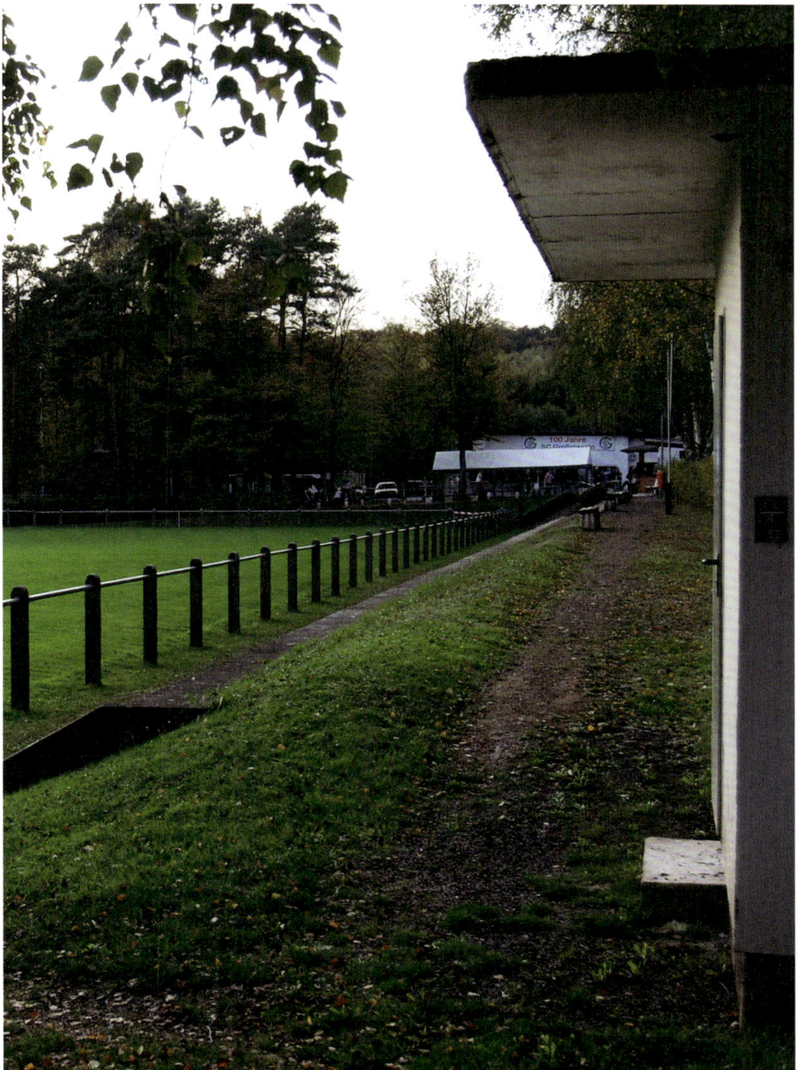

HARTE 4 FAKTEN

Adresse: Zur Nachtweide, 66352 Großrosseln

Kapazität: 3.000

Verein: SC Großrosseln

Vereinsfarben: Grün-Weiß

Sportplatz Habkirchen

Grenzüberschreitende Spielgemeinschaft

In vielen kleinen Orten wird es für die Fußballvereine immer schwieriger, aus eigenen Kräften eine Mannschaft aufs Spielfeld zu bringen. Das musste man auch in Habkirchen (600 Einwohner) und Frauenberg (590 Einwohner) feststellen, zwei Orten im südlichen Bliesgau, die sich an beiden Ufern der Blies direkt gegenüberliegen.

So weit, so normal. Aber den FC Habkirchen und die US Frauenberg trennt nicht nur der Fluss: Die Blies bildet hier nämlich die Staatsgrenze, und Frauenberg liegt im französischen Département Moselle. Ehe die Kooperation zwischen beiden Vereinen, die erste deutsch-französische Spielgemeinschaft überhaupt, im Jahr 2004 als FC Habkirchen-Frauenberg starten konnte, waren einige Probleme vor allem bürokratischer Art zu lösen. Von der Frage der Spielstätte (Darf deutscher Spielbetrieb überhaupt auf französischem Boden stattfinden?) bis hin zur Klärung der Zuständigkeiten, falls zum Beispiel ein Krankenwagen zum Spielfeld gerufen werden müsste.

Als Spielstätte kristallisierte sich schnell der direkt am Flussufer gelegene Sportplatz in Frauenberg mit seinem Naturrasenspielfeld heraus, denn in Habkirchen gab es nur einen Hartplatz. Als alle offenen Fragen geklärt waren, mussten die Gastvereine folgende Zieladresse in ihre Navis tippen: Rue des Écoles, F-57200 Frauenberg.

Sportlich entwickelte sich die deutsch-französische Kooperation prächtig: In der Kreisliga B gestartet, war 2012 die Landesliga Ost erreicht, wo der Club den Klassenerhalt schaffte. Doch dann zerfiel die Mannschaft, und es gelang nicht mehr, ein konkurrenzfähiges Team auf den Rasen zu schicken. Das spannende Projekt namens FC Habkirchen-Frauenberg war abrupt beendet, und für die gegnerischen Vereine entfielen fortan die Touren nach Frankreich. Während die US Frauenberg seitdem wieder in der lokalen französischen Klasse D3 an den Start geht, ist der FC Habkirchen gänzlich aus dem Spielbetrieb verschwunden. Der nicht mehr genutzte Sportplatz Habkirchen wird derweil von der Vegetation zurückerobert.

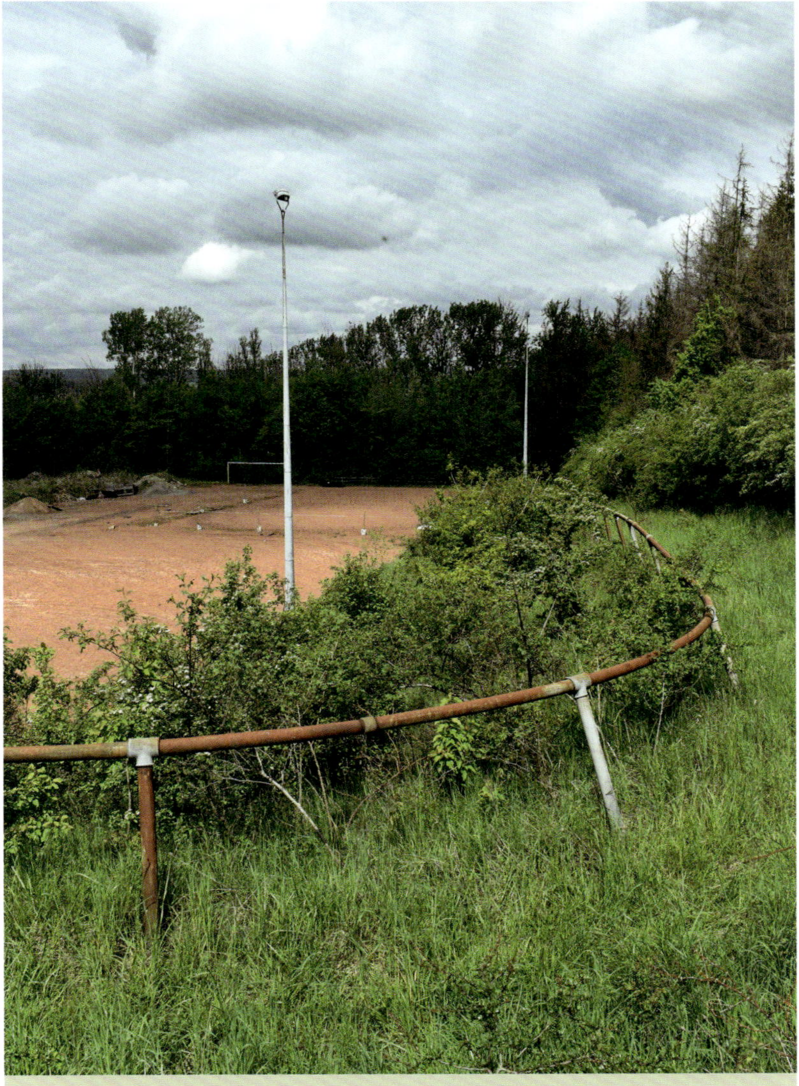

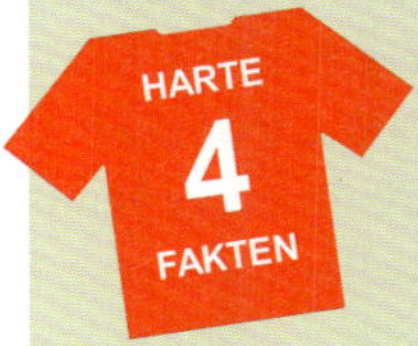

Adresse: Martinstraße 55, 66399 Mandelbachtal-Habkirchen

Verein: FC Habkirchen

Vereinsfarben: Schwarz-Weiß-Grün

Sportstätten: Sportplatz Habkirchen / Terrain du Sport Frauenberg

Hasborn-Dautweiler 027

Waldstadion

Elf rot-weiße Oberligajahre

Auch wenn Hasborn-Dautweiler recht weit von Saarbrücken und vom städtischen Ballungsraum im Saartal entfernt liegt, ist der SV Rot-Weiß Hasborn im ländlichen Norden des Saarlandes nicht allein auf weiter Flur: Im ebenfalls zur Gemeinde Tholey gehörenden Theley ist der VfB ansässig, ein ehemaliger Regional- und Oberligist. Aus einem Hasborner Nachbarort kommt der VfL Primstal, der seit 2013 in der Saarlandliga spielt und 2017 beinahe in die Oberliga aufgestiegen wäre. Mit beiden Clubs tragen die Rot-Weißen immer wieder gutbesuchte Lokalderbys aus.

Die Hasborner, die zur Saison 1964/65 erstmals in die Amateurliga aufstiegen, halten sich seit 1976 fast durchgängig in der höchsten saarländischen Liga, und mehrfach gelang sogar der Sprung in die Oberliga. Zwar reichte es dort für den familiär geführten Club, der stets auf finanzielle Drahtseilakte verzichtete, zumeist nur zum Abstiegskampf, aber über die Jahre konnten die Zuschauer im großen, 1974 eröffneten Waldstadion insgesamt elf Spielzeiten im Südwest-Oberhaus erleben, darunter von 2004 bis 2011 gleich sieben Jahre am Stück. In der Saison 2008/09 gelang mit Rang 9 die beste Platzierung im Endklassement. 2011 stiegen die Hasborner nur sehr unglücklich ab, weil 13 Saisonsiege und ein Torverhältnis von 47:52 knapp nicht zum Klassenerhalt reichten.

Einen guten Namen im saarländischen Fußball haben die Hasborner auch dank ihrer Erfolge im Saarlandpokal. Fünfmal standen sie im Finale, das sie zweimal gewinnen konnten: 1991 mit 3:1 n.V. gegen das Sensationsteam des Kreisligisten VfB Gisingen, und 2007 im Elfmeterschießen gegen den FC 08 Homburg.

Auch am DFB-Pokal nahm der Verein mehrfach teil. Vereinsintern unvergessen ist das Gastspiel in der 2. Hauptrunde 1975/76 bei Borussia Mönchengladbach. Die Überlieferung spricht von mehr als 1.000 saarländischen Anhängern, die am Bökelberg erleben konnten, wie die Hasborner zur Halbzeit ein 0:0 hielten und am Ende nur 0:3 gegen den amtierenden Meister und UEFA-Pokal-Sieger verloren.

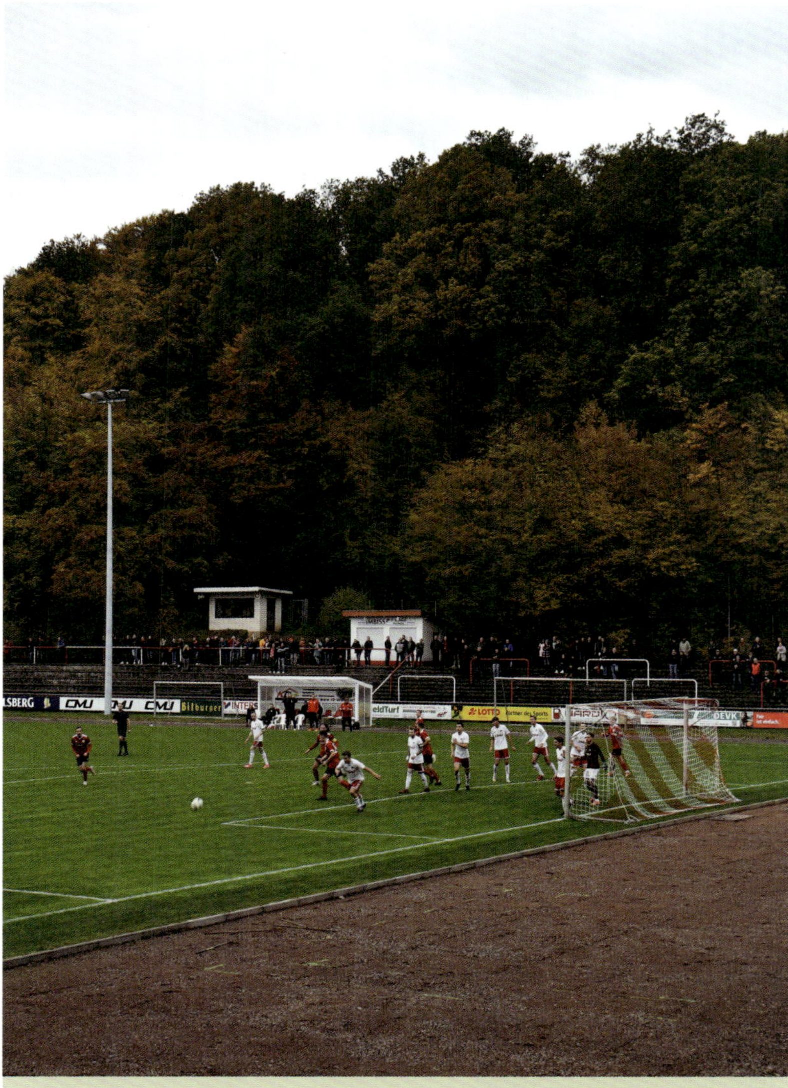

HARTE 4 FAKTEN

Adresse: Am Waldstadion, 66636 Tholey-Hasborn
Kapazität: 5.000
Verein: SV Rot-Weiß Hasborn
Vereinsfarben: Rot-Weiß

Homburg 028

Ampelkreuzung am Forum

Bei Rot drüber

Wenn jemand in 25 Jahren fünfmal das Traineramt bei einem Verein übernimmt, wird er damit fast unweigerlich zur Vereinslegende. So gilt Uwe Klimaschefski heute als waschechter Homburger. Geboren wurde er aber im fernen Bremerhaven. Er spielte ab 1963 in der Bundesliga, zunächst für die Hertha, dann für Kaiserslautern, wo er 1969 seine aktive Karriere als Spieler beendete.

Der FC Homburg war 1970 seine erste Trainerstation. Zwar verließ Klimaschefski den Verein schon nach einem Jahr, kehrte aber 1972–74 zurück und bildete von nun an mit dem Vereinsvorsitzenden Udo Geitlinger ein höchst erfolgreiches Duo. Nach einem kurzen Intermezzo in Mainz steuerte „Klima" den FCH von 1974 bis 1980 erfolgreich durch die 2. Liga Süd.

In die Bundesliga konnte er die Homburger aber nicht führen. Das schaffte er 1985 ausgerechnet mit dem Lokalrivalen aus Saarbrücken, mit dem er erst zwei Jahre zuvor aus der Oberliga aufgestiegen war. 1987 kehrte „Klima" nach Homburg zurück, wo der FCH soeben den Klassenerhalt in der Bundesliga erreicht hatte. Aber der Verein hatte sich verändert, und insbesondere die Chemie mit Präsident Manfred Ommer stimmte nicht. Schon Anfang Oktober, nach drei Monaten, musste Klimaschefski gehen.

Ein letztes Gastspiel in Homburg gab er 1993/94 in der 2. Bundesliga, wo er den Verein in der Winterpause übernahm und den Klassenerhalt knapp sicherte. In der Folgesaison musste er gegen den Willen seines Freundes Geitlinger gehen, weil die Mannschaft sich gegen den Trainer aussprach. Homburg wurde aber trotzdem zu Klimaschefskis Wahlheimat: Er lebt mit seiner Familie bis heute hier.

Um das Trainer-Original ranken sich zahlreiche Anekdoten und Legenden: In St. Gallen ließ er zur Strafe den Platzwart an einen Torpfosten binden und mit Bällen beschießen. Probespieler, die er nicht wollte, ließ er Kopfbälle üben – mit Medizinbällen. Und in Homburg hatte er ohnehin alle Freiheiten: Dort, so Klimaschefski, „darf ich ungestraft bei Rot über die Kreuzung fahren."

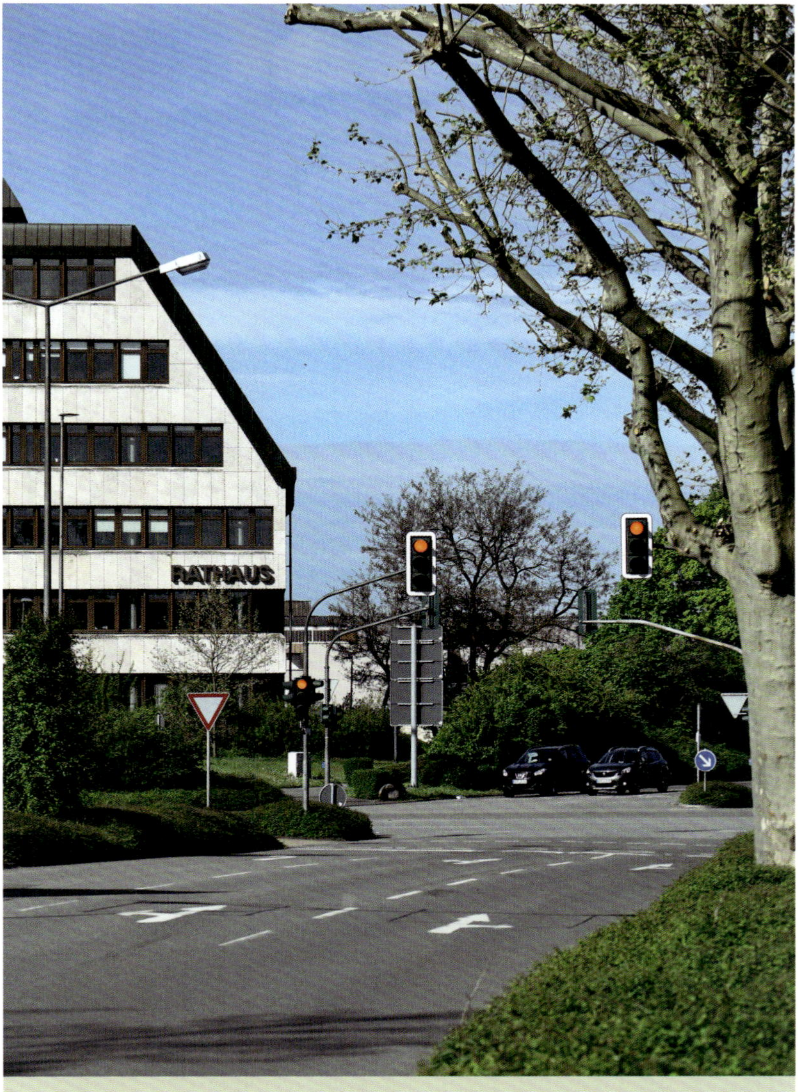

HARTE 4 FAKTEN

Adresse: Bexbacher Straße / Talstraße, 66424 Homburg

Erste Trainerstation: FC 08 Homburg (1. 7. 1970–30. 6. 1971)

Letzte Trainerstation: FC 08 Homburg (10. 12. 1992–27. 3. 1994)

Trainer beim FCS: 1. 7. 1983–11. 4. 1986

Homburg 029

City-Park-Hotel

Der schwarze Balken

Der große Wohnblock am Steinhübel im Süden der Homburger Innenstadt, in dem heute ein Seniorenheim untergebracht ist, war früher das City-Park-Hotel, beliebt als Übernachtungsort für Vereine, die zum Auswärtsspiel nach Homburg kamen. Besitzer des Hotels war der Geschäftsmann Udo Geitlinger, dem u.a. auch das Saarpfalz-Center in der Homburger Innenstadt gehörte. Er war von 1970 bis 1999 Vorsitzender des FC Homburg und führte den Verein hemdsärmelig, aber auch kompromisslos. In Personalunion war er auch Geldgeber.

1986 machte er Manfred Ommer zum Präsidenten des Vereins. Der ehemalige Leichtathlet (mehrfacher Deutscher Meister auf den Sprintstrecken und Olympiateilnehmer 1972) brachte ein spezielles und höchst umstrittenes Finanzierungsmodell mit: Einen Beteiligungsfonds, über den Spieler zu Leasingkonditionen an beteiligte Vereine abgegeben wurden. So lockte Ommer unter anderem die polnischen Nationalspieler Roman Wójcicki und Andrzej Buncol ins Saarland.

Die beiden grundverschiedenen Männer sorgten für die erfolgreichste Zeit des Vereins mit drei Bundesligajahren. Davon blieb vor allem Eines im kollektiven Gedächtnis: Ein dicker schwarzer Balken. Die Homburger hatten in der Winterpause 1987/88 einen – mit 200.000 DM eher moderaten – Deal mit dem Kondomhersteller London als Trikotsponsor abgeschlossen. Das löste einen großen, heute kaum noch nachvollziehbaren Skandal aus, weil der DFB einen Verstoß gegen Ethik und Moral sah und mit Punktabzug drohte. Die FCH-Trikots zierte daraufhin ab dem 23.4.1988 ein schwarzer Balken, der die Aufschrift „London" verdeckte, das beworbene Produkt aber nun richtig bekannt machte. Erst nach einem Gerichtsurteil im Februar 1989 durften die Homburger wieder offen für Kondome werben.

Ommer verließ den Verein 1994 und arbeitete später als Hotelier in Leverkusen. Er starb Ende Mai 2021. Geitlinger gab sein Amt 1999 ab, zog sich aus dem Geschäftsleben zurück und gab auch das City-Park-Hotel auf. Er starb 2018 an seinem Altersruhesitz in Südfrankreich.

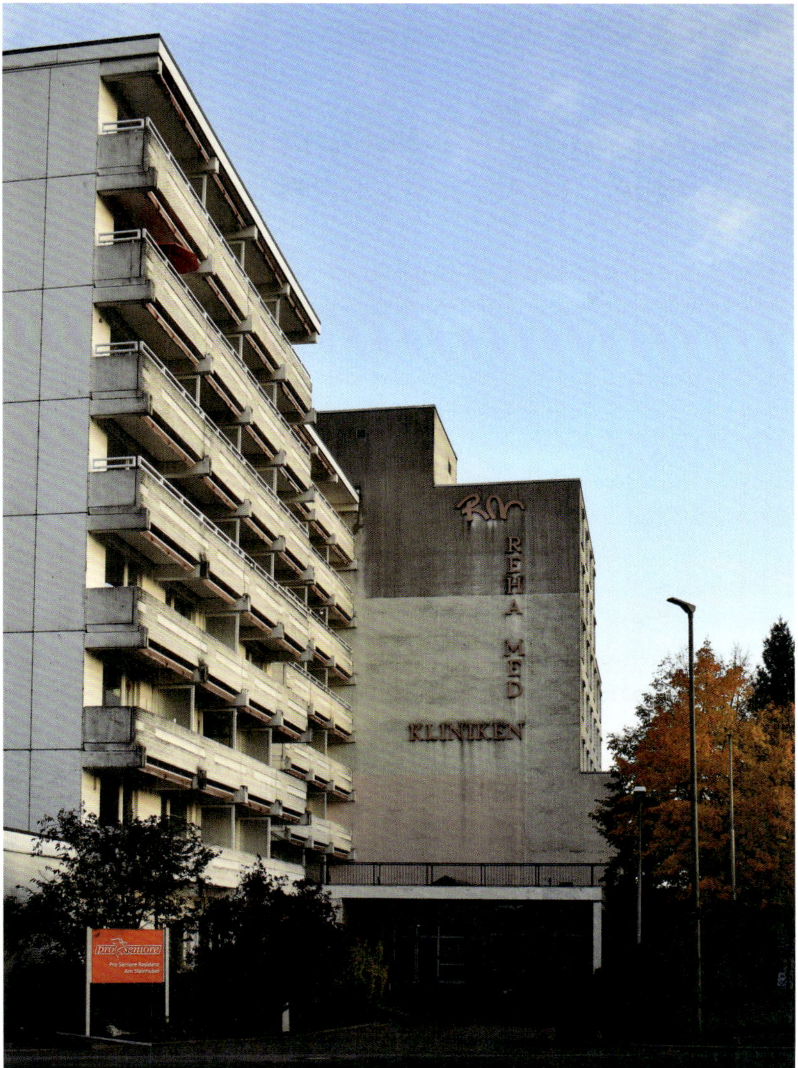

HARTE 4 FAKTEN

Adresse: Steinhübel 8, 66424 Homburg
Udo Geitlinger: Vorsitzender von 1970 bis 1999
Manfred Ommer: Präsident von 1986 bis 1994
Bundesligajahre des FC Homburg: 1986–88, 1989–90

Geschäftsstelle des FC Homburg

Die große Zeit waren die 80er

Als Saarbrücken und Neunkirchen schon ihre ersten Bundesliga-Spielzeiten erlebt hatten, spielte der FC 08 Homburg noch in der Amateurliga Saarland. Die Oberliga hatten die Grün-Weißen nie erreicht. Sie eroberten sich erst mit dem Regionalliga-Aufstieg 1966 und später mit der Qualifikation für die 2. Liga Süd (1974) einen Platz in der Spitzengruppe der Saar-Clubs.

Der heutige FC Homburg wurde 1908 gegründet und nannte sich seit 1913 FV Homburg. 1937 wurde er mit zwei anderen Clubs (SC Union und TV 1878/1910) zum Großverein VfL Homburg zwangsfusioniert. Nach dem Krieg zunächst als SV Homburg wiedergegründet, heißt der Verein seit 1958 wieder FC.

In der 2. Liga Süd mischten die Homburger ab 1974 mit und machten 1977 zudem bundesweit Schlagzeilen, als sie den FC Bayern mit 3:1 aus der dritten Hauptrunde des DFB-Pokals kegelten. Die Spielzeiten von 1981 bis 1984 verbrachte der Club in der Oberliga Südwest und kehrte dann in die 2. Bundesliga zurück. Das war der Start in das erfolgreichste Jahrzehnt der Vereinsgeschichte, mit drei Bundesligajahren als Krönung.

Diese große Zeit des Clubs war 1995 zu Ende. Der Abstieg aus der Zweiten Liga bedeutete den dauerhaften Abschied aus dem Profilager. Als die Rückkehr in die 2. Bundesliga nicht gelang, geriet der Verein in finanzielle Probleme, die der Vorsitzende Udo Geitlinger durch eine in Homburg äußerst umstrittene Kooperation mit dem 1. FCS zu beheben versuchte. Davon profitierte der geschwächte FCH kaum, musste sogar vier Stammspieler in die Landeshauptstadt abgeben. Ein Jahr später stürzte der Verein nach Insolvenz und Lizenzentzug in die Oberliga ab und kehrte erst 2011 in die Regionalliga zurück.

So ist zwar das Waldstadion heute nicht mehr die ganz große Fußballbühne, aber zumindest im saarländischen Fußball zählt der FCH noch immer zur Spitze. Und in der Homburger Innenstadt ist der Club mit seiner Geschäftsstelle, die am Rondell neben dem repräsentativen Gebäude des Gasthauses Homburger Hof steht, weiterhin prominent vertreten.

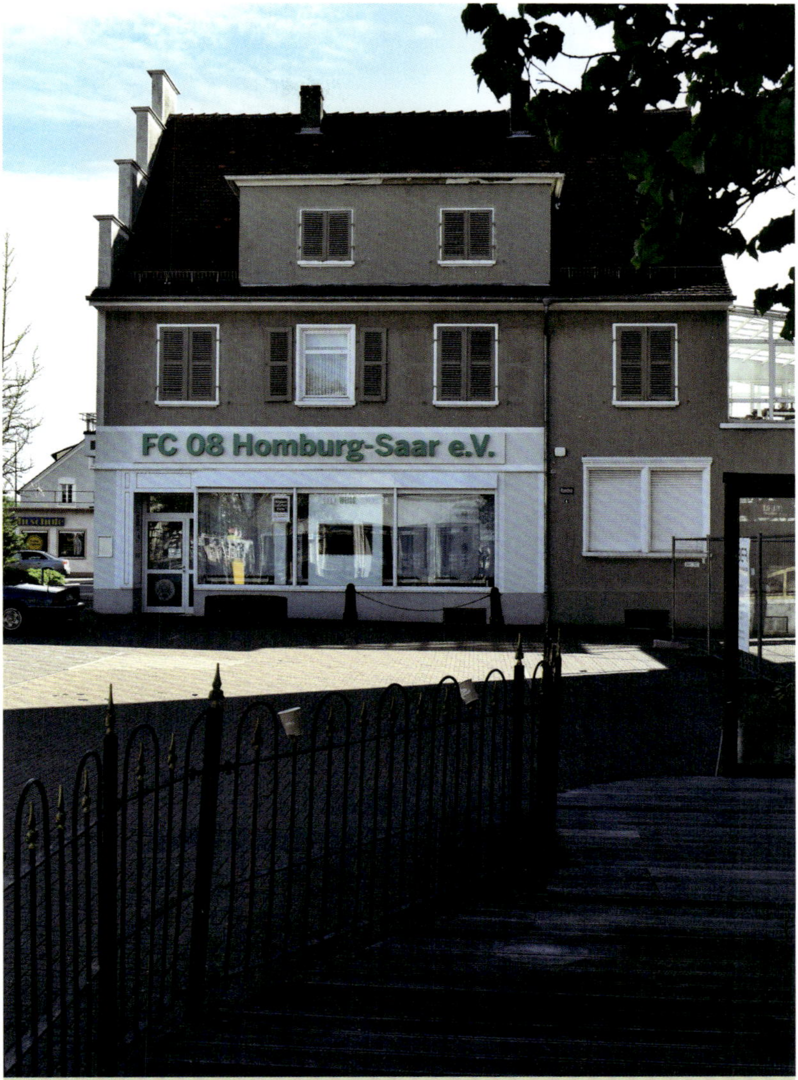

HARTE 4 FAKTEN

Adresse: Rondell 4, 66424 Homburg
Verein: FC 08 Homburg
Vereinsfarben: Grün-Weiß
Mitgliederzahl: 740 (Stand: Dezember 2021)

Sportplatz am Schlossberg

Der erste Sportplatz des FC Homburg

Der am 1. August 1908 gegründete Fußball-Club Homburg hatte zunächst noch keine feste Spielstätte und spielte provisorisch auf der Rennbahn an der Heil- und Pflegeanstalt. Als der junge und weitgehend mittellose Verein wegen eines Grundstücks bei der Stadt anfragte, bot diese ein Gelände am Schlossberg zur Pacht an. Das war weit außerhalb der Innenstadt und entsprach eigentlich nicht den Vorstellungen des Clubs. Aber es war immer noch besser, als ganz ohne Platz dazustehen. Also rodete man in Eigenleistung das Gelände und konnte pünktlich zum ersten Vereinsgeburtstag seinen eigenen Sportplatz einweihen. Das Eröffnungsspiel am 1. August 1909 gewann der FCH gegen Viktoria Saarbrücken mit 3:2.

Der Platz war allerdings etwas zu klein geraten. Daher durfte der Verein 1911 nicht in den offiziellen Spielbetrieb einsteigen. Man besserte nach, und im Oktober 1912 konnte auf dem Schlossberg schließlich das erste Pflichtspiel der FCH-Geschichte stattfinden, das mit 1:4 gegen Viktoria 06 Kaiserslautern verlorenging.

Nach dem Zweiten Weltkrieg zog der FCH in das Waldstadion um und übergab den Platz am Schlossberg an den SC Union Homburg, der aber wenig später an die Zweibrücker Straße wechselte. Auf dem Schlossberg spielte nun die DJK Homburg, ein studentisch geprägter Verein, für den unter anderem der spätere Karlsberg-Geschäftsführer Richard Weber, der langjährige Landrat des Saarpfalz-Kreises Clemens Lindemann und der heutige FCH-Aufsichtsratsvorsitzende Dieter Knicker aufliefen.

Als die DJK 1976 den Aufstieg in die B-Klasse schaffte, verließ auch sie den Platz am Schlossberg, der nicht einmal Umkleidekabinen bot. Er wurde noch einige Jahre als Bolzplatz genutzt, dann gar nicht mehr. Heute erinnert die Lichtung im Wald am Schlossberg nur noch bei genauem Hinsehen daran, dass hier einmal ein Sportplatz lag. Wer ein wenig auf die Suche geht, findet im Wald neben dem ehemaligen Platz noch einen Hinweis: Das Denkmal für die im Ersten Weltkrieg gefallenen Mitglieder des FV Homburg.

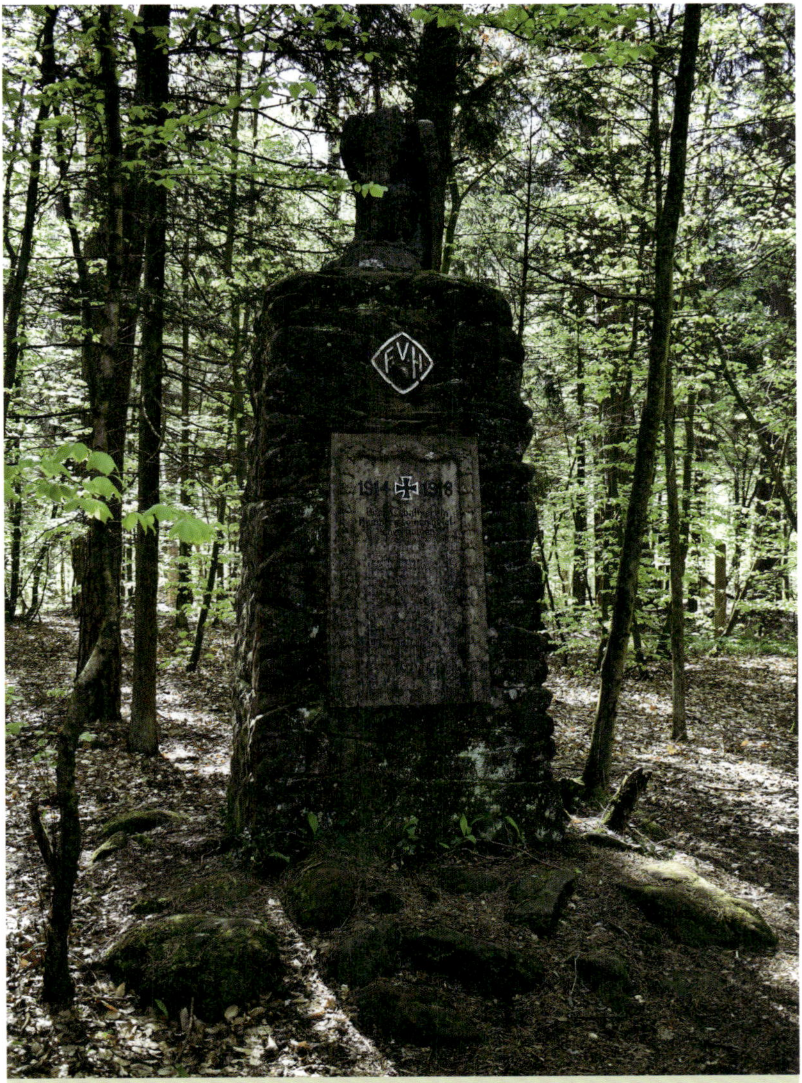

HARTE 4 FAKTEN

Adresse: Schloßberg-Höhen-Straße, 66424 Homburg
Eröffnung: 1909
Schließung: 1976
Errichtung des Denkmals: 1921

Homburg 032

Waldstadion

Das Stadion der kleinsten Bundesligastadt

Schon kurz nach der Rückgliederung des Saarlandes ins Deutsche Reich im Jahr 1935 nahmen die neuen Machthaber Einfluss auf die Sport- und Vereinswelt. 1937 wurde der FV Homburg mit anderen Clubs zum VfL Homburg zwangsfusioniert. Der neue Großverein besaß aber kein angemessenes Stadion. Daher wurde noch im selben Jahr am östlichen Stadtrand das heutige Waldstadion als weitläufiges Oval errichtet. Der örtliche nationalsozialistische Kreisleiter plante hier sogar ein riesiges Sportfeld, das neben dem Stadion auch Sporthallen, eine Ehrenhalle und einen Aufmarschplatz umfassen sollte. Wegen des Zweiten Weltkrieges wurden diese Pläne aber nicht mehr umgesetzt.

Nach 1945 wurde das nur wenig beschädigte Stadion ausgebaut und eine Haupttribüne errichtet, so dass es später auch ohne Weiteres zweitligareif war, als sich der FCH für die neue 2. Liga Süd qualifizierte. Seit 1974 trägt es den Namen Waldstadion. Nach dem Homburger Aufstieg 1986 wurde die Anlage innerhalb von nur zwei Monaten für knapp 6 Millionen DM bundesligatauglich gemacht. Neben einer vergrößerten überdachten Tribüne erhielt das Stadion der kleinsten Bundesligastadt auch neue Stehränge und wurde vom damaligen Homburger Oberbürgermeister Ulmcke prompt als eines der schönsten Stadien der Liga bezeichnet. Ob das wirklich so war, sei dahingestellt, aber da sich seit dieser Zeit nur wenig verändert hat, ist das schön gelegene Waldstadion heute durchaus ein beliebtes Ziel für Nostalgiker und Groundhopper.

Selbst in den Bundesligajahren des FCH kam das Stadion mit seiner damaligen Kapazität von knapp 22.000 Plätzen kaum einmal an seine Auslastungsgrenze: Der Homburger Zuschauerschnitt lag in der Bundesliga im Bereich zwischen 7.000 und 10.000 und ansonsten deutlich darunter. Die Rekordzahl an Zuschauern lockte daher auch nicht der FC Homburg ins Waldstadion, sondern ein Länderspiel: 1952 wollten 30.000 Besucher ein Freundschaftsspiel der saarländischen Nationalmannschaft gegen eine B-Elf des DFB sehen, das die Gäste mit 4:3 gewannen.

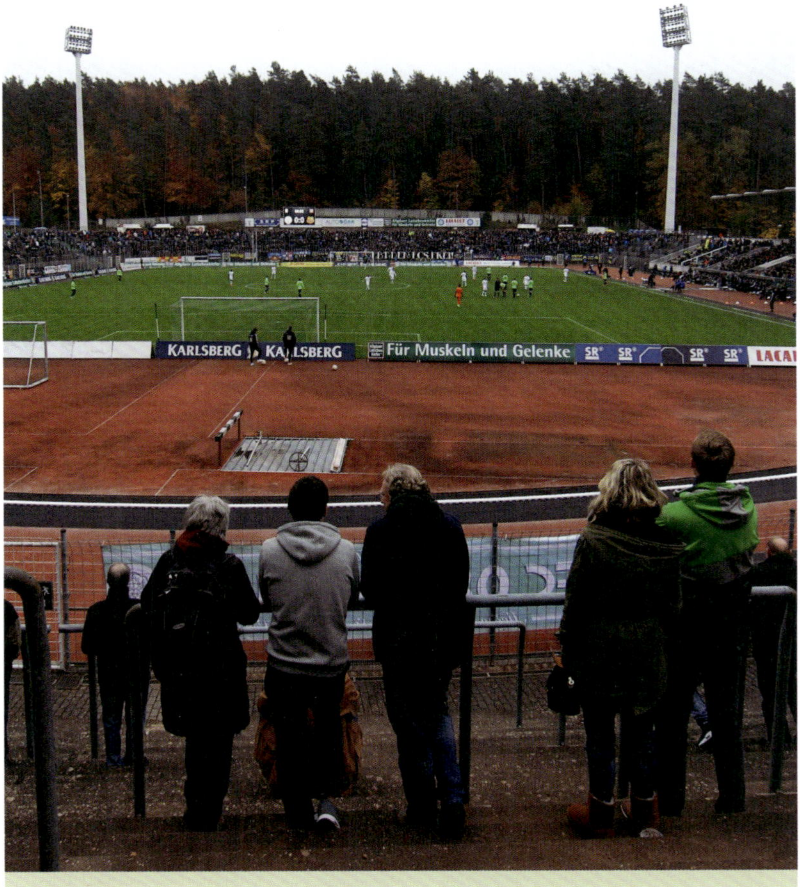

HARTE 4 FAKTEN

Adresse: Kurt-Conrad-Straße 8, 66424 Homburg
Eröffnung: 1937
Kapazität: 16.500
Verein: FC 08 Homburg

Homburg-Einöd 033

Sportplatz im Wieschen

Ein Plastikstuhl als Museumsstück

Einöd. Ein solcher Ortsname ist natürlich ein gefundenes Fressen. „Hier liegt der Hund begraben", schrieb zum Beispiel die „Welt" im Jahr 1999, wobei die Redaktion wahrscheinlich niemanden ins Saarland geschickt hatte, um das vor Ort zu verifizieren. Denn Einöd ist natürlich gar keine Einöde. Hier wohnen etwa 3.500 Menschen, und ein großer Lebensmittelmarkt lockt viele zum Einkaufen aus dem Umland in den Homburger Stadtteil.

Fußball wird hier auch gespielt, auf dem Kunstrasenplatz der SpVgg Einöd-Ingweiler. Zwei Spieler starteten hier ihre Profikarriere: Kurt Knoll und Horst Ehrmantraut. Letzterer war der Anlass für den erwähnten „Welt"-Artikel. Aus der Jugend der SpVgg war er 1975 zum FC Homburg in die 2. Liga Süd gekommen und unter Trainer Uwe Klimaschefski schnell zum Stammspieler avanciert. 1979 wechselte er in die Bundesliga, spielte ein Jahr in Frankfurt und folgte dann Klimaschefski, der inzwischen die Hertha trainierte, nach Berlin. Auch für den FC Homburg spielte er noch in der Bundesliga. 1988 wechselte Ehrmantraut auf die Trainerbank, zunächst zu Blau-Weiß 90 und zum SV Meppen.

Berühmt aber machten ihn seine zwei Jahre bei Eintracht Frankfurt, wo er vor allem bei den Fans sehr beliebt war, bald aber auch als Exzentriker galt, um den sich wilde Erzählungen und Gerüchte rankten. Für Aufsehen sorgte ein billiger weißer Plastikstuhl, den er im Baumarkt hatte besorgen lassen. Ehrmantraut stellte ihn während der Spiele nah an den Spielfeldrand. Dass er dort saß, um Energiefelder und negative Auren besser spüren zu können, war eines dieser Gerüchte. Es stimmte aber nicht: In Wahrheit konnte er sich dort einfach nur besser aufs Spiel konzentrieren als auf der Trainerbank.

2005 beendete er seine Trainerlaufbahn. Der Heimatverbundene wohnt seitdem wieder in Einöd („Alle Ehrmantrauts sind im Umkreis von 200 Meter beieinander") und betreibt als Hobby ein wenig Landwirtschaft. Sein Plastikstuhl kann heute im Eintracht-Museum am Frankfurter Waldstadion bewundert werden.

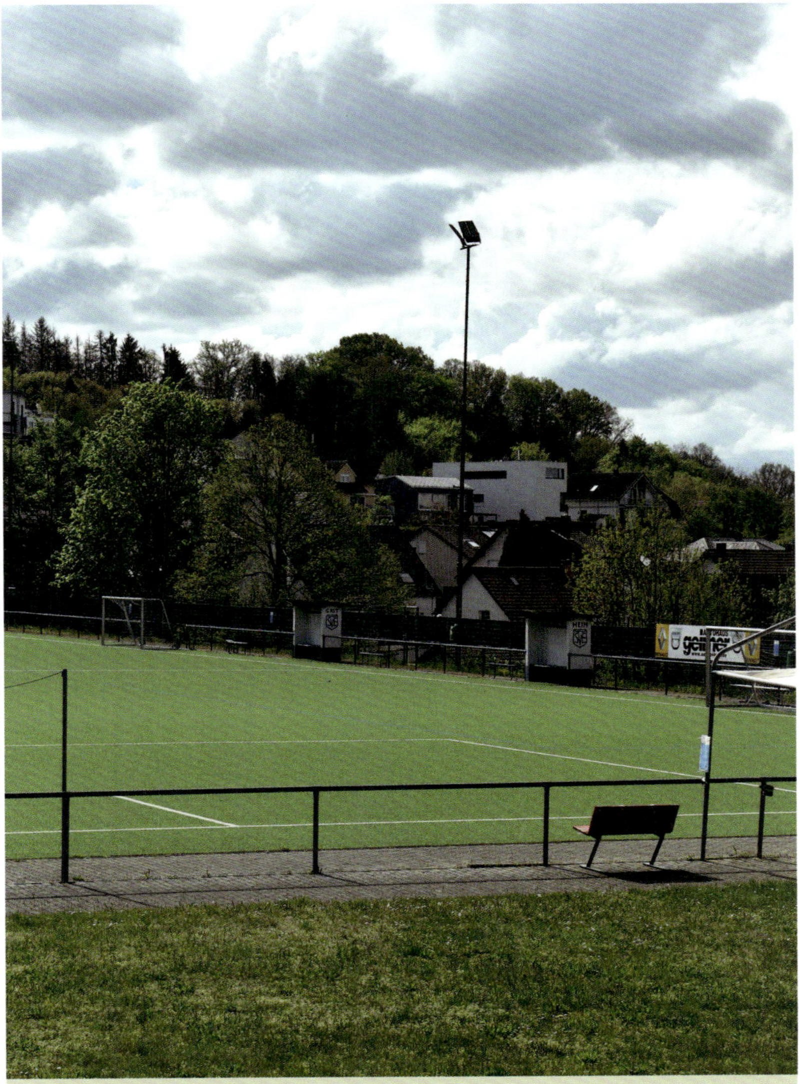

HARTE 4 FAKTEN

Adresse: Karl-Leibrock-Straße 2a, 66424 Homburg-Einöd

Spieler in Homburg: 1975–79, 1985–88

Trainer in Frankfurt: 1996–98

Heute: Hobby-Landwirt in Einöd

Homburg-Erbach 034

Sportzentrum Homburg-Erbach

Budenzauber

Die große Zeit des Hallenfußballs waren die frühen 90er Jahre, als die Turniere in den Wintermonaten für volle Hallen sorgten und die TV-Übertragungen sehr gute Einschaltquoten erzielten. Den Fans bot sich in der damals noch deutlich längeren Winterpause eine hervorragende Gelegenheit, die fußballfreie Zeit zu überbrücken.

Im Saarland hob man 1993 das Hallenmasters aus der Taufe, ein Turnier, das sich schnell als Saarlandmeisterschaft im Hallenfußball etablierte und seit 2016 in der Saarbrücker Saarlandhalle ausgetragen wird. Davor fand das Hallenmasters abwechselnd in der Völklinger Hermann-Neuberger-Halle und im Sportzentrum Homburg-Erbach statt. Die Erbacher Halle ist für gut 3.000 Zuschauer ausgelegt und zählt zu den wichtigen saarländischen Sportstätten: 1982 im Rahmen der Handball-WM eröffnet, war sie unter anderem Spielstätte des TV Niederwürzbach in der Handball-Bundesliga.

Der Modus des Hallenmasters orientiert sich an dem vom DFB organisierten und 1987 erstmals ausgespielten DFB-Hallenpokal: In dezentralen Turnieren können die Clubs zunächst Wertungspunkte sammeln. Die punktbesten Vereine qualifizieren sich schließlich für das Finalturnier. Erster Hallenmasters-Sieger war 1993 der FV Eppelborn, der im Finale die SpVgg Quierschied besiegte. Rekordsieger ist der SV Auersmacher, der eine blütenweiße Endspiel-Weste besitzt, weil er fünfmal ins Finale einzog und jedes Mal gewinnen konnte.

Der DFB stellte seinen Hallenpokal 2001 wieder ein, weil die Zuschauerzahlen zurückgingen und die Proficlubs im Januar lieber zu Trainingslagern in wärmere Regionen flogen, statt die Spieler der erhöhten Verletzungsgefahr in der Halle auszusetzen. Der saarländische Ableger allerdings blieb ein Zuschauermagnet und erfreut sich noch immer ungebrochener Beliebtheit bei Fans und Vereinen. Vielleicht, weil auch kleinere Clubs hier einen Auftritt auf großer Bühne erhalten und sogar die Chance haben, bis ins Endspiel vorzudringen, wie zum Beispiel 2015 und 2019 der VfL Primstal.

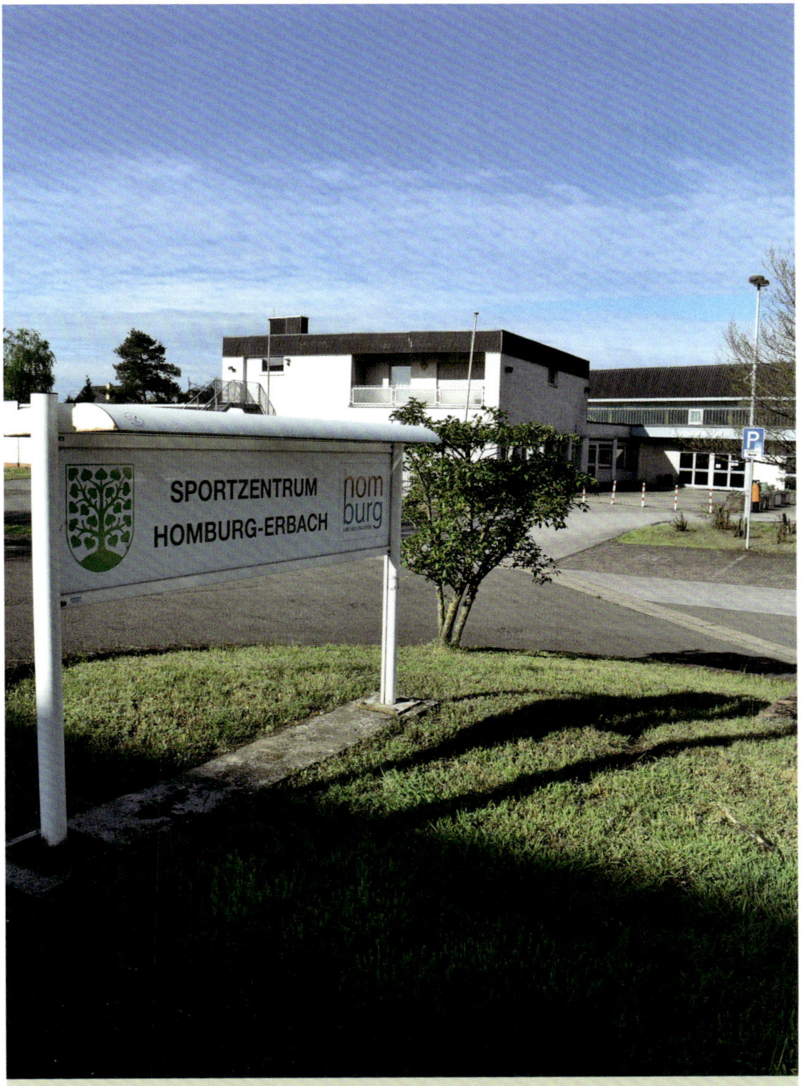

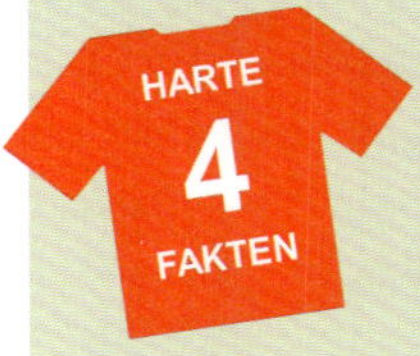

Adresse: Steinbachstraße 111a, 66424 Homburg

Rekordteilnehmer: SV Auersmacher (18-mal)

Rekordsieger: SV Auersmacher (5-mal)

Austragungsorte: Völklingen (12-mal), Homburg (11-mal), Saarbrücken (5-mal)

Homburg-Jägersburg 035

Alois-Omlor-Sportpark

Plötzliches Ende einer Erfolgsgeschichte

Der FSV Jägersburg zählt zu den Spitzenteams im saarländischen Fußball, weil die FSV-Herren aktuell in der Oberliga Rheinland-Pfalz/Saar spielen. Der Club aus einem Homburger Stadtteil besitzt aber vor allem eine lange Tradition im Frauenfußball. Bereits 1969 stellte man in Jägersburg nämlich ein Frauenteam auf die Beine – zu einer Zeit, als es so etwas in den Augen des DFB eigentlich gar nicht geben durfte.

Angeführt von Hildegard Emser, die erst 1988 mit 54 Jahren ihre aktive Karriere beendete, zählten die Jägersburgerinnen spätestens nach dem Aufstieg in die Landesliga 1983 zur saarländischen Spitze, auch wenn es dort nie zur Meisterschaft reichte. Am Serienmeister VfR Saarbrücken war in jenen Jahren kein Vorbeikommen. Immerhin gewannen die FSV-Damen 1986 und 1987 den Saarlandpokal.

2004 zählte Jägersburg zu den Gründungsmitgliedern der 2. Bundesliga, mit Patricia Brocker (geb. Grigoli) als Trainerin. Sie hatte beim FSV mit dem Fußballspielen begonnen, spielte dann in der Bundesliga und der Nationalmannschaft und kehrte 2001 nach Jägersburg zurück. Drei Jahre hielten sich die FSV-Frauen in der Zweiten Liga, danach noch einige Zeit in der Verbandsliga. 2013 gewannen sie ein drittes Mal den Saarlandpokal. Dann aber gab es interne Spannungen, und viele Spielerinnen verließen den Verein, der 2015 sämtliche Frauen- und Mädchenteams abmeldete. So endete die lange Tradition des Frauenfußballs in Jägersburg recht abrupt.

Pikanterweise war genau 2015 den FSV-Herren, die so lange im Schatten der erfolgreichen Frauen gestanden hatten, die Meisterschaft in der Saarlandliga gelungen. Sie etablierten sich anschließend, unterstützt durch eine in Jägersburg angesiedelte Spedition, in der Oberliga und konnten in der Saison 2017/18 sogar Lokalderbys gegen den FC Homburg bestreiten. Dabei gab es für den FSV zwar nichts zu holen (0:2, 0:3), aber immerhin kamen im September 2018 zum FCH-Gastspiel 1.390 Zuschauer in den Alois-Omlor-Sportpark – etwa das Siebenfache der normalen Zuschauerzahl.

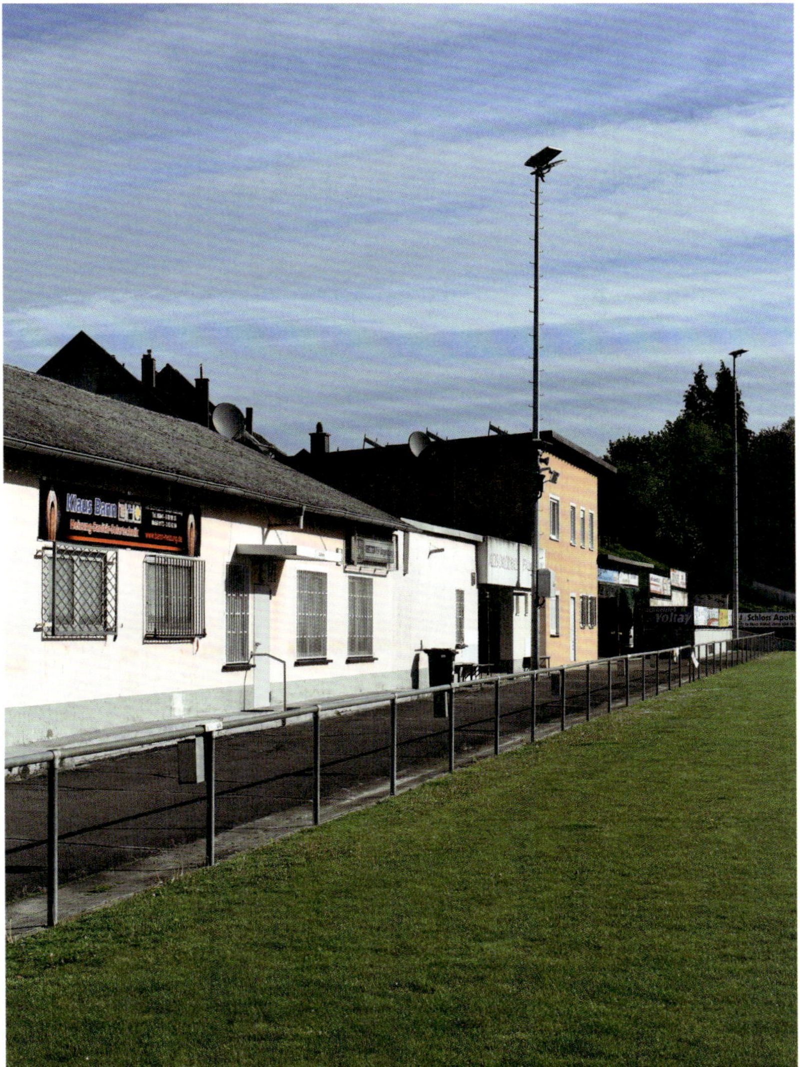

HARTE 4 FAKTEN

Adresse: Alois-Omlor-Sportpark, 66424 Homburg
Kapazität: 2.000
Verein: FSV Jägersburg
Vereinsfarben: Lila-Weiß

Köllerbach 036

Stadion an der Burg

Jockel Balzerts Heimatverein

Die Sportfreunde Köllerbach wurden 1931 gegründet und hießen zunächst Köllner Ballspiel-Club, denn den Ort Köllerbach gab es damals noch nicht: Erst 1933 wurden sechs Orte im Köllertal, darunter Engelfangen, Sellerbach und Kölln, zu einer Gemeinde zusammengeschlossen, die nach dem hiesigen Gewässer den Namen Köllerbach erhielt.

Die Schwarz-Roten tauchten 1969-71 kurz in der Amateurliga Saarland auf und verschwanden dann wieder längere Zeit in den Niederungen des Spielbetriebs. Erst in den frühen 90er Jahren begann ein stetiger Aufschwung, der den Verein aus der Kreisliga A nach oben führte. Die Sportfreunde erreichten 2002 die Verbandsliga und verließen sie 2003 wieder – als souveräner Meister in Richtung Oberliga. Hier aber war das Team nur bedingt konkurrenzfähig und stieg als Vorletzter postwendend wieder ab.

Nach zwei Jahren Verbandsliga gelang 2007 die Rückkehr in die Oberliga, und dieses Mal etablierten sich die Köllerbacher für sechs Jahre im Südwest-Oberhaus. Sie belegten in der Saison 2010/11 mit Platz 6 die beste Position ihrer Vereinsgeschichte und waren in diesem Jahr der beste Saarverein in der Oberliga. Erst 2013 stiegen sie ab und spielen seitdem in der Saarlandliga.

Der bekannteste Fußballer des Ortes war Jakob „Jockel" Balzert (1918–97). Er spielte zunächst in Köllerbach und wechselte 1938 zum FV Saarbrücken, mit dem er 1943 im Finale um die Deutsche Meisterschaft stand. Als einziger Saarbrücker Spieler war er auch noch beim zweiten Finalspiel der Saarbrücker, gegen den VfB Stuttgart im Sommer 1952, dabei. Balzert bestritt außerdem sechs Länderspiele für das Saarland. Nach seiner aktiven Karriere lebte er in Köllerbach und hatte von seinem Haus in der Hauptstraße einen direkten Blick auf den Sportplatz.

Der ist heute ein schlichter Kunstrasenplatz mit ein paar Stufen auf den Längsseiten und einer Kapazität von etwa 2.500 Plätzen. Sehenswert ist der Blick auf die namensgebende Burgruine Bucherbach, die hinter der Ostseite des Platzes steht.

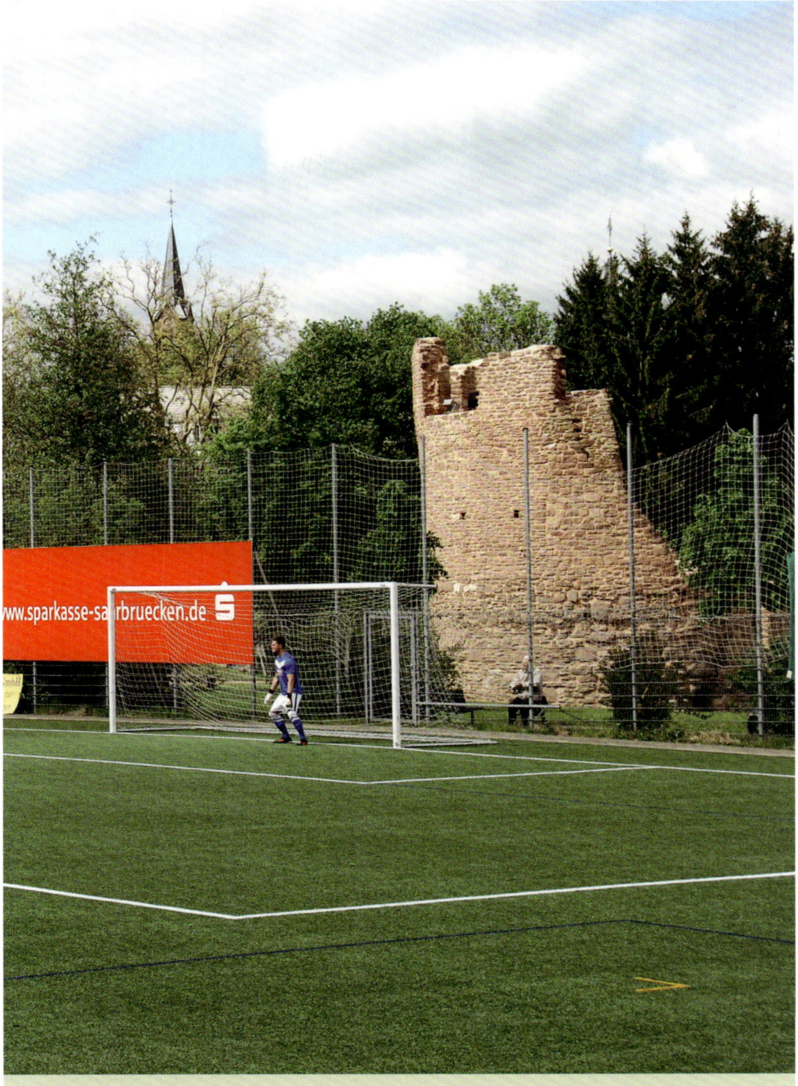

HARTE 4 FAKTEN

Adresse: Hauptstraße 1, 66346 Püttlingen-Köllerbach
Kapazität: 2.500
Verein: Sportfreunde Köllerbach
Vereinsfarben: Schwarz-Rot

Kutzhof 037

Sportplatz an der Renkertsmühle

Nach dem Aufstieg kam das Aus

In der „Ewigen Tabelle" der Oberliga Südwest seit 1978 steht der FC Kutzhof ganz am Ende: Mit null Spielen, null Punkten und null Toren. 2006/07 war der Verein zwar offiziell Oberligist, aber ein Spiel in dieser Liga absolvierten die Rot-Weißen nie.

1957 gegründet, verbrachte der Verein längere Zeit eher unauffällig in den unteren Amateurklassen. Erst als Ende der 90er Jahre der Bauunternehmer Gottfried Becker im Verein einstieg, setzte ein rasanter Aufschwung ein. Über Geld wurde nicht geredet in Kutzhof, aber es war welches da: Ex-Bundesligaprofis wie Marco Dittgen wurden geholt, andere Spieler bei den Nachbarvereinen abgeworben. Freunde machte sich der Club damit nicht unbedingt. Aber das Team war erfolgreich. Geld schießt Tore, auch in der Landesliga.

2005 gewann der FC Kutzhof den Saarlandpokal, und der Club aus dem 2.300-Einwohner-Dorf stand in der ersten Hauptrunde des DFB-Pokals. Vor 8.000 Zuschauern im Saarbrücker Ludwigspark verloren die Saarländer gegen Mönchengladbach mit 0:3. Im Sommer 2006 folgte der nächste Titelgewinn: Die Kutzhofer machten den Aufstieg in die Oberliga Südwest perfekt. An der Renkertsmühle freute man sich also auf Gastspiele von Borussia Neunkirchen oder Wormatia Worms und rechnete damit, dass die stark besetzte Mannschaft auch in der Oberliga eine gute Rolle spielen würde. Dazu aber kam es nicht mehr, denn noch vor dem ersten Saisonspiel drehte der Mäzen den Geldhahn zu. Eine offizielle Begründung gab es nie. Der Verein stand plötzlich vor dem Nichts, und die Mannschaft zerstreute sich sofort in alle Winde. Zurück blieb ein Schuldenberg im sechsstelligen Euro-Bereich. Es folgten noch vor der Saisoneröffnung die Abmeldung vom Spielbetrieb und die Insolvenz des Vereins.

2007/08 wurde an der Renkertsmühle wieder eine Mannschaft gemeldet, die in der Kreisliga B Lebach, der untersten Spielklasse, an den Start ging. Inzwischen spielen die Rot-Weißen in der Landesliga. Auf große Sprünge muss – und will – der Verein in Zukunft aber verzichten.

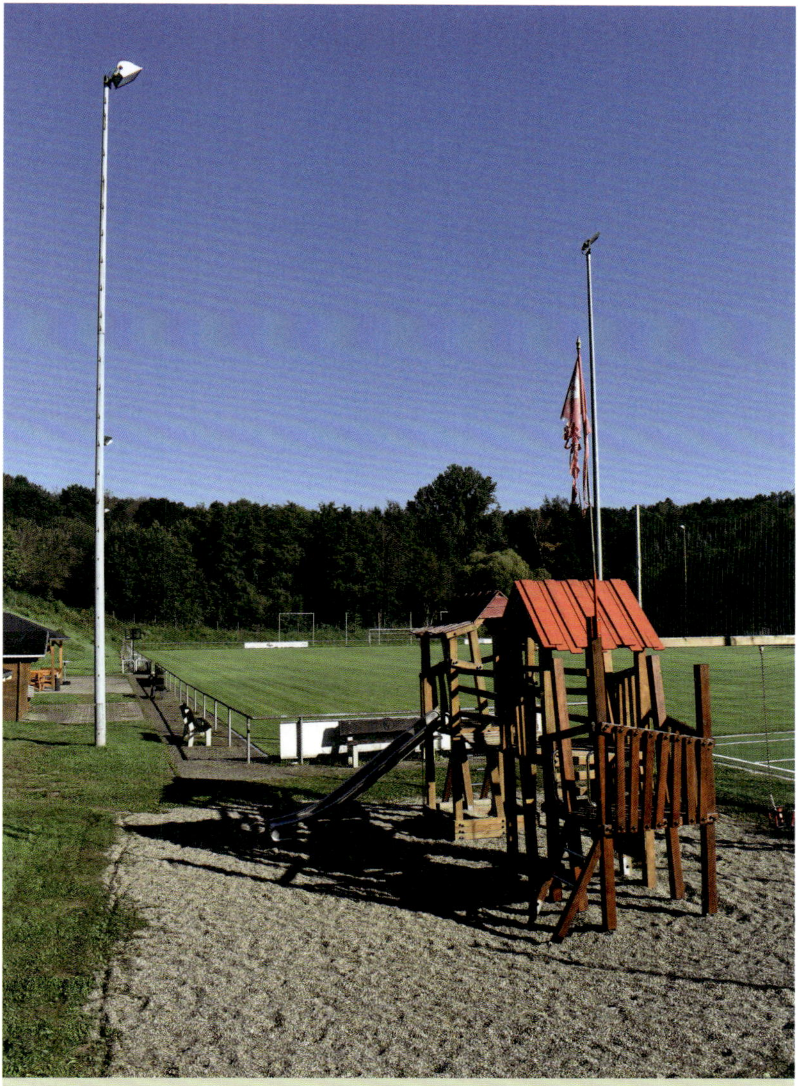

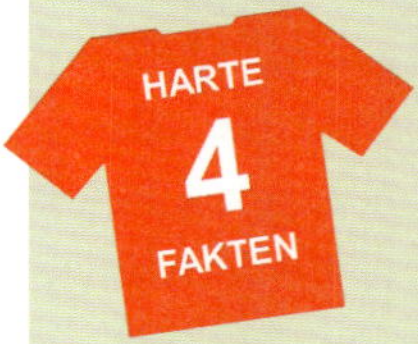

Adresse: Renkertsmühle 17, 66265 Heusweiler-Kutzhof
Kapazität: 2.000
Verein: FC Kutzhof
Vereinsfarben: Rot-Weiß

Landsweiler-Reden 038

Kohlwaldstadion

Zur falschen Zeit, am falschen Ort

Hinterher ist man meistens klüger. Das gilt auch für Landsweiler-Reden, wo man 1968 entschied, im Kohlwald ein für etwa 5.000 Zuschauer geeignetes Mehrzweckstadion anzulegen. Gute Argumente für den Stadionbau gab es damals durchaus. Teutonia Landsweiler-Reden war gerade in die Regionalliga aufgestiegen, besaß aber keine geeignete Sportstätte und musste daher für die Zweitliga-Saison ins etwa zehn Kilometer entfernte Hühnerfeld umziehen. Dort gab es mit dem Viktoria-Stadion eine regionalligataugliche Anlage. Währenddessen entschied die Gemeinde, keinen der bestehenden Sportplätze auszubauen, sondern eine komplett neue Stadionanlage zu errichten, mit Laufbahn und Zuschauerrängen im Oval. Die Wahl fiel auf ein Gelände im Kohlwald, verkehrsgünstig an der Landstraße nach Wiebelskirchen gelegen.

Wer heute das Kohlwaldstadion sucht, oder vielmehr dessen Reste, muss auf den Bergrücken am Ortsrand von Landsweiler-Reden hinauf. Hier führt in der Jahnstraße eine Fußgängerbrücke über die Bahnstrecke. Über Waldwege kommt man zum Stadiongelände. Nur über Waldwege, denn kurz nach der Stadioneröffnung 1969 wurde die als Zufahrt vorgesehene Landstraße aufgegeben und zurückgebaut. Für den Verein erwies sich die ungewollt idyllische Lage des Stadions als problematisch. Er durfte hier kein Vereinsheim errichten, und durch die fehlende Anbindung ans Straßennetz hielt sich der Besucherandrang stets in engen Grenzen. Außerdem war das Stadion erst fertig, als es nicht mehr gebraucht wurde: 1969 war die Teutonia schon wieder aus der Regionalliga abgestiegen, und sie sollte auch nie mehr in diese Liga zurückkehren.

Zwar spielten die Teutonia und ihre Nachfolgevereine weiter im Kohlwald, aber nie vor großen Kulissen. 2019 wurde das Stadion schließlich aufgegeben und die Stehränge entfernt. Nun erobert sich der Wald das Gelände zurück. Gespielt wird jetzt wieder dort, wo der Verein schon länger zu Hause ist: Auf dem alten Hartplatz am Buchenkopf. Der besitzt nämlich Beleuchtung – und eine Zufahrt.

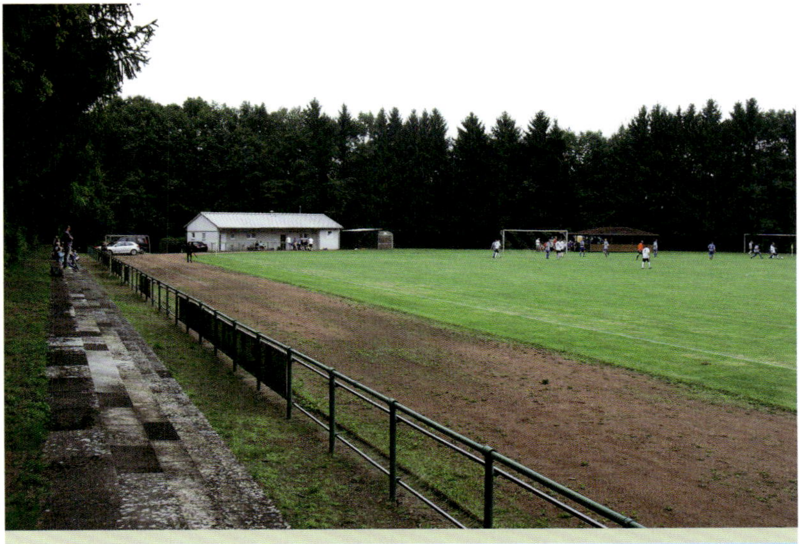

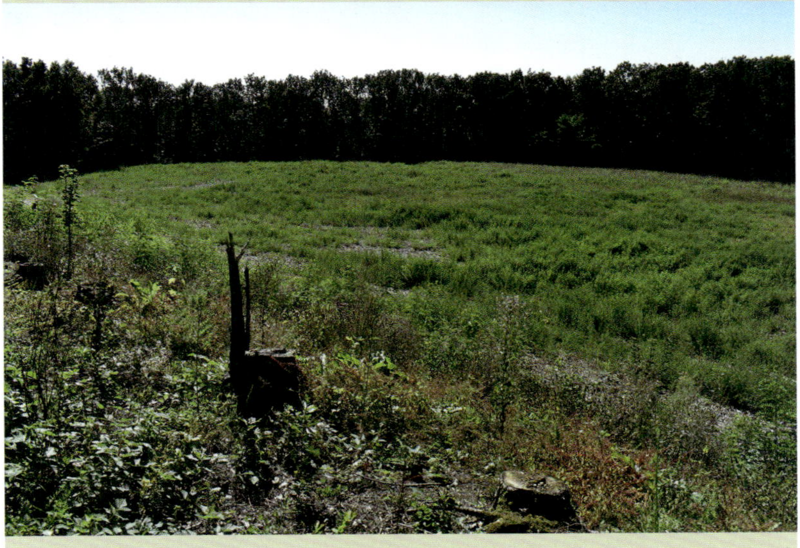

HARTE 4 FAKTEN

Adresse: Kohlwald, 66578 Schiffweiler

Eröffnung: 1969

Schließung: 2019

Kapazität: 5.000

Sportplatz Buchenkopf

Bergmannself in der Regionalliga

Die 1908 gegründete Teutonia aus Landsweiler-Reden zählt zu den erfolgreichsten saarländischen Fußballvereinen aus dem Umfeld des Kohlebergbaus. Ein Oberligist, wie einige Kumpelvereine des Ruhrgebiets, war die Teutonia zwar nie, aber immerhin reichte es für einen kurzen Besuch in der Regionalliga Südwest.

Das war 1968, als der Saar-Bergbau schon eine erste Krise durchleiden musste. Als eines der größten saarländischen Bergwerke blieb die Grube Reden davon aber noch weitgehend verschont. Die 1850 beim kleinen Dorf Landsweiler gegründete und nach dem preußischen Bergwerksminister Friedrich Graf von Reden benannte Grube beschäftigte zeitweise mehr als 8.000 Menschen. Sie wohnten in den Orten der Umgebung, zum Beispiel in Landsweiler-Reden, und wer Fußball spielte, machte das nicht selten bei der Teutonia.

Der Verein stieg 1967 in die Amateurliga Saarland auf und marschierte direkt als Meister in die Regionalliga durch. Hier kamen die Teutonen allerdings überhaupt nicht zurecht: Drei Siegen standen 25 Niederlagen gegenüber, und mit einer Bilanz von 8:52 Punkten belegten sie abgeschlagen den letzten Tabellenplatz. Der niedrige Zuschauerschnitt von knapp unter 600 war wohl auf die sportliche Unterlegenheit des Teams zurückzuführen, aber auch darauf, dass man ins Hühnerfelder Viktoria-Stadion hatte ausweichen müssen: Der eigene Sportplatz Buchenkopf, ein Ascheplatz, war bei weitem nicht regionalligatauglich, und das große Kohlwaldstadion wurde erst 1969 eröffnet, als die Teutonia schon wieder abgestiegen war.

Das Jahr in der zweiten Liga blieb ein einmaliges Abenteuer für den Club, der anschließend noch bis 1976 in der Amateurliga spielte und sich später 26 Jahre am Stück in der Landesliga Nordost hielt, wenn auch in einem zunehmend schwierigen Umfeld: Die Grube Reden wurde 1995 geschlossen. Schon 1986 hatten Teutonia und DJK Blau-Weiß Landsweiler zum FC 08 Landsweiler-Reden fusioniert, der wiederum 2015 mit der FSG Schiffweiler eine SG und 2021 einen gemeinsamen Verein bildete.

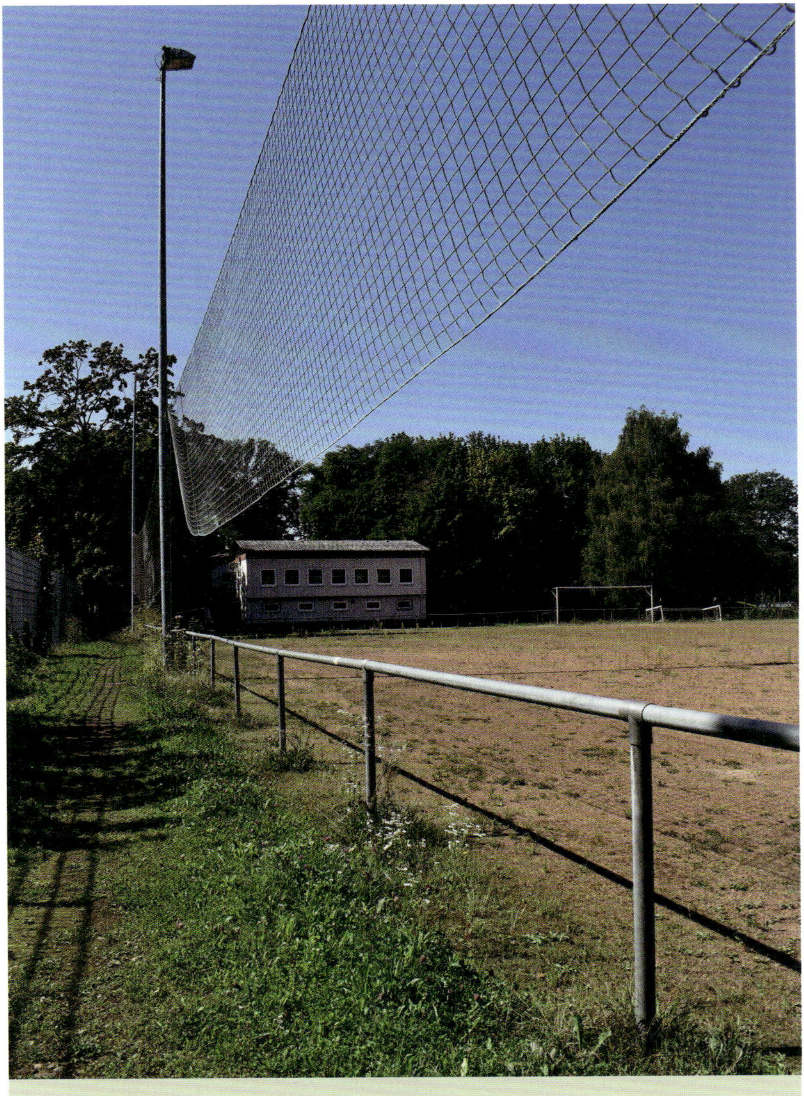

HARTE 4 FAKTEN

Adresse: Jahnstraße 40, 66578 Schiffweiler

Kapazität: 1.000

Vereine: Teutonia Landsweiler-Reden, FC 08 Landsweiler-Reden, FSG 08 Schiffweiler-Landsweiler

Vereinsfarben: Schwarz-Weiß, Schwarz-Weiß, Blau-Weiß

Ludweiler (Warndt) 040

Sportplatz Lauterbacher Straße

Zweite Liga im Glasmacherdorf

Der Warndt ist ein großes Waldgebiet im südwestlichen Saarland, das als fürstliches Jagdgebiet lange Zeit unbesiedelt war und nicht betreten werden durfte. Es war ein „verwarnter Wald" – daher der Name. Erst um das Jahr 1600 erlaubte Fürst Ludwig II. von Nassau-Saarbrücken hier die Errichtung eines Dorfes für Hugenotten, Glaubensflüchtlinge aus Frankreich, die Kenntnisse der Glasmacherei mitbrachten. Das Dorf erhielt zu Ehren des Fürsten den Namen Ludweiler und wurde als Glasmacherdorf bekannt. Familiennamen wie Bachelier, Fournier oder Lorson sind im Ort noch heute verbreitet.

Der 1908 gegründete Sportverein Ludweiler spielte vor allem in den 50er-Jahren weit oben mit. Die Grün-Weißen verbrachten die Jahre von 1954 bis 1963 in der 2. Division Südwest, kamen hier zwar nie in die Nähe des Oberligaaufstiegs, hielten sich aber stets im Tabellenmittelfeld. Nach der verpassten Qualifikation für die Regionalliga spielte der Verein noch längere Zeit in der Amateurliga Saarland und verpasste 1965 den Regionalliga-Aufstieg nur deshalb, weil in der Qualifikationsrunde der aufstrebende SV Alsenborn im Weg stand.

1995 stieg der SV Ludweiler endgültig aus der Verbandsliga ab und pendelt seitdem zwischen der Landesliga und der Bezirksliga. Kurz zuvor, 1990 und 1993, gelang noch zweimal der Einzug ins Endspiel des Saarlandpokals. Zwar gingen beide Spiele verloren, aber als Finalist war der SVL trotzdem für den DFB-Pokal qualifiziert. Hier zogen sich die Saarländer sowohl gegen den Zweitligisten SV Meppen (0:3) als auch gegen Borussia Dortmund (1:4) achtbar aus der Affäre. Die Spiele fanden im Völklinger Hermann-Neuberger-Stadion statt, obwohl mit dem 1958 eröffneten Warndt-Stadion auch in Ludweiler eine Spielstätte für 5.000 Besucher bereitgestanden hätte. Aber den BVB wollten mehr als 10.000 Zuschauer sehen. Heute trägt der SV seine Ligaspiele nicht mehr im zu weitläufigen Stadion aus, sondern auf dem etwas gemütlicheren Sportplatz an der Lauterbacher Straße, wo auch das Vereinsheim steht.

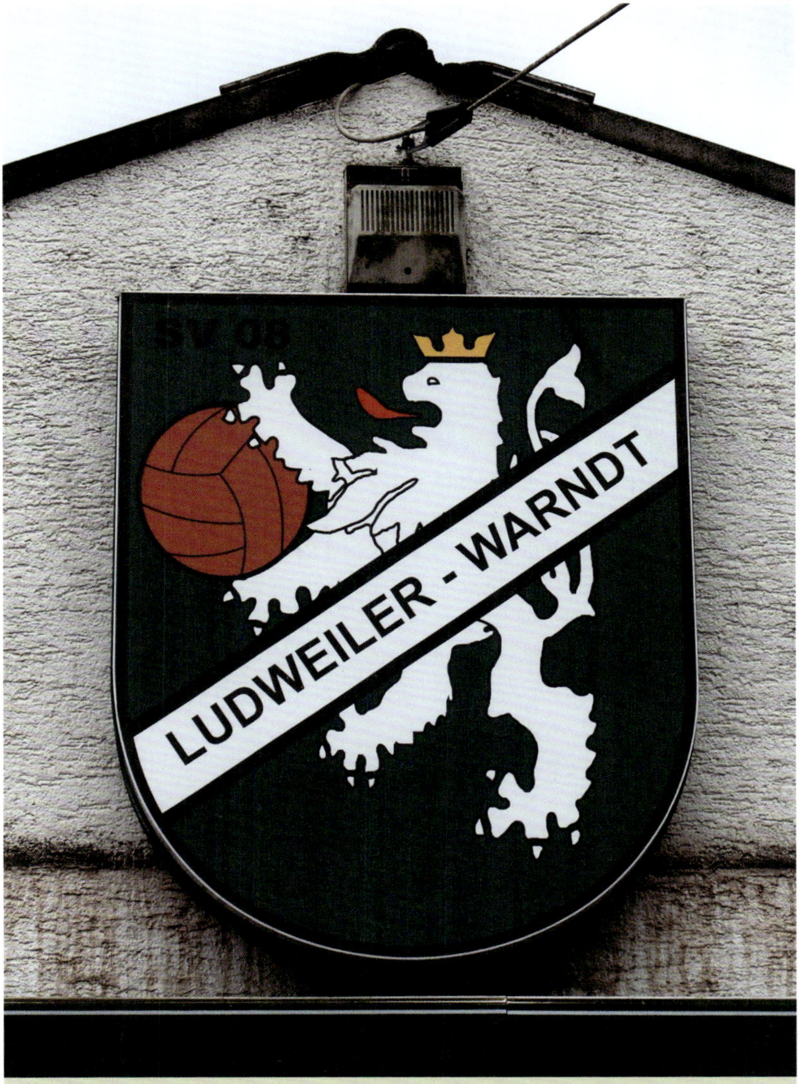

HARTE 4 FAKTEN

Adresse: Lauterbacher Straße, 66333 Völklingen-Ludweiler

Kapazität: 1.000

Verein: SV Ludweiler/Warndt

Vereinsfarben: Grün-Weiß

Marpingen 041

Alstalstadion

Deutscher Vizemeister 1978

Ab 1971 gab es im Saarland einen offiziellen Spielbetrieb im Frauenfußball. Zunächst beherrschte der SV Bubach-Calmesweiler die Szene, aber 1975 hieß der Saarlandmeister erstmals FC Hellas Marpingen. Bis sie in der Saison 1980/81 vom SV Weiskirchen abgelöst wurden, verteidigten die Marpinger Fußballerinnen den Status als unangefochtene Nummer Eins des Landes.

In der Endrunde zur Deutschen Meisterschaft scheiterten sie anfangs dreimal in Folge bereits im Achtelfinale. Dann aber kam ihre Saison: 1977/78 setzten sie sich zunächst mühelos gegen den TSV Wulsdorf durch, besiegten im Viertelfinale Bayern München und im Halbfinale Kickers Offenbach: Marpingen stand im Finale um die Deutsche Meisterschaft!

Hier traf das von Trainer Horst Scherer betreute Team um die Kapitänin Gertrud Kreuz auf den SC Bad Neuenahr. Im dortigen Apollinarisstadion gewannen die Frauen aus dem Ahrtal mit 2:0. Beim Rückspiel eine Woche später sorgten 4.000 Zuschauer für ein ausverkauftes Eppelborner Illtalstadion. Hier spielte der FC Hellas die Meisterschaftsendrunden, weil das heimische Alstalstadion kein Rasenspielfeld besaß.

Marpingen ging früh mit 1:0 in Führung und hatte schon in der 25. Minute die Chance auf das 2:0, aber Neuenahrs Torhüterin Maria Breuer hielt einen von Christel Schikowsky geschossenen Foulelfmeter. Die Marpingerinnen vergaben reihenweise gute Chancen, und so rettete das routinierte Team aus Bad Neuenahr den im Hinspiel erkämpften Vorsprung über die Ziellinie. Trotzdem überwog der Stolz über den Vizemeistertitel, auch über die Ortsgrenzen hinaus: Das Team wurde bei der Saarsportler-Wahl zur Mannschaft des Jahres 1978 gekürt.

Wenig später aber begann der Marpinger Stern zu sinken. 1979 und 1980 verloren sie in der Meisterschafts-Endrunde jeweils bereits ihre ersten Spiele, und anschließend dominierte der VfR 09 Saarbrücken den saarländischen Frauenfußball. Als sich dann noch einige Förderer zurückzogen, meldete der Verein das Frauenteam 1983 vom Spielbetrieb ab.

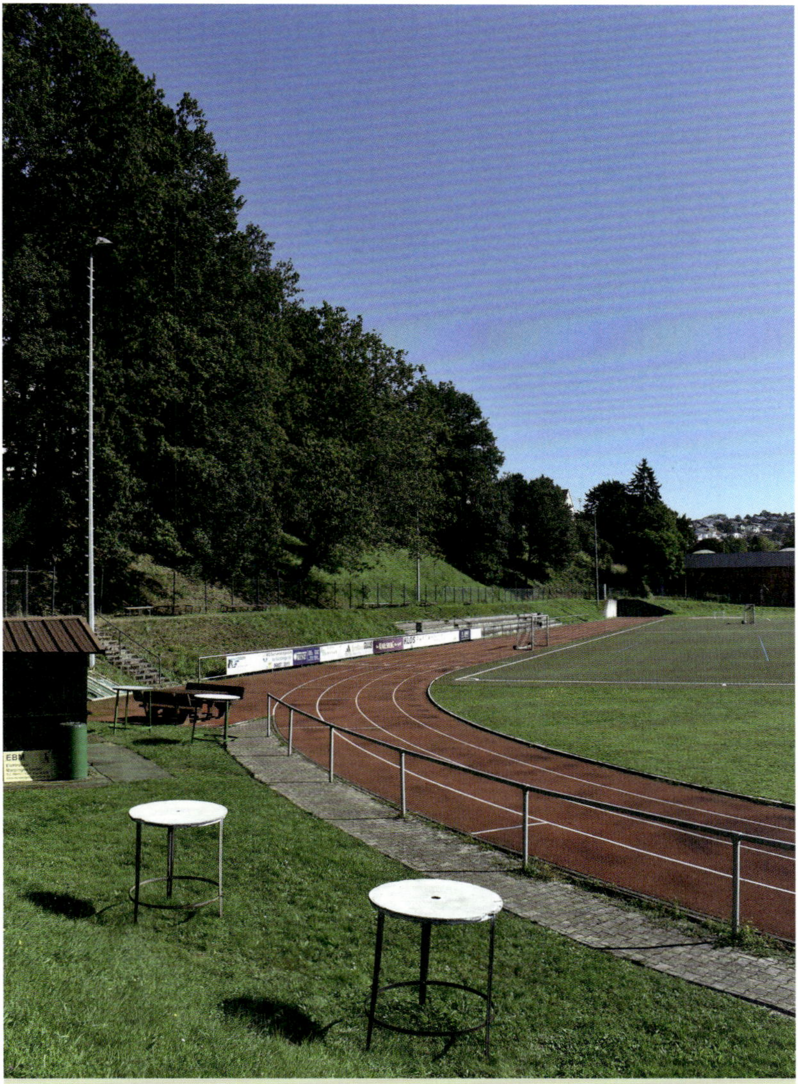

HARTE 4 FAKTEN

Adresse: Zum Flugplatz, 66646 Marpingen
Kapazität: 4.000
Verein: FC Hellas Marpingen
Frauenfußball: 1970 bis 1983

FC Hellas Marpingen

Talentschmiede im deutschen Lourdes

Als 1876 drei Mädchen erzählten, ihnen sei im Härtelwald bei Marpingen die Jungfrau Maria erschienen, entwickelte sich der Ort zu einer viel besuchten Wallfahrtsstätte. Man sprach vom „Deutschen Lourdes", weil plötzlich eine große Menge an Pilgern in den Ort strömte, und errichtete im Härtelwald eine Kapelle. Der Kult lebte 1999 wieder auf, als drei Frauen erneut von Marienerscheinungen berichteten.

Auch die Verantwortlichen der Neunkircher Borussia pilgerten in den 50er Jahren häufig nach Marpingen, allerdings aus weltlicheren Gründen: Der dortige Fußballclub entwickelte sich nämlich zu einer Talentschmiede, aus der sich speziell die Neunkircher bedienten.

Der Erste, der aus Marpingen nach Neunkirchen wechselte, war 1957 Rudi Dörrenbächer. Er gilt bis heute als der wohl beste Fußballer, der je das Borussia-Trikot trug. Außerhalb des Platzes ein stiller Einzelgänger traf der Stürmer auf dem Spielfeld fast nach Belieben (136 Tore in 168 Oberligaspielen). Mit 37 Treffern war er 1961/62 Torschützenkönig der Vertragsspieler in Deutschland. Mit seiner Spielstärke und seinem Torinstinkt wäre Dörrenbächer sicher auch in der Bundesliga erfolgreich gewesen. Aber dazu kam es nicht mehr. Am 15. April 1963 erlitt er bei einem Spiel in Frankenthal einen Schädelbasisbruch, lag anschließend sechs Wochen im Koma und spielte nie wieder Fußball. Als er 2013 starb, verlor die Borussia eine ganz besondere Vereinslegende.

Kurz nach Dörrenbächer kamen aus Marpingen zwei weitere langjährige Leistungsträger ins Ellenfeld: Erich Leist, der als rechter Außenläufer 73 Bundesligaspiele machte und bis 1968 Stammspieler in der Borussen-Elf war, und der gelernte Schlosser Erwin Glod, der auf Halblinks spielte.

In Marpingen ist inzwischen wieder Ruhe eingekehrt, sowohl was die Wallfahrten in den Härtelwald angeht als auch im Hinblick auf eventuelle Talentsucher. Die erste Mannschaft, in den 50ern noch knapp vor dem Aufstieg in die 2. Division Südwest, geht heute in einer SG in der Verbandsliga Nord an den Start.

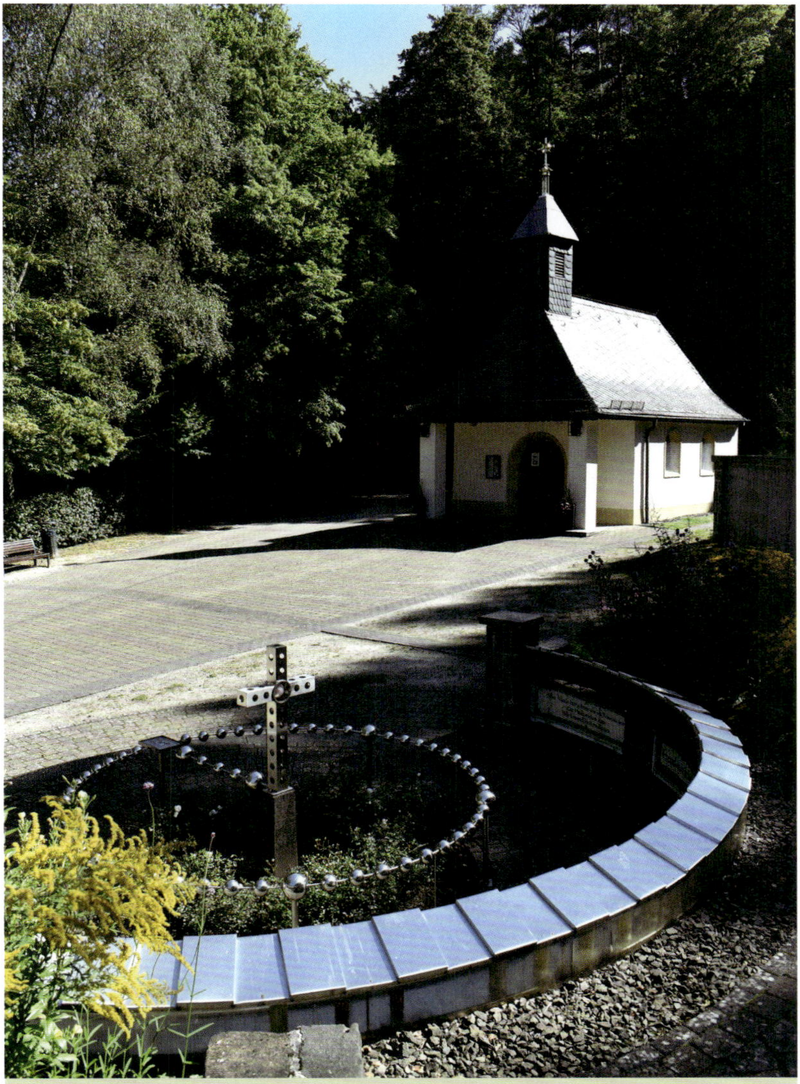

Adresse: 66646 Marpingen

1957: Rudi Dörrenbächer wechselt nach Neunkirchen

1958: Erich Leist wechselt nach Neunkirchen

1959: Erwin Glod wechselt nach Neunkirchen

Stadion am Schwimmbad

Fußball in der Keramikgemeinde

An der Außenwand des Clubheims am Mettlacher Stadion steht groß der Vereinsname SV 1920 Mettlach e.V. Bemerkenswert ist dabei nicht die Beschriftung an sich, sondern dass sie aus quadratischen blauen Keramikplatten besteht. Das wäre anderswo ungewöhnlich, nicht aber in der Gemeinde Mettlach, denn hier hat die weltbekannte Firma Villeroy & Boch in den barocken Gebäuden einer ehemaligen Abtei ihren Firmensitz.

Der SV Mettlach hat einen guten Namen im saarländischen Fußball, als langjähriger Saarlandligist und dreifacher Saarlandpokalsieger (1984, 1993 und 1995). Entstanden im Jahr 1920 als Fußballabteilung des TV 1885 Mettlach, wurde der Sportverein im Zuge der „reinlichen Scheidung“ (Trennung in Turn- und Sportvereinen) 1923 eigenständig. Nach fünf Amateurliga-Jahren in den 60ern rutschten die Blau-Weißen bis in die B-Klasse und kehrten 1983 in die höchste saarländische Liga zurück. 1990 wechselten sie vom alten Sportplatz am Wingertshaus ins neue Sportgelände am Schwimmbad, wo sie 1995 sogar ein DFB-Pokalspiel gegen Hertha BSC austrugen, das mit 0:4 verloren ging. Im DFB-Pokal blieben die Mettlacher auch gegen Bayreuth (0:7) und Wattenscheid 09 (0:2) sieg- und torlos.

Erfolgreicher waren sie im Ligaalltag. 1993 gelang erstmals der Sprung in die Oberliga Südwest, in der sie nach knappem Klassenerhalt im Aufstiegsjahr mit den Plätzen 4, 5 und 3 sogar in der Spitzengruppe mitmischen konnten. Die Regionalliga war aber nie ein Thema. Sie wäre finanziell und organisatorisch für den Verein wohl sowieso eine Nummer zu groß gewesen.

1999 stiegen sie als abgeschlagener Tabellenletzter ab, kehrten zwar umgehend zurück, verbrachten aber die beiden folgenden Spielzeiten nur noch im Abstiegskampf. Seit 2002 spielt der SVM nun bis auf eine weitere Oberligasaison (2008/09) in der Verbands- bzw. Saarlandliga und konzentriert sich auf seine traditionell gute Jugendarbeit. Das Stadion am Schwimmbad trägt inzwischen einen Sponsorennamen – es ist der eines bekannten Keramikherstellers.

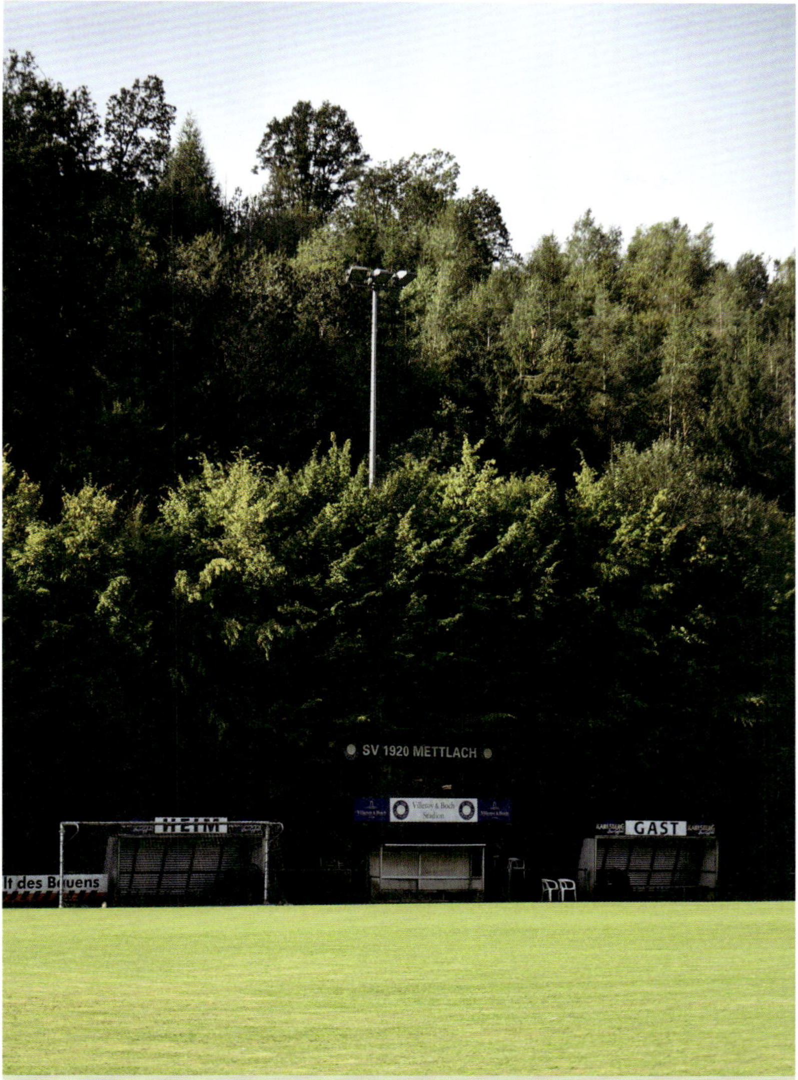

HARTE 4 FAKTEN

Adresse: Britter Straße 66, 66693 Mettlach

Kapazität: 4.500

Verein: SV Mettlach

Vereinsfarben: Blau-Weiß

Sportplatz Naßweiler

Ganz unten

Naßweiler liegt im südwestlichen Saarland, auf einer Seite vom Warndtwald und auf den übrigen drei Seiten von Frankreich umgeben. Der Ort hat 750 Einwohner und lediglich sechs Straßen. Über eine davon verläuft die Staatsgrenze: Die nördliche Straßenseite gehört zu Deutschland, die südliche zu Frankreich. Unter diesen Umständen kämpfte der örtliche Sportverein mit den lokalen Gegebenheiten stets mindestens so sehr wie mit den Gegnern im Kreisligaalltag.

Der kleine, 1968 eingeweihte Sportplatz Hesselgarten ist ein Ascheplatz, dessen Spielfeld nicht mittig in die schmale Laufbahn hineingesetzt ist, sondern so, dass die Laufbahn durch zwei der Spielfeldecken schneidet. Kreisliga-Romantik. Auf ein Rasenspielfeld verzichtete man, weil unklar war, ob das Gelände halten würde: Unter Naßweiler wurde Kohle abgebaut, und Bergschäden waren und sind nicht auszuschließen.

Der SVN spielt seit langem in der untersten Liga und steht selbst hier häufiger im Tabellenkeller als in der Spitzengruppe. 2012 landete das Team zum Beispiel mit sechs Punkten und 36:207 Toren auf dem letzten Platz. Was folgte, war aber nicht besser – im Gegenteil: In den drei Spielzeiten zwischen 2012 und 2015 erspielten die Naßweiler Kicker nämlich nur zwei Punkte. Dabei hatten sie 2014/15 sogar endlich wieder eine Partie gewonnen, gegen Klarenthal II. Aber nachdem sich dieses Team kurz vor Saisonende zurückzog, wurde das Spiel aus der Wertung genommen und der SVN stand am Ende doch wieder ohne Punkte da.

Wie motiviert man sich, wenn man in vier Jahren 79 Tore erzielt, aber 725 Gegentreffer kassiert hat, also fast sieben pro Spiel? Viele Vereine hätten aufgegeben. Der SV Naßweiler aber bewies Ausdauer und wurde belohnt: 2015/16 gelangen dem Team immerhin fünf Siege. 2018 standen gar 36 Punkte und ein Mittelfeldplatz zu Buche. Es geht also aufwärts in Naßweiler, wo aber für höherklassigen Fußball ohnehin eine andere Truppe zuständig ist: Das Frauenteam des Vereins spielt aktuell in der saarländischen Landesliga.

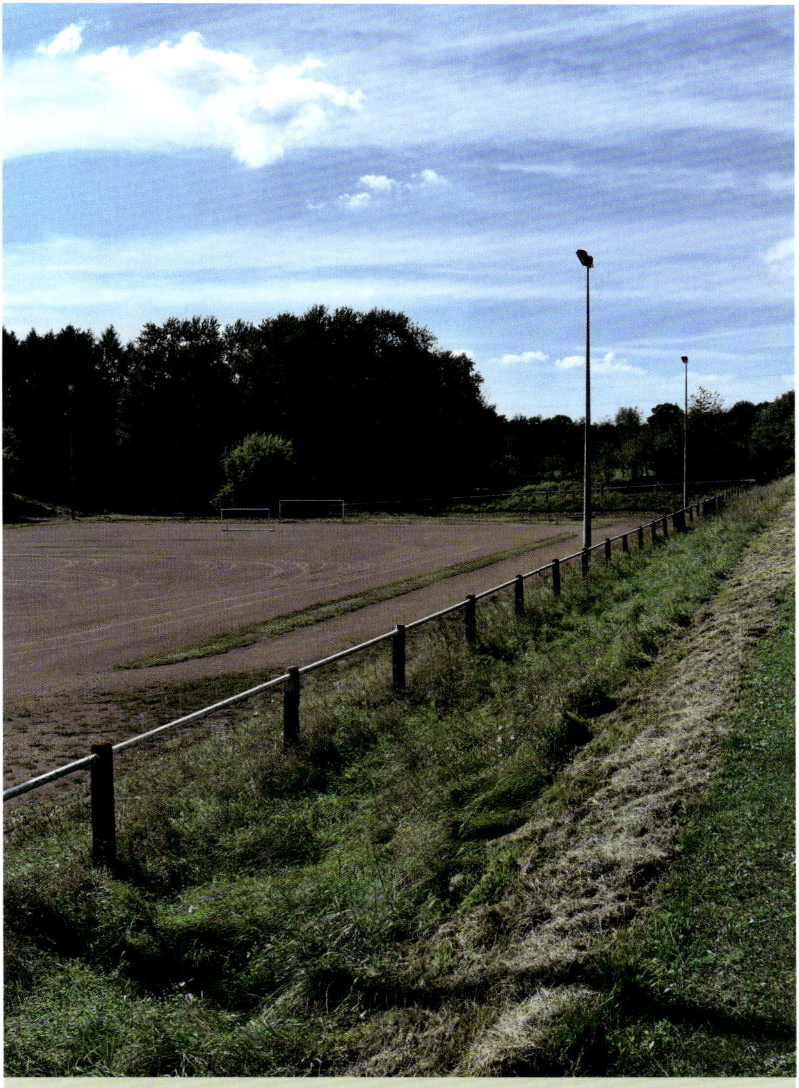

HARTE 4 FAKTEN

Adresse: St. Nikolauser Straße, 66352 Großrosseln
Saison 2012/13: 13:216 Tore, 0 Punkte
Saison 2013/14: 16:118 Tore, 2 Punkte
Saison 2014/15: 14:184 Tore, 0 Punkte

Ellenfeld

Das schönste Stadion im Südwesten

Am Beginn standen „Nationale Olympische Wettkämpfe“. Damit wurde im Juli 1912 der neue Sportplatz in Neunkirchen eingeweiht. Auf einem Gelände der Schloss-Brauerei in den Ellenfeldern entstand damals eine Sportstätte, mit der das Stadion, wie es sich heute präsentiert, natürlich nichts mehr gemeinsam hat. Das jetzige Ellenfeld hat aber auch bereits gut 60 Jahre auf dem Buckel: 1959-60 errichtete man die heutige Ostseite, einen damals modernen Stahlbeton-Skelettbau, der eine Sporthalle, Funktionsräume und das Vereinsheim beherbergt.

1964 wurde das Ellenfeld im Hinblick auf die Bundesliga nochmals ausgebaut und erhielt Stehränge in der Spieser Kurve auf der Westseite, die nun stolze 46 Stufenreihen aufwies. Weil die Schloss-Brauerei allerdings das Gelände hinter der Nordseite nicht verkaufen wollte, blieb die Tribüne dort deutlich niedriger. Dennoch konnte das Ellenfeld schließlich mehr als 30.000 Zuschauer fassen. Und so viele wollten die Borussia damals auch sehen – eine beeindruckende Zahl in einer Stadt von etwa 45.000 Einwohnern.

Heute ist die Kapazität reduziert, aber dennoch mehr als ausreichend, denn die in die Saarlandliga abgerutschte Borussia zieht manchmal nur noch 200 Zuschauer an. Am Stadion hat sich seit vielen Jahren kaum etwas geändert. Es weist bis auf die 2002 sanierte Haupttribüne weitgehend noch den Zustand der frühen Bundesligajahre auf. Das macht das Ellenfeld einzigartig, denn kein anderes Bundesligastadion in Deutschland hat sich aus dieser Zeit unverändert erhalten.

Allerdings hat die Bausubstanz gelitten: Die Spieser Kurve im Westen mit ihren Rängen auf offenen Stützen ist daher schon lange für Zuschauer gesperrt. Zugänglich ist immerhin noch der ähnlich gebaute Block 5 mit den schwarz-weiß gestrichenen Stehrängen, die traditionelle Heimat der aktiven Borussia-Fans. Flutlicht besitzt das Ellenfeld nicht, aber dafür etwas, was vielen moderneren Stadionbauten fehlt: Atmosphäre. Auch deshalb gilt es heute vielen als schönstes Stadion im Südwesten.

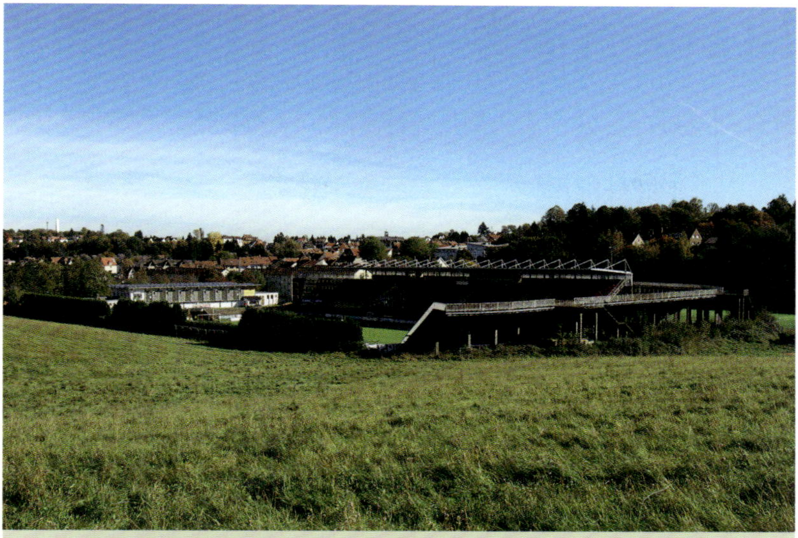

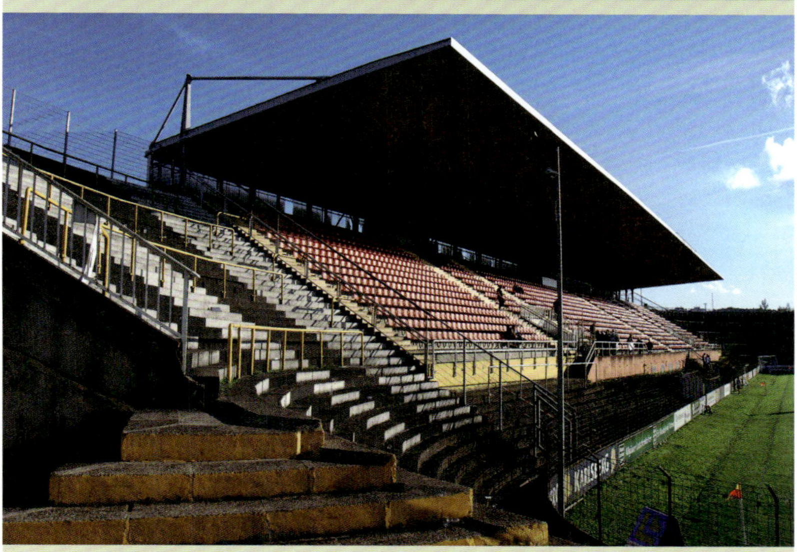

HARTE 4 FAKTEN

Adresse: Mantes-la-Ville-Platz 12, 66538 Neunkirchen

Eröffnung: 1912

Kapazität: 21.600

Verein: Borussia VfB Neunkirchen

Karl Hocks „Fußballer“

Der Ehrenspielführer

Vor dem Ellenfeld steht das gusseiserne Denkmal eines Fußballers, ein Werk des Neunkircher Künstlers Karl Hock. Die Figur, natürlich im Neunkircher Hüttenwerk gegossen, wurde 1955 hier aufgestellt und war ein Geschenk der Schloss-Brauerei. Und auch wenn Hock nicht an einen bestimmten Fußballer als Vorbild für sein Denkmal dachte, wurde die Skulptur häufig als Darstellung von Karl Ringel interpretiert, den Ehrenspielführer der Neunkircher Borussia.

Der war eigentlich gar kein Neunkircher: 1932 in Fürth geboren, kam der Halbstürmer über Friedrichshafen am Bodensee, wo er als Maschinenschlosser arbeitete, 1953 zur Borussia in die Oberliga. Sein erster Eindruck der Hüttenstadt: „Ein solch dreckiges Kaff, nur Ruß und so Zeug“. So klingt niemand, der länger bleiben möchte als unbedingt nötig.

Auf dem Platz aber zeigte er sofort, was er konnte: Schon in seinem ersten Oberligaspiel gegen Phönix Ludwigshafen erzielte er in der 10. Spielminute das 1:0. Ringel war aber nicht nur ein guter Torjäger (107 Tore in 244 Oberligaspielen), sondern vor allem ein Spielmacher, der sein Team ab den späten 50er Jahren regelmäßig in die Endrunde um die Deutsche Meisterschaft führte. Bis 1964 gehörte er trotz zahlreicher Verletzungen, die seine Karriere begleiteten, der Neunkircher Stammelf an. In der Bundesliga kam er nur noch zu einem einzigen Einsatz, am vorletzten Spieltag der Saison 1964/65 auswärts bei Hertha BSC.

Anschließend spielte er im damals hohen Fußballer-Alter von 33 noch ein Jahr für den FCS in der Regionalliga, allerdings durch Verletzungen zurückgeworfen, und beendete danach seine aktive Karriere. Ringel lief in zwei Länderspielen für das Saarland und einmal auch für Deutschland auf: Im Dezember 1958 wurde er in einem Spiel gegen Ägypten in der zweiten Halbzeit eingewechselt.

Wie man aus seiner Fußballer-Laufbahn herauslesen kann, blieb Ringel im Saarland. Er arbeitete bis 1992 bei den Neunkircher Stadtwerken und lebt nun als Rentner im Stadtteil Wellesweiler.

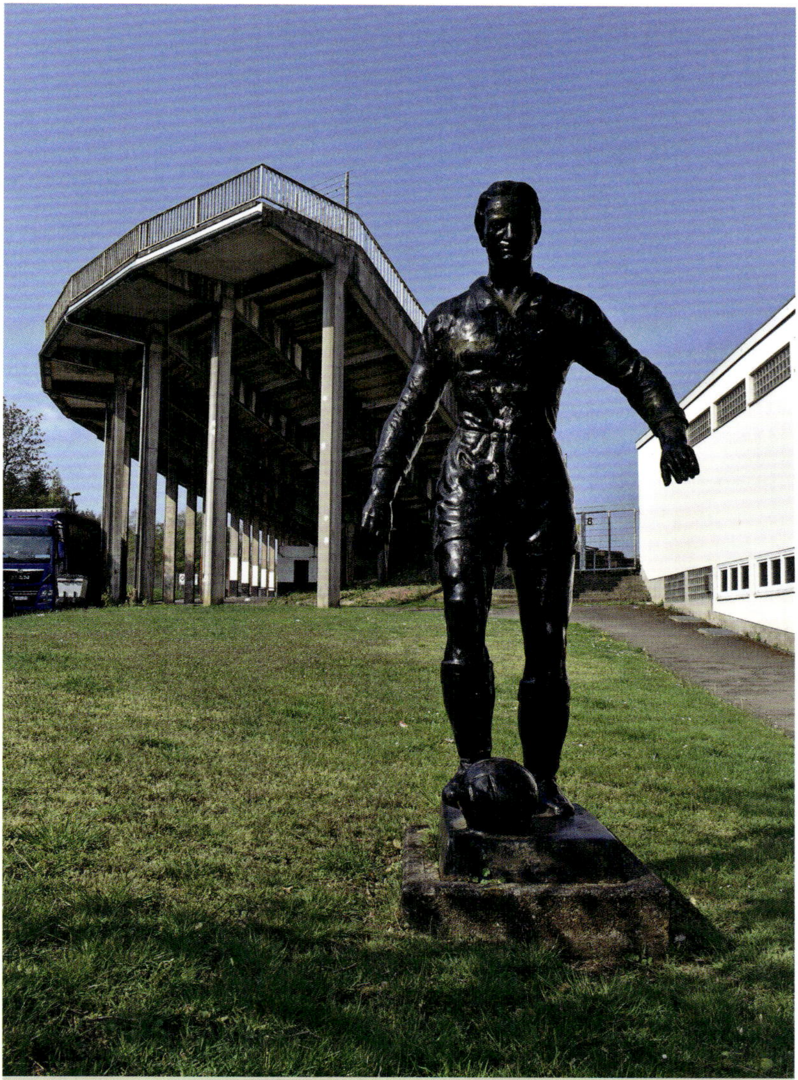

HARTE 4 FAKTEN

Adresse: Mantes-la-Ville-Platz, 66538 Neunkirchen
Künstler: Karl Hock (1901–76)
Auftraggeber: Schloss-Brauerei
Hersteller: Neunkircher Eisenwerk

Kaufhaus Joseph Levy Wwe.

Der vergessene Retter

Nach dem Ersten Weltkrieg entwickelte sich der Fußballsport zu einem Massenphänomen, und die Zuschauerzahlen gingen rasant nach oben. Das war auch in der Hüttenstadt Neunkirchen nicht anders: Als 1920 mit MTK Budapest einer der europäischen Spitzenvereine zum Freundschaftsspiel kam, drängten sich 10.000 Zuschauer im Ellenfeld. Anschließend beschloss man den Bau einer Holztribüne, die zu den größten im Südwesten zählte.

Sie brannte im Dezember 1928 nieder, was die Borussia vor große Probleme stellte. Zwar war der Verein versichert, aber die neue Tribüne wurde deutlich teurer als geplant. Die Borussia häufte etwa 270.000 Francs Schulden an und konnte die Kredite nicht mehr bedienen. Rettung für den Verein kam aus der Neunkircher Geschäftswelt: Alfons Herzberger, der Leiter des Kaufhauses Joseph Levy Wwe., sprang ein und organisierte einen Vergleich zwischen der Borussia und ihren Gläubigern.

Herzberger stammte aus Mainz und war nach Neunkirchen gekommen, um die Familie Levy beim Ausbau ihres Geschäftes in ein Großkaufhaus zu unterstützen. Bald übernahm er zusammen mit seinem Bruder Julius die Leitung des gutgehenden Warenhauses am Stummplatz in der Neunkircher Innenstadt. Für ihr Kaufhaus warben sie überall in der Stadt, natürlich auch im Ellenfeld: Fußball war schon damals ein hervorragender Werbeträger.

Nach der Rückgliederung des Saargebietes ins Deutsche Reich 1935 dauerte es nicht lange, bis die bisherigen Eigentümer enteignet wurden. Das Kaufhaus erhielt eine andere Leitung und bald auch einen anderen Namen („Neunkircher Kaufhaus AG"). Julius Herzberger hatte bereits 1934 Selbstmord begangen, und Alfons floh nach Frankreich, wo er im Juni 1941 mit 62 Jahren starb. Dass er nur wenige Jahre zuvor die Borussia vor dem Aus gerettet hatte, war schnell in Vergessenheit geraten. Das Kaufhausgebäude brannte im März 1945 aus. An seiner Stelle an der Straßenecke Stummstraße/Pasteurstraße errichtete man 1960 einen Neubau, in dem lange eine Kaufhof-Filiale die Kaufhaustradition fortsetzte.

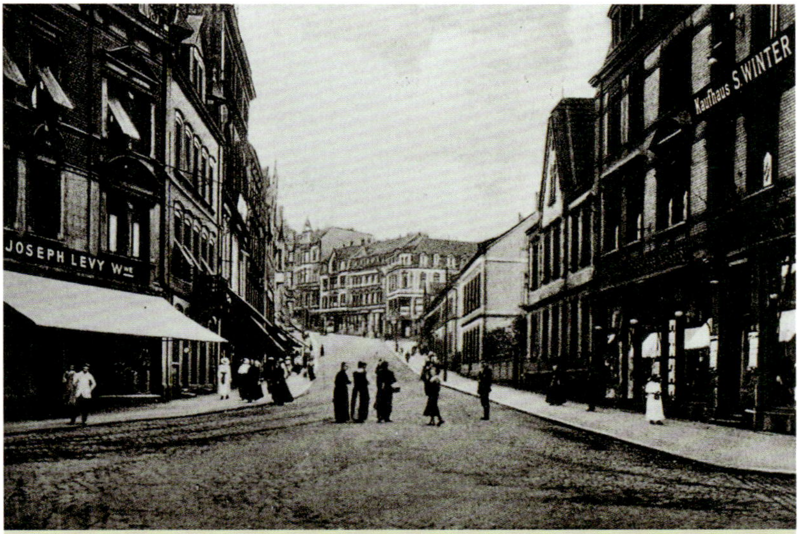

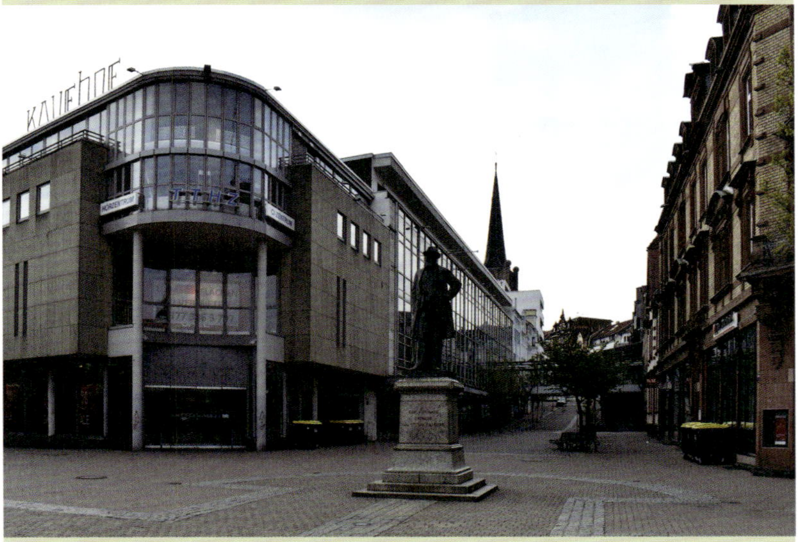

HARTE 4 FAKTEN

Adresse: Stummstraße, 66538 Neunkirchen

1853: Gründung eines „Manufaktur-Waren-Geschäftes“ in Dudweiler durch Joseph Levy und Sara Levy geb. Levinger

1897: Gründung einer Filiale in Neunkirchen

1936: Enteignung und Umwandlung in das „Neunkircher Kaufhaus“

Neunkircher Hütte

Hoch lebe Eisen

„Hoch lebe Eisen, hoch lebe Stahl, hoch lebe Borussia!“: Dieses traditionelle Lied der Neunkircher Anhänger verdeutlicht die enge Verbindung von Eisenhütte und Fußballverein in einer Stadt, die ihrerseits lange Zeit wesentlich vom 1593 gegründeten Eisenwerk geprägt war. Bereits kurz nach der Vereinsgründung 1905 bot die Hütte der Borussia den Schlackenplatz als Sportgelände an, eine Brachfläche am Rand des Werksgeländes. Hier trug der Verein einige Spiele aus, zog dann aber weiter in die Ellenfelder.

Das dortige Gelände hatte die Schloss-Brauerei zur Verfügung gestellt, der zweite wichtige Unterstützer der Borussia. Die Brauerei engagierte sich immer wieder im Verein, in späteren Jahren zum Beispiel auch als Trikotsponsor. Die Hütte ihrerseits warb im Ellenfeld für ihre Produkte: „Neunkircher Stahl“ stand lange Zeit in großen Lettern auf einer Bande oberhalb der Zuschauerränge.

Viele Borussia-Spieler arbeiteten „uff de Hidd“, und Hüttenarbeiter stellten auch einen beachtlichen Teil der Zuschauer im Ellenfeld. Einer von ihnen war Leo Düpré. Der Vater von sieben Kindern tauchte mit selbstgestrickter Mütze, Fahne, Tröte und manchmal sogar mit einem lebenden Glücksschweinchen im Arm in den Stadien auf und segnete auch mal den Rasen, wenn es nötig war. Als Allesfahrer war er auch auf St. Pauli und in München bekannt. Der „Borussen-Leo“, ein besonderer Botschafter des Vereins, starb 1999 und ist in Neunkirchen immer noch unvergessen.

Als sich spätestens Mitte der 70er Jahre die Stahlkrise verstärkte, ging es sowohl mit dem Verein als auch mit dem Eisenwerk bergab. Mit dem Ende der Roheisenproduktion und der Schließung der Eisenhütte endete 1982 eine fast 400-jährige Firmengeschichte. Die Borussia hatte sich zu diesem Zeitpunkt bereits aus dem Profifußball verabschiedet und hing nun ohne große Aufstiegshoffnung in der Oberliga fest. Auch die Schloss-Brauerei existiert heute nicht mehr: Nach der Übernahme durch Karlsberg wurde der Standort Neunkirchen 1997 geschlossen.

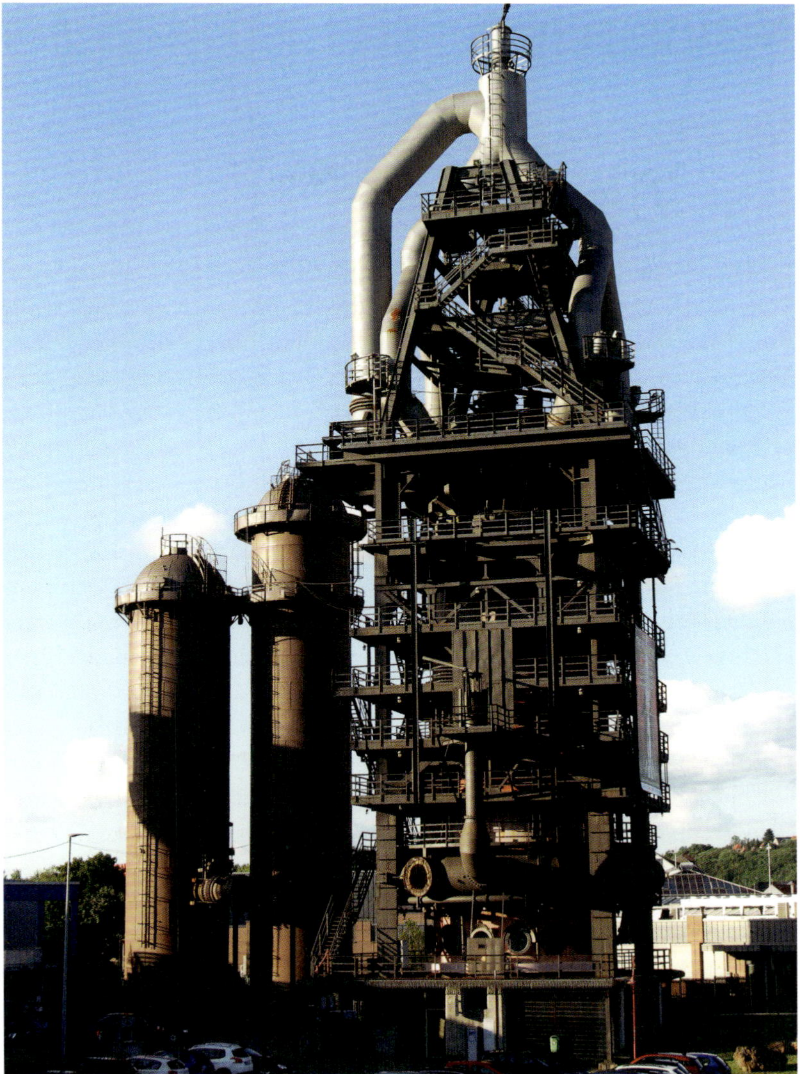

HARTE 4 FAKTEN

Adresse: An den Hochöfen 1, 66538 Neunkirchen

Gegründet: 1593

Stilllegung der Hochöfen: 1982

Mitarbeiterzahl (1965): ca. 25.000

Spielmannsklause

Vater und Sohn

In Neunkirchen blühte in den Wirtschaftswunderjahren nicht nur die Eisenhütte, sondern es gab, wie in vielen Industriestädten, auch eine florierende Kneipenszene. In der Neunkircher Innenstadt und um das Ellenfeld herum liefen die Gaststätten prächtig, nicht nur an den Bundesliga-Spieltagen. In der Spielmannstraße, nur etwa 500 Meter vom Stadion entfernt, eröffnete auch Günter Kuntz eine Kneipe.

Kuntz war 1960 vom VfR Kaiserslautern zu Borussia Neunkirchen gewechselt. In der Hüttenstadt gehörte der Linksaußen dank seiner Schusskraft und Treffsicherheit (47 Tore in 108 Oberligaspielen) schnell zur Stammelf. Mit 28 Treffern trug er 1963/64 wesentlich zur Regionalliga-Meisterschaft der Borussia und zum Aufstieg in die Bundesliga bei. Auch dort war Kuntz der erfolgreichste Neunkircher Torschütze.

Zwar kam er trotz dieser Leistungen nie zu Länderspiel-Ehren, aber immerhin zu Europapokal-Einsätzen: Von 1968 bis 1970 spielte er für Austria Wien, feierte mit den Violetten zwei Meistertitel und traf auch hier regelmäßig. In der Saison 1970/71 kehrte er für ein Jahr zur Borussia zurück, beendete dann seine aktive Karriere und widmete sich seiner Kneipe, der „Spielmannsklause“.

Der Name Kuntz taucht in den Neunkircher Annalen aber nochmals auf: Günter Kuntz‘ 1962 geborener Sohn Stefan spielte in der Jugend und für die erste Mannschaft der Borussia. In Bochum, Uerdingen und Bielefeld, aber vor allem beim 1. FC Kaiserslautern (1989-95) reifte er zum Bundesligaprofi und zum Nationalspieler (Europameister 1996). In 25 Länderspielen gelangen ihm sechs Tore. Keine schlechte Quote – aber noch besser war Kuntz in der Bundesliga, wo er mit 179 Treffern zu den zehn erfolgreichsten Torschützen der Ligageschichte zählt.

Die Spielmannsklause existiert seit einigen Jahren nicht mehr, aber Günter Kuntz wohnt noch in Neunkirchen. Er hat Stefans Karriere stets gefördert und begleitet, und zwar, wie er betont, „nicht mit der Peitsche“. Beim Talent des Sohnes war das wohl auch nicht nötig.

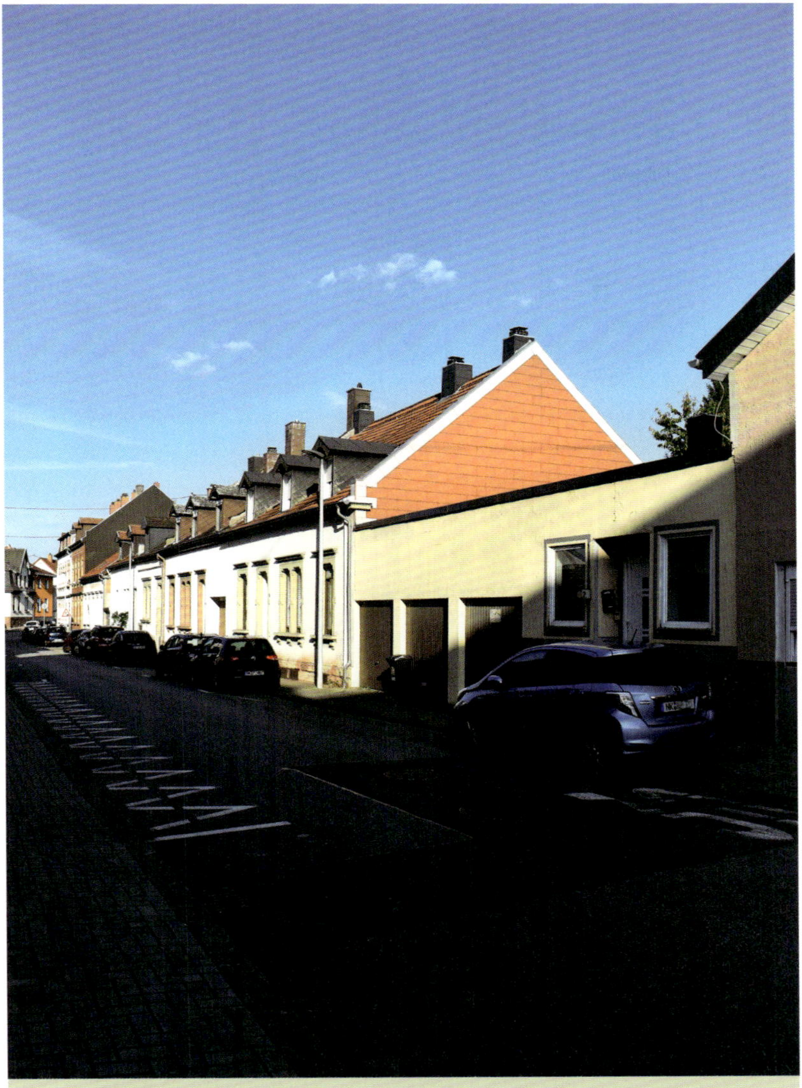

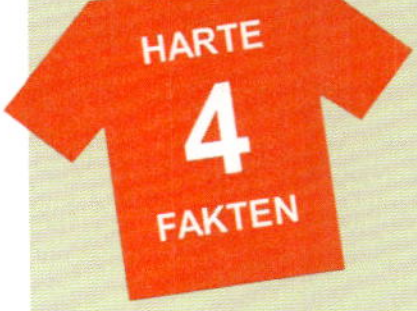

Adresse: Zweibrücker Straße 39, 66538 Neunkirchen
Bundesligabilanz Günter: 80 Spiele / 21 Tore
Bundesligabilanz Stefan: 449 Spiele / 179 Tore
Länderspielbilanz Stefan: 25 Spiele / 6 Tore

Willi-Ertz-Weg

Erinnerung an die Neunkircher Bundesligajahre

Borussia Neunkirchen war 1963 trotz eigentlich guter Ausgangslage nicht in die Bundesliga aufgenommen worden. Diese im Verein, bei den Anhängern und überhaupt in der Hüttenstadt als ungerecht empfundene Entscheidung am Grünen Tisch korrigierten die Neunkircher umgehend, und zwar auf sportlichem Weg: Der Club zog als Regionalligameister und Sieger in der Aufstiegsrunde, unter anderem gegen den FC Bayern, 1964 in die Bundesliga ein. Beim 2:0-Sieg in München spielte für die Borussia ein erst 21-jähriger Torwart: Willi Ertz, in Neunkirchen geboren und aufgewachsen. Weil überhaupt fast alle Mitglieder der Aufstiegsmannschaft aus der Stadt selbst oder der näheren Umgebung kamen, war die Identifikation mit dem Team sehr hoch, und die Massen strömten ins Ellenfeld: Der Schnitt im ersten Bundesligajahr betrug 21.466 Zuschauer pro Spiel. Bisweilen drängten sich die Menschen nicht nur auf den regulären Plätzen, sondern saßen selbst auf dem Dach des Osttraktes. Ein Traum für den Schatzmeister des Vereins, ein Alptraum für heutige Sicherheitsbeauftragte.

Nur zwei Heimspiele gingen im Aufstiegsjahr verloren. Das Ellenfeld war zur Festung geworden, und die Borussen belegten am Ende Rang 10: Besser war nie ein saarländischer Club in der Bundesliga platziert. Im Jahr darauf agierte das Team allerdings unglücklich, verlor selbst bei Tasmania Berlin mit 1:2 und verfehlte den Klassenerhalt. Eine neuformierte Mannschaft schaffte zwar den direkten Wiederaufstieg, war aber nicht konkurrenzfähig. Willi Ertz kassierte 93 Gegentreffer. Der postwendende erneute Abstieg beendete 1968 endgültig die Neunkircher Bundesligajahre.

Willi Ertz setzte seine aktive Karriere noch bis 1981 fort, stand in etwa 750 Spielen im Borussia-Tor und spielte nie für einen anderen Club. Daher war die Trauer in Neunkirchen groß, als er 2018 im Alter von 75 Jahren starb. Seit kurzem gibt es nun in einem Neubaugebiet in unmittelbarer Nähe zum Ellenfeld eine hochverdiente Würdigung für den äußerst beliebten Spieler: den Willi-Ertz-Weg.

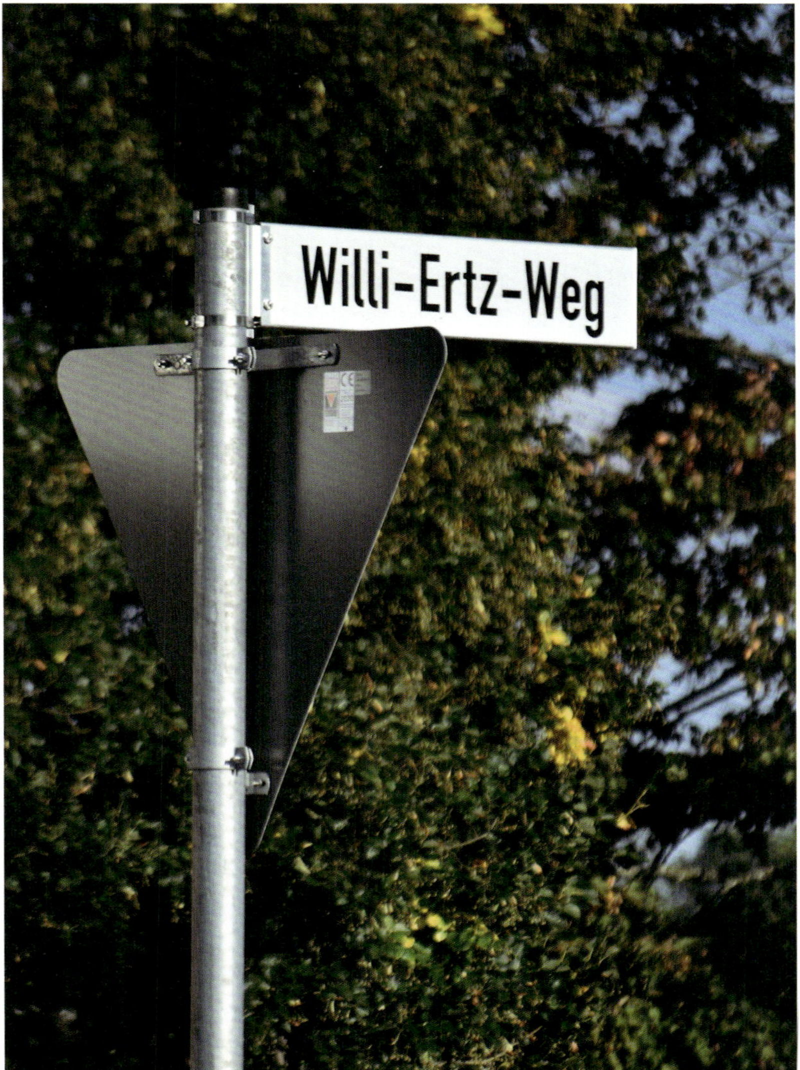

HARTE 4 FAKTEN

Adresse: Willi-Ertz-Weg, 66538 Neunkirchen

Borussia Neunkirchen 1964/65: Platz 10, 27:33 Punkte

Borussia Neunkirchen 1965/66: Platz 17, 22:46 Punkte

Borussia Neunkirchen 1967/68: Platz 17, 19:49 Punkte

Sportplatz Oberwürzbach

Ethik und Moral

Für kleinere Vereine ist es oft schwierig, Werbepartner zu gewinnen. Daher konnte sich der SV Oberwürzbach im September 2017 glücklich schätzen, die Schauspielerin Lena Nitro gewonnen zu haben, die fortan auf den Trikots des Kreisligisten für sich und ihre Webseite warb.

Der Deal erregte Aufsehen, brachte den Verein bundesweit in die Schlagzeilen und löste einen gewissen Skandal aus. Lena Nitros Filmografie umfasst nämlich Werke wie „Das Sennenlutschi", „Die geile Erbschaft" und zahlreiche weitere Filme mit deutlich weniger zitierfähigem Titel. Lena Nitro ist Pornodarstellerin.

Das wussten die Oberwürzbacher natürlich, und so war schon im Vorfeld klar, dass der Deal nicht geräuschlos über die Bühne gehen würde. Im nur 20 Kilometer entfernten Homburg hatte man schon 1987 erfahren, dass der DFB selbst Trikotwerbung für Verhütungsmittel als Verstoß gegen Ethik und Moral ansah. Nun machte der DFB damals keine gute Figur, die Gerichte entschieden im Kondom-Streit schließlich zugunsten der Homburger, und überhaupt war die Welt ja inzwischen 30 Jahre weiter. Aber harte Pornografie ist eben doch eine andere Nummer.

Ähnlich gelagerte Fälle jüngeren Datums gab es auch. Im Saarland war der SV Fraulautern jahrelang ungestört damit durchgekommen, Trikotwerbung für ein Etablissement zu machen, das sich bei näherem Hinsehen als Bordell herausstellte. Hessen-Oberligist Rot-Weiß Frankfurt hingegen hatte 2017 Ärger mit dem DFB bekommen, wegen eines Sauna-Clubs als Sponsor. Unbeeindruckt davon stellten die Oberwürzbacher stolz ihre neuen Trikots vor. Auch Lena Nitro kam ins Saarland und posierte für Fotos auf dem Sportplatz. Immerhin bekleidet.

Der Saarländische Fußballverband aber schritt ein und untersagte wenig später die Porno-Werbung. Die hatte zu diesem Zeitpunkt schon für ausreichend Publicity gesorgt und somit ihren Zweck erfüllt. Im März 2018 präsentierte der SVO einen neuen Trikotsponsor: Thomas Petermann. Der Mann ist kein Schauspieler, sondern Inhaber der örtlichen Metzgerei.

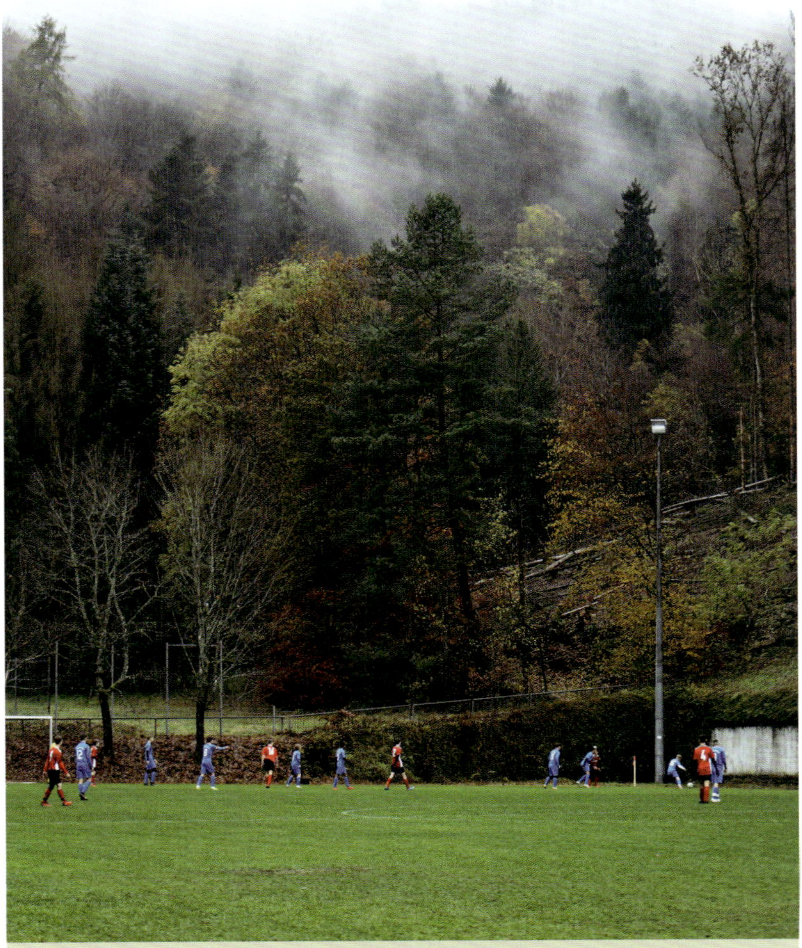

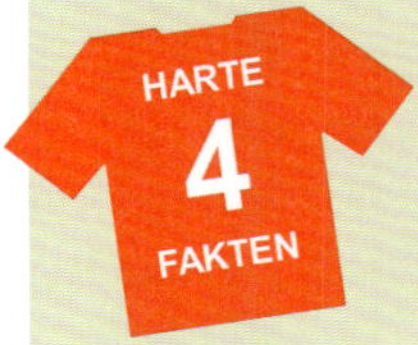

Adresse: Hauptstraße, 66386 St. Ingbert-Oberwürzbach

Kapazität: 1.000

Verein: SV Oberwürzbach

Vereinsfarben: Schwarz-Rot

Fanshop des FCS

Von Bundesligaspielen und Dorfsportplätzen

Die Fans des 1. FC Saarbrücken sind seit vielen Jahren leidgeprüft. Die ganz großen Zeiten des Clubs liegen weit in der Vergangenheit, denn schon nach dem Abstieg in der Bundesliga-Debütsaison verlor der FCS den Anschluss an die Spitzenclubs und vollführt seitdem eine wilde Achterbahnfahrt durch die Ligen. Drei weitere Bundesliga-Gastspiele blieben Kurzauftritte: Nur 1976/77 gelang mit Rang 14 der Klassenerhalt, in einer Saison, deren Krönung der 6:1-Sieg im Ludwigspark gegen den FC Bayern war. 1978 aber folgte der Abstieg, ebenso wie 1986 und 1993. Kurz danach wurde der Club nach Lizenzentzug in die Regionalliga versetzt, kehrte zweimal in die 2. Liga zurück und konnte sich dort doch nicht dauerhaft halten.

Fatal war der verpasste Klassenerhalt 2006, der die Talfahrt noch beschleunigte: Der FCS stürzte bis in die Oberliga Südwest hinab und belegte 2007/08 dort nur Rang 5 – in einer Saison, in der wegen der Einführung der Dritten Liga schon Platz 4 den Aufstieg in die Regionalliga bedeutet hätte. So aber war binnen zwei Jahren aus einem Zweitligisten ein Fünftligist geworden.

Der harte Kern der Fans hielt dem Club aber weiterhin die Treue und machte auch in der Oberliga die Tour über die Dorfplätze in Mechtersheim oder Bad Breisig mit. Mit zwei Aufstiegen in Folge marschierte der FCS in die Dritte Liga, stieg nach vier Jahren ab und hing danach lange in der Regionalliga fest, weil er gleich dreimal in der Relegation scheiterte. Erst 2020 gelang der Aufstieg, und als Zugabe konnten die Fans den Einzug ins DFB-Pokal-Halbfinale gegen Bayer 04 Leverkusen feiern. Das Spiel fand allerdings, Ironie des Schicksals, nicht im Ludwigspark, sondern in Völklingen statt und musste außerdem Corona-bedingt vor leeren Rängen ausgetragen werden.

Für den inzwischen wieder erlaubten Stadionbesuch können sich die FCS-Fans in der Katholisch-Kirch-Straße nahe dem St. Johanner Markt mit allem Nötigen eindecken: Hier befindet sich gegenüber der Basilika St. Johann seit 2013 der FCS-Fanshop.

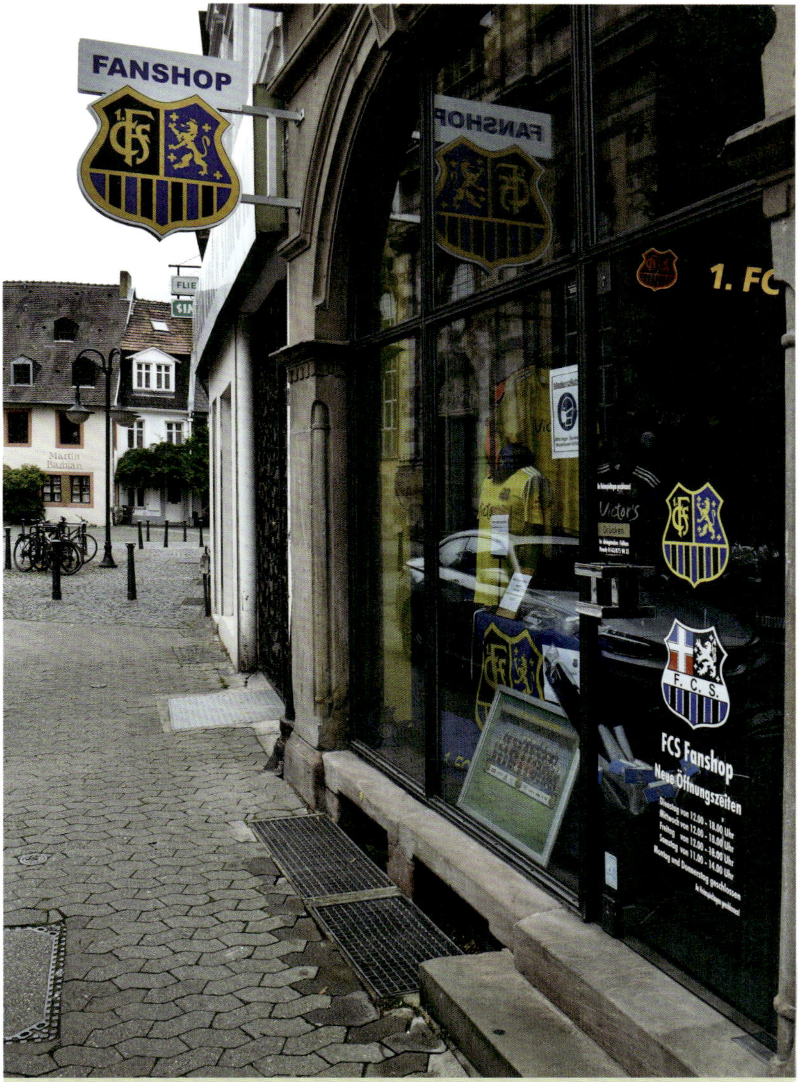

HARTE 4 FAKTEN

Adresse: Katholisch-Kirch-Straße 15, 66111 Saarbrücken

FCS-Bilanz 1952 bis 2021: 11 Abstiege, 9 Aufstiege

Zuschauerschnitt des FCS in der Oberliga Südwest 2008/09: 3.547

Fankontaktstelle: Fanprojekt Innwurf, Ziegelstraße 23

Stadion im FC-Sportfeld

Das schönste Zweitstadion

Zweitstadien und Nebenplätze gelten gemeinhin nicht unbedingt als Traumziele für Groundhopper. In Saarbrücken ist das anders, denn hier gibt es das FC-Sportfeld, eine Sportanlage aus drei Sportplätzen und einem Kleinfeld. Es wurde Mitte der 50er Jahre eröffnet, fast zeitgleich mit dem Ludwigsparkstadion, von dem es nur durch die 1967 eröffnete Saarlandhalle getrennt ist.

Insbesondere die Fans des 1. FC Saarbrücken bezeichnen das FC-Sportfeld gerne als schönstes Zweitstadion Deutschlands. Sie meinen dann in der Regel das Herzstück der Anlage: Das Stadion mit seiner großen Haupttribüne auf der Nordseite, die sich über die gesamte Platzlänge erstreckt. Das Tribünengebäude beherbergt auch Umkleiden, einen Massageraum, Büro- und Lagerräume sowie das Vereinsheim.

Auf den restlichen Platzseiten umgeben Stehränge, als Rechteck mit abgerundeten Ecken angelegt, das Spielfeld. Sie sind heute unter dem Grün, das hier wächst, fast nicht mehr zu erkennen. Nur auf der westlichen Hintertorseite gibt es keine Ränge mehr: Sie wurden entfernt, als hier einer der Nebenplätze angelegt wurde.

Im FC-Sportfeld spielte für einige Jahre auch die erste Mannschaft des FCS, nachdem der Club 1981 die Qualifikation zur eingleisigen 2. Bundesliga verpasst hatte und in die Oberliga abgestiegen war. Für die damaligen Zuschauerzahlen hielt man den Ludwigspark mit seinen 35.000 Plätzen für zu groß; das Fassungsvermögen des FC-Sportfeldes erachtete man als ausreichend. Erst als der Sprung in die 2. Liga gelungen war, wechselte der FCS wieder dauerhaft in den Ludwigspark.

Das Stadion im FC-Sportfeld wurde danach zur Spielstätte der FCS-Amateure, die lange Zeit in der Oberliga oder der Verbandsliga an den Start gingen, bis die Mannschaft 2015 aufgelöst wurde. Heute dient das FC-Sportfeld als Trainingsgelände für das Profiteam und die zahlreichen Nachwuchsmannschaften, die hier auch ihre Spiele austragen, ebenso wie die 2018 reaktivierte „Zweite" und die A-Jugend des FCS, die aktuell in der Bundesliga spielt.

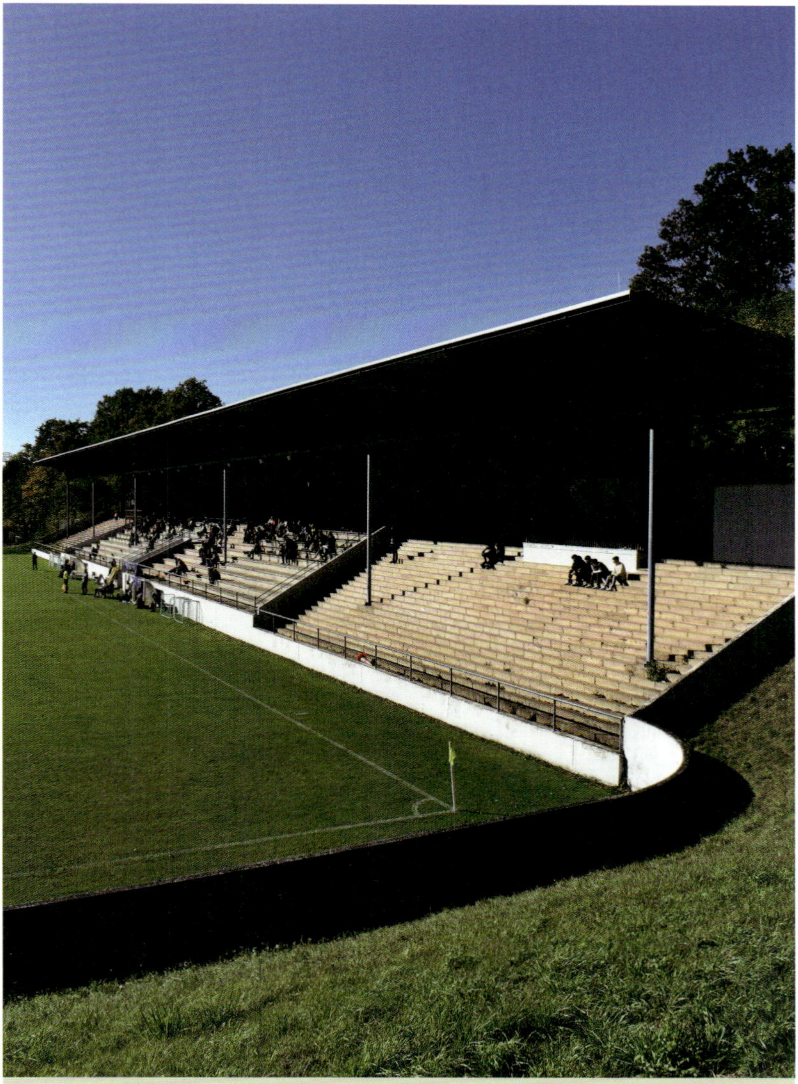

HARTE 4 FAKTEN

Adresse: Camphauser Straße 18, 66111 Saarbrücken
Eröffnung: 1955
Kapazität: 12.000
Verein: 1. FC Saarbrücken

Französisches Hochkommissariat

Ehrenliga

Der nach dem Zweiten Weltkrieg unter französischer Führung gebildete autonome Saarstaat war innenpolitisch weitgehend selbstständig. Die Macht lag aber vor allem anfangs nicht in den Händen der gewählten saarländischen Regierung unter Ministerpräsident Johannes „Joho“ Hoffmann, sondern bei der französischen Militärregierung. An deren Spitze stand der ehemalige Widerstandskämpfer Gilbert Grandval, der 1948 von Charles de Gaulle zum Hohen Kommissar ernannt worden war. Er residierte im ehemaligen Reichsfinanzamt, einem wuchtigen Bau von 1937, der den Krieg im Gegensatz zu weiten Bereichen Alt-Saarbrückens unzerstört überstanden hatte. Heute sind hier das saarländische Innenministerium und das Sozial- und Gesundheitsministerium untergebracht.

Früh rückte auch der Fußball ins Blickfeld der Politik. Die französische Militärregierung nahm starken Einfluss auf den Spielbetrieb. Von einer Kommission, in der auch Grandval vertreten war, kam die Anweisung, dass die saarländischen Vereine ab dem 20. Mai 1948 nicht mehr gegen deutsche Clubs spielen durften und die Oberliga Südwest verlassen mussten. Stattdessen installierte man eine „Ehrenliga“ als höchste saarländische Spielklasse, die vom Saarländischen Fußballbund organisiert wurde und die Oberligisten Saar 05, VfB Neunkirchen (den Namen „Borussia“ hatten die Franzosen nicht erlaubt) und SuSG Völklingen aufnahm. Die Liga war dennoch deutlich schwächer besetzt als die Oberliga Südwest, weshalb der FCS als saarländisches Top-Team dankend ablehnte und bloß seine zweite Mannschaft abstellte. Die Blau-Schwarzen mischten stattdessen außer Konkurrenz in der zweiten französischen Division mit und bestritten später nur noch Freundschaftsspiele.

Erst 1951 erstritt der Saarländische Fußballbund unter Hermann Neuberger die Rückkehr der Saarvereine in die Oberliga, gegen den energischen Protest der saarländischen Regierung, die einen eigenständigen saarländischen Spielbetrieb wollte. Die Ehrenliga wurde nach drei Spielzeiten wieder aufgelöst.

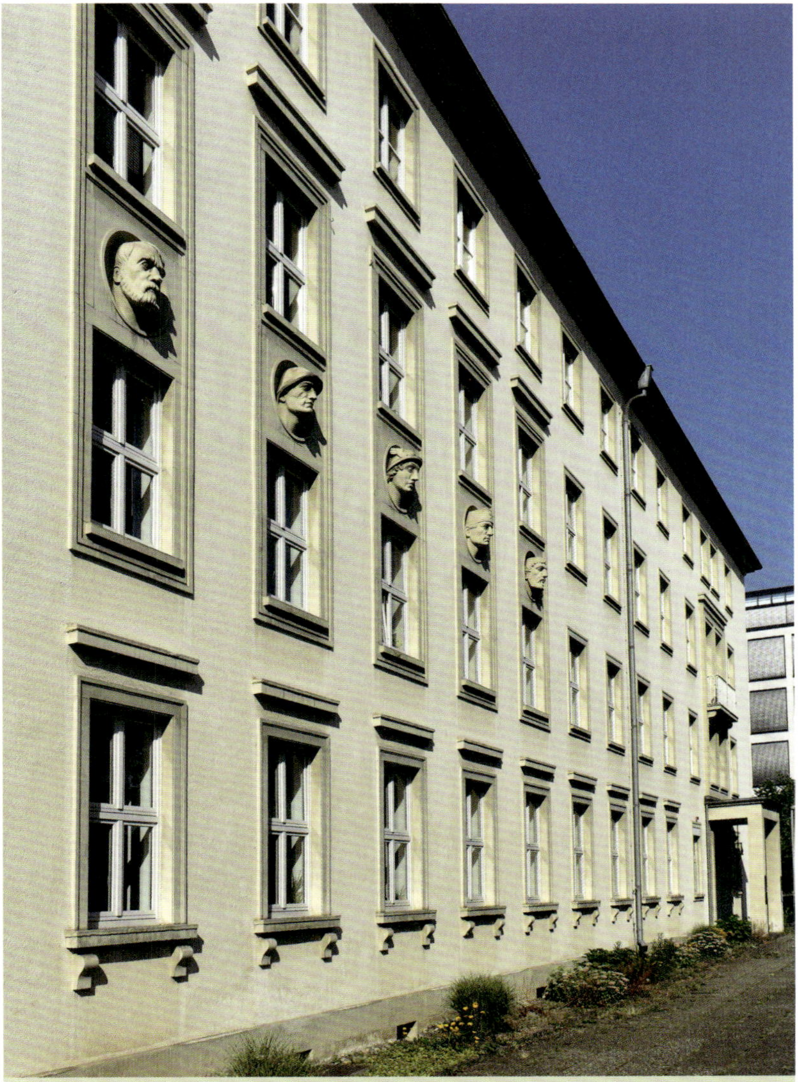

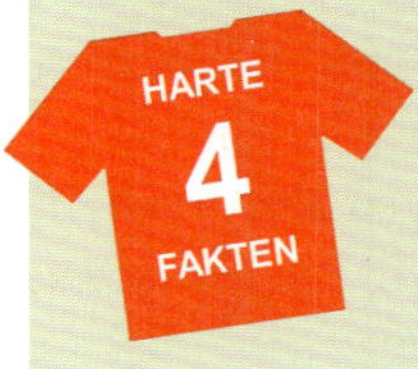

Adresse: Franz-Josef-Röder-Straße 21–23, 66119 Saarbrücken

Meister der Ehrenliga 1948/49: VfB Neunkirchen

Meister der Ehrenliga 1949/50: Sportfreunde 05 Saarbrücken

Meister der Ehrenliga 1950/51: 1. FC Saarbrücken II

Funkhaus Halberg

Sport und Musik

Samstags um kurz nach 15 Uhr ist Fußballzeit bei SR3, dem dritten Hörfunkprogramm des Saarländischen Rundfunks. Dann beginnt die Sendung „Sport und Musik“, die aus den Stadien der Bundesliga, von den saarländischen Fußballplätzen und natürlich auch von anderen Sportarten berichtet. Zentraler Bestandteil der Sendung ist seit langem die legendäre Bundesliga-Konferenz, auch wenn diese heute wegen der zersplitterten Spieltage meist nur noch vier oder fünf Spiele umfasst. In den 80er Jahren berichteten bekannte Kommentatoren wie Herbert Watterott, Jochen Hageleit oder Günther Koch aus den Bundesligastadien. Für den SR saßen Hans Berwanger, Manfred Hubele, Karl-Heinz Roland und Roman Bonnaire an den Mikrophonen. Erkennungszeichen von „Sport und Musik“ war lange Zeit die prägnante Titelmusik: Der sportlich-flotte „Soul Limbo“ von Günter Noris bildete den Auftakt zu drei Stunden Sportberichterstattung im Radio.

Produziert wird das Radioprogramm SR3, wie alle Programme des SR, auf dem Halberg im Saarbrücker Osten. Hier hatte Carl Ferdinand Stumm, ein schwerreicher Industrieller, Reichstagsabgeordneter und Besitzer der Halbergerhütte und der Neunkircher Eisenhütte, 1877-80 ein großes, etwas düster wirkendes Schloss errichten lassen. Nach dem Zweiten Weltkrieg residierte in dem nur wenig beschädigten neugotischen Gebäude zunächst der französische Generalgouverneur Gilbert Grandval, dann zog die französische Zollverwaltung ein.

Nach der Rückgliederung des Saarlandes wurde der Halberg zum Sitz des Saarländischen Rundfunks, einem Nachfolger des 1946 von der französischen Militärverwaltung installierten deutschsprachigen Senders „Radio Sarrebruck“. Um das Schloss, das nun zum Sitz des SR-Intendanten wurde, entstanden die Gebäude des Funkhauses Halberg als moderne Neubauten in zeittypischer Architektur.

Die klassische Schlussformel der Bundesliga-Konferenzschaltung lautete: „Zurück in die angeschlossenen Funkhäuser“. Im Falle des SR war und ist dies das Funkhaus auf dem Halberg.

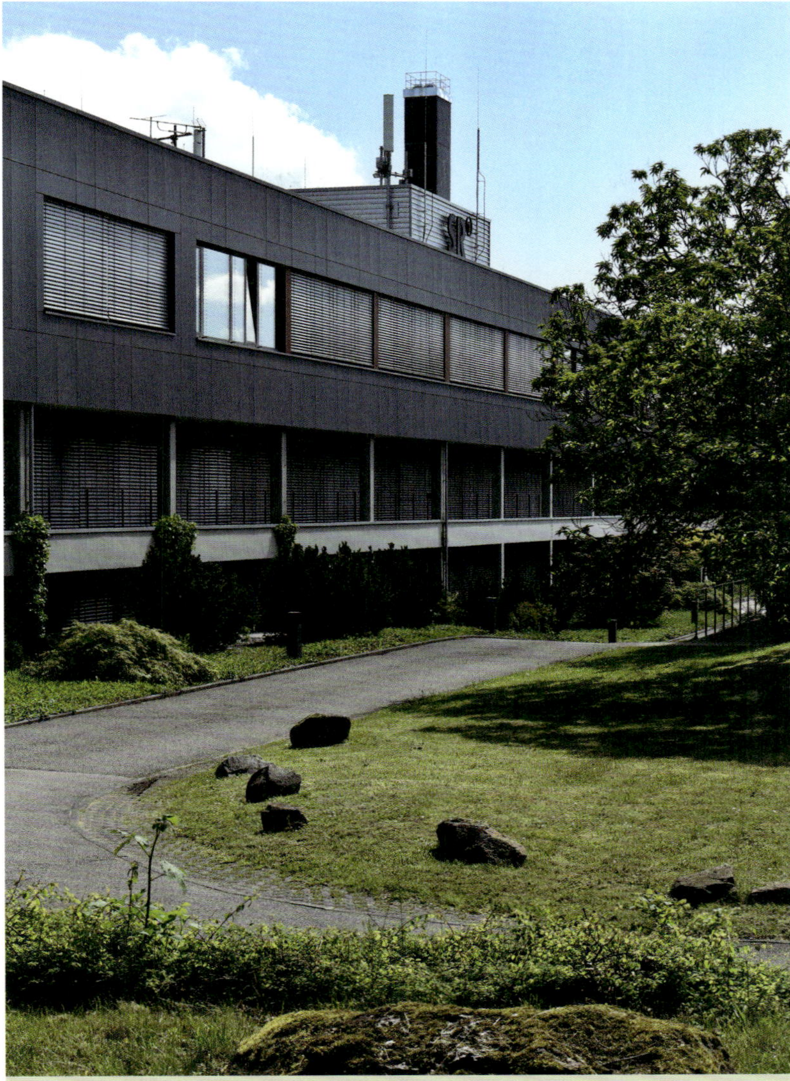

HARTE 4 FAKTEN

Adresse: Franz-Mai-Straße 1, 66121 Saarbrücken

1935: Gründung des „Reichssenders Saarbrücken"

1946: Gründung von „Radio Sarrebruck"

1957: Aufnahme des Saarländischen Rundfunks in die ARD

Haus des Sports

Der SFB und seine Nationalmannschaft

Der 1948 gegründete Saarländische Fußballbund (SFB) bezog 1954 an der Saaruferstraße die erste Etage in einem modernen Neubau. Weil in dem Bürogebäude auch andere Sportverbände einzogen, erhielt es den Namen „Haus des Sports“. Hier sicherte sich auch SFB-Präsident Hermann Neuberger ein Büro, wohl nicht ganz zufällig mit Blick in Richtung Ludwigspark.

Der SFB baute nach seiner Aufnahme in die FIFA im Juni 1950 eine Nationalmannschaft auf, die am 22. November 1950 ihr erstes von insgesamt 19 offiziellen Länderspielen absolvierte. Am Kieselhumes gelang ein 5:3-Sieg gegen die B-Elf der Schweiz. Die Saarländer gewannen noch fünf weitere Länderspiele, unter denen aber mit dem 3:2 gegen Norwegen im Rahmen der WM-Qualifikation 1954 nur ein Sieg gegen eine A-Mannschaft war. In Spielen gegen den amtierenden Weltmeister Uruguay (1:7) oder Jugoslawien (1:5) hatten die Saarländer hingegen keine Chance.

Die meist in hellblauen Trikots auflaufende saarländische Elf wurden anfangs von Auguste „Gustl“ Jordan trainiert, einem 1909 im österreichischen Linz geborenen Fußballer und WM-Teilnehmer 1938 für Frankreich. Als sein Nachfolger betreute Helmut Schön die Saar-Auswahl von 1952 bis zu ihrer Auflösung. Ihr letztes Länderspiel machten die Saarländer am 6. Juni 1956 im Amsterdamer Olympiastadion, als sie nur knapp (2:3) gegen die Niederlande verloren. Da war bereits klar, dass die Existenz des Saarstaates und seiner Nationalmannschaft enden würden: Nach der Volksabstimmung vom 23. Oktober 1955 stand die Rückgliederung des Saarlandes nach Deutschland fest. Sie wurde 1957 politisch und 1959 wirtschaftlich vollzogen. Der SFB wurde zum SFV (Saarländischer Fußballverband) und kam unter das Dach des DFB.

Bis 1995 residierte der SFV noch im Haus des Sports, in dem Neuberger auch während seiner Zeit als DFB-Präsident sein Büro behielt. Heute befindet sich der Sitz des SFV an der Landessportschule. Das Haus des Sports wird noch als Bürogebäude genutzt, beherbergt aber keine Sportverbände mehr.

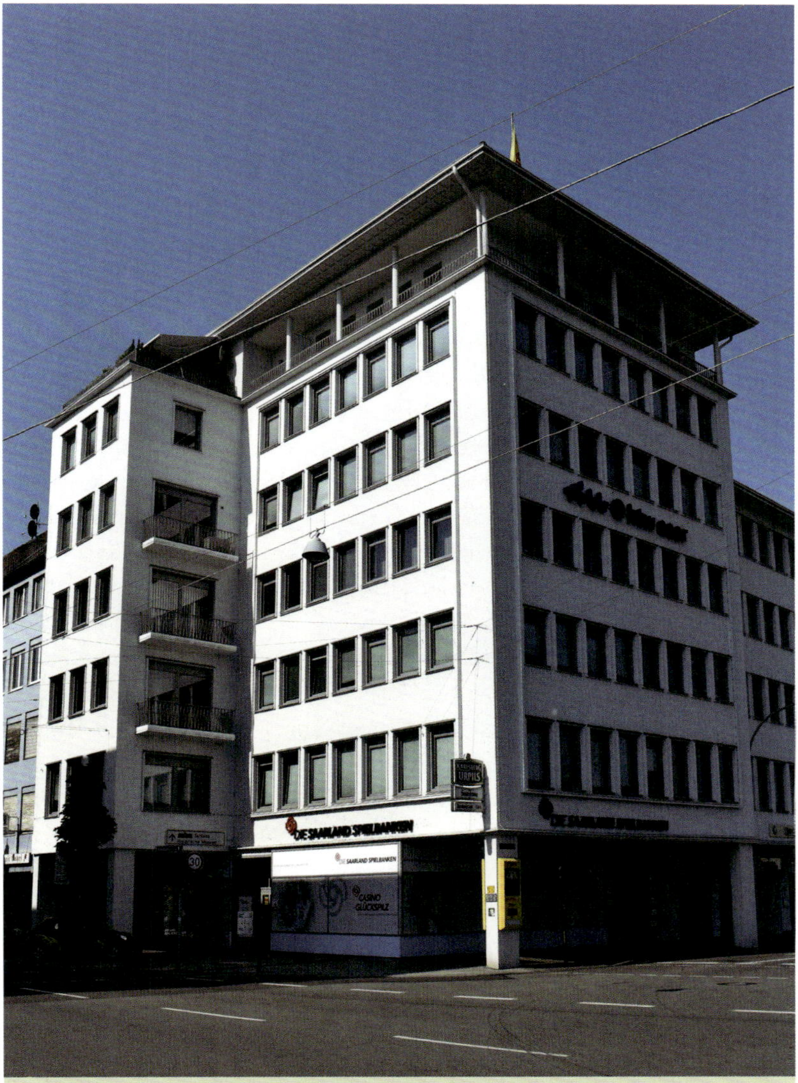

HARTE 4 FAKTEN

Adresse: Saaruferstraße 16, 66117 Saarbrücken

Länderspielbilanz des Saarlandes: 6 Siege, 3 Unentschieden, 10 Niederlagen

Höchster saarländischer Sieg: Schweiz B – Saarland 2:5 (1951)

Meiste Länderspiele für das Saarland: Waldemar Philippi (18 Spiele)

Jahnplatz

Wo der FCS laufen lernte

Wo und wann im Saarland erstmals Fußball gespielt wurde, ist nicht mehr eindeutig zu klären. Ein Pionierverein der Sportart war vermutlich der auf der Bellevue beheimatete TV 1878 Saarbrücken, der um die Jahrhundertwende eine kurzlebige Ballspielabteilung besaß und später im ATSV Saarbrücken aufging. Den Fußball dauerhaft und nachhaltig im Saarland zu etablieren blieb aber einem anderen Turnverein überlassen: Eine Gruppe junger Männer traf sich am 18. April 1903 in der Gaststätte Tivoli in der Leipziger Straße in Malstatt und gründete eine Fußballabteilung innerhalb des TV 1876 Malstatt. Ihre ersten Spiele trugen sie „auf dem Sportplatz nordöstlich der Friedrichsschulen" aus, wie die Vereinschronik berichtet. Schule und Sportplatz existieren noch: Es sind die Grundschule Wallenbaum und der direkt an der Saarbahn-Trasse gelegene Jahnplatz, neben dem das Vereinsheim des TV Malstatt steht.

Lange spielten die Malstatter Kicker dort aber nicht: Schon 1906 zogen sie auf andere Plätze um. Im Oktober 1907 verließen sie den Turnverein und hoben im Café Adams in Malstatt (Breite Straße) einen eigenständigen Verein namens FV Malstatt-Burbach aus der Taufe. Die Vereinsfarben wurden mit Blau und Schwarz festgelegt. Nachdem die Stadt Malstatt-Burbach 1909 in der neuen Großstadt Saarbrücken aufgegangen war, änderte man den Namen in FV Saarbrücken. Der fand nach Wanderjahren über verschiedene Plätze nach dem Ersten Weltkrieg schließlich eine dauerhafte Heimat im Ludwigspark. Der FVS wurde im November 1945 aufgelöst und am selben Tag als 1. FC Saarbrücken wiedergegründet, der sein Gründungsdatum 1903 auf das Treffen im „Tivoli" zurückführt. Bis heute sind Verein und Anhänger als die „Molschder" (Malstatter) bekannt.

Der alte Jahnplatz in Malstatt ist heute nur noch ein kleiner, etwas heruntergekommener Bolzplatz mit zwei Metalltoren und zwei Basketball-Körben. Darauf, dass hier der heutige 1. FC Saarbrücken vor mehr als 100 Jahren seine ersten Schritte machte, deutet nichts mehr hin.

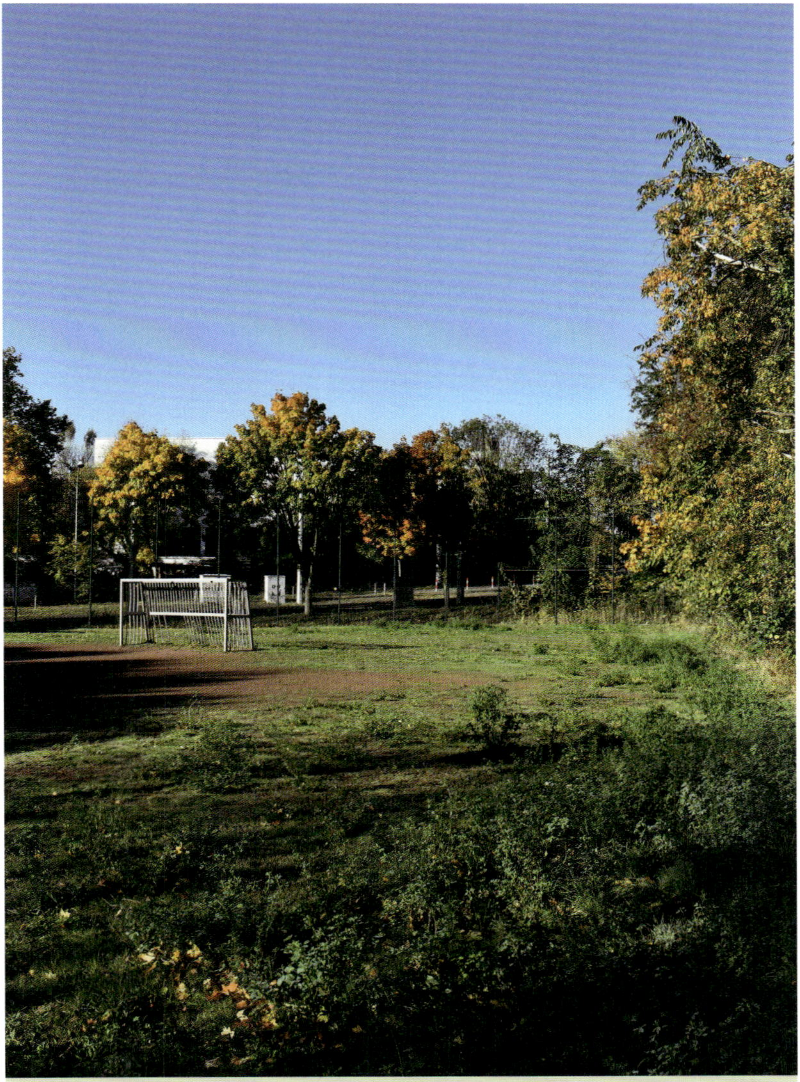

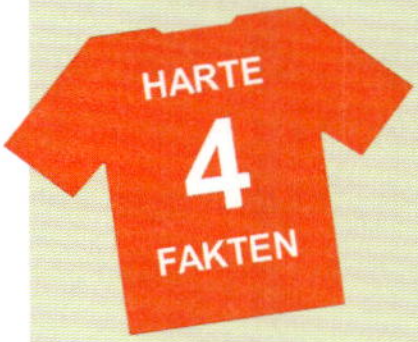

Adresse: Pfarrer-Bungarten-Straße / Metzdorfstraße, 66115 Saarbrücken

1903–07: TV 1876 Malstatt

1907–09: FV Malstatt-Burbach

1909–45: FV Saarbrücken

Saarbrücken 058

Stadion Kieselhumes

Quiet, please!

Als der SV Saar 05 in der Saison 2014/15 mit dem Meistertitel in der Oberliga Südwest den Aufstieg in die Regionalliga klargemacht hatte, kam schnell die Frage auf: Darf der Verein am Kieselhumes spielen? Nach längeren Diskussionen durfte er – aber die Fans mussten leise bleiben, denn das Stadion liegt im Wohngebiet, und Anwohner hatten schon mehrfach wegen Lärmbelästigung durch Sportveranstaltungen geklagt, auch gegen Lautsprecherdurchsagen und Startschüsse bei Leichtathletik-Wettbewerben.

1931, als das Stadion eröffnet wurde, war das noch kein Thema. Im Stadtteil Rotenbühl im Osten Saarbrückens entstand eine große Mehrzweckanlage, für deren Stehränge das zum Schwarzenberg hin ansteigende Gelände genutzt wurde. Eine Holztribüne wurde vom alten Saar-05-Sportplatz an der Hellwigstraße hierher transferiert, aber wenig später durch die heutige Tribüne ersetzt. Die alte Tribüne wanderte auf die Saarwiesen nach Burbach auf den Platz der Sportfreunde.

In der Nachkriegszeit wurde das Stadion zunächst in Stade Jean Bart umbenannt und später, wieder als Stadion Kieselhumes, deutlich vergrößert, indem die Ostseite mit ihren Stehrängen von 20 auf 42 Stufen erhöht wurde. Damals diente der Kieselhumes nicht nur dem SV Saar 05 als Heimat, sondern war auch mehrfach Spielort für die saarländische Nationalmannschaft und den 1. FCS. Die „Molschder“ spielten hier bis zur Eröffnung des Ludwigsparks, unter anderem 1952 in der Endrunde zur Deutschen Meisterschaft. Aus dieser Zeit stammt der Stadion-Zuschauerrekord von 35.000 Besuchern (FCS – Nürnberg 3:1).

Zur Jahrtausendwende wurden bei einer Stadionsanierung die Tribüne und die Leichtathletikanlagen erneuert und große Teile der Stehränge der Gegengerade demontiert. Daher ist das offizielle Fassungsvermögen heute auf 6.000 Plätze gesunken, was aktuell aber ausreichend ist: Weil Saar 05 in der Saison 2015/16 direkt wieder aus der Regionalliga abstieg und sich wenig später in die Saarlandliga zurückzog, ist es am Kieselhumes wieder ruhiger geworden.

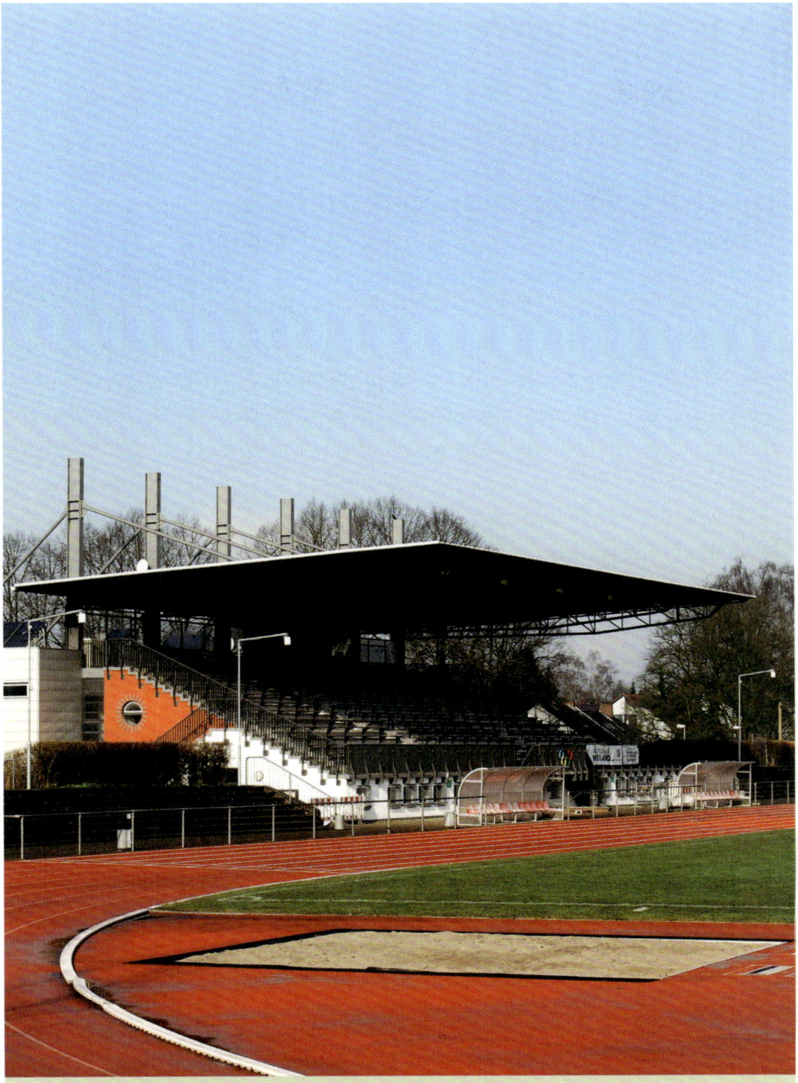

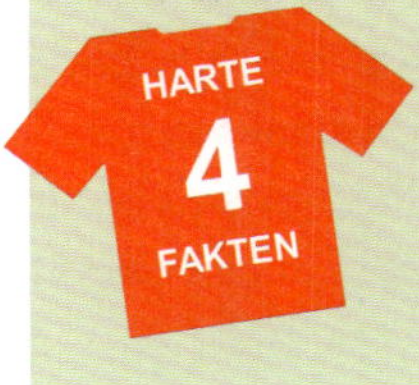

Adresse: Am Kieselhumes, 66123 Saarbrücken

Eröffnung: 1931

Kapazität: 12.000

Verein: SV Saar 05 Saarbrücken, 1. FC Saarbrücken (Frauen)

Stadion Ludwigspark (I)

Spiele im fürstlichen Schlosspark

Auf einem Plateau beim heutigen Stadtteil Rodenhof ließ Fürst Ludwig von Nassau-Saarbrücken ab 1769 ein Lustschloss errichten und einen Landschaftspark anlegen. Dieser stand auch den Bürgern der Stadt offen, die sich an Pavillons, Brunnen, künstlichen Grotten und dem Dianenhain erfreuen durften. Schloss und Park wurden in der Französischen Revolution zerstört; es blieb nur der Name: Ludwigspark.

Hier spielte seit 1919 der FV Saarbrücken auf einem eher schlichten Sportplatz. 1949 begann an gleicher Stelle der Bau eines neuen Stadions, das auch als Aushängeschild für das autonome Saarland gedacht war, weshalb die Saar-Regierung die Baukosten von 195 Mio. Francs trug. Auf Wällen, aus Kriegstrümmern aufgeschüttet, entstanden Stehränge für etwa 35.000 Zuschauer. Zur Eröffnung kam 1953 der amtierende DFB-Pokalsieger Rot-Weiss Essen.

Ein Jahr später sahen 53.000 Zuschauer im überfüllten Ludwigspark das Länderspiel zwischen dem Saarland und Deutschland – Zuschauerrekord für das Stadion, das auch in der Folgezeit häufig gut besucht war, vor allem bei Länderspielen der Saar-Auswahl und in den fünf Bundesligajahren des FCS. Auch ein Spiel im Europapokal der Landesmeister fand 1955 hier statt: Der als Vertreter des Saarlandes teilnehmende FCS, der im Hinspiel im Stadion San Siro den AC Mailand mit 4:3 besiegt hatte, schied nach einem 1:4 im Rückspiel im Ludwigspark aus.

Das Stadion blieb bis auf die 1977 errichtete Nordtribüne in der Folgezeit nahezu unverändert. Nur der Bauzustand verschlechterte sich zusehends, und nach langen Diskussionen wurden 2016 die alten Tribünen abgerissen. Die von Pannen und viel Ärger begleiteten Arbeiten am Neubau dauerten deutlich länger als geplant und beschäftigten mehrfach die Gerichte. Am Ende hatten sich die ursprünglich auf 16 Mio. Euro geschätzten Baukosten verdreifacht. Aber 2020 konnte der FCS nach mehr als vier Jahren im Völklinger „Exil“ in den Ludwigspark zurückkehren, der nun ein reines Fußballstadion mit vier Einzeltribünen statt des Ovals der Ränge ist.

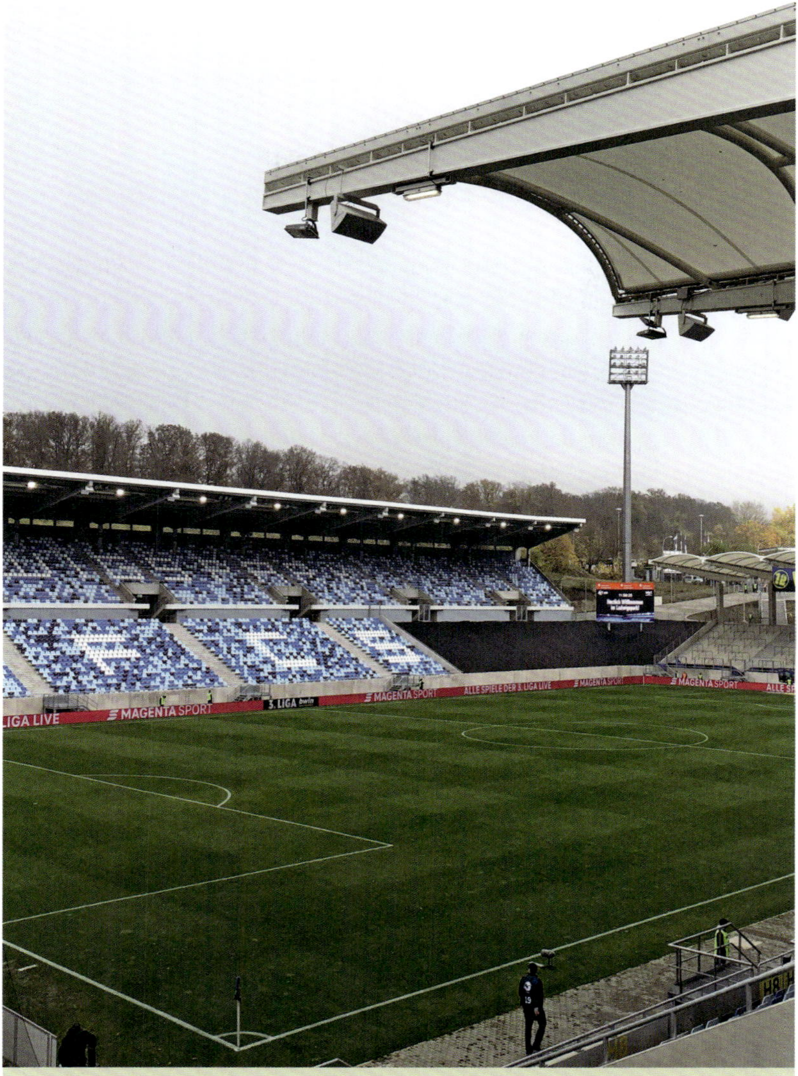

HARTE 4 FAKTEN

Adresse: Camphauser Straße / Stadionweg, 66113 Saarbrücken

Eröffnung: 1919 / 1953 / 2021

Kapazität: 35.000 (bis 2016) / 16.000 (ab 2021)

Verein: 1. FC Saarbrücken

Stadion Ludwigspark (II)

Der größte Tag des saarländischen Fußballs

Für die Qualifikationsspiele zur WM 1950 war der Saarländische Fußballbund zu spät in die FIFA aufgenommen worden. Aber die Saarländer waren in der WM-Qualifikation 1954 dabei und landeten in einer Gruppe mit Norwegen und der Bundesrepublik Deutschland! Gegen Norwegen erspielten sowohl die Saarländer als auch die DFB-Auswahl 3:1 Punkte. Nach einem 3:0-Sieg über die Saar-Elf beim Hinspiel in Stuttgart stand das Herberger-Team vor dem letzten Gruppenspiel daher mit 5:1 Punkten auf Platz 1, vor dem Saarland mit 3:3 Punkten. Das Rückspiel in Saarbrücken musste also die Entscheidung bringen. Die Saarländer konnten mit einem Sieg nach Punkten noch gleichziehen und hätten damit ein Entscheidungsspiel um die WM-Teilnahme erzwungen.

Für das Saarland war der 28.3.1954 somit ein historischer Tag. Der Ludwigspark (offizielle Kapazität: 35.000 Plätze) war mit 53.000 Zuschauern heillos überfüllt. Mit zahlreichen Sonderzügen waren die Anhänger nach Saarbrücken gekommen. In der Stadt herrschte Ausnahmezustand. Politisch war die Stimmung aufgeheizt: Deutschland hatte den Anspruch auf das Saarland nie aufgegeben. Nationale Symbole wie Flaggen galten als brisant und wurden daher im Stadion offiziell nicht gezeigt. Auch wurden vor dem Anpfiff keine Nationalhymnen gespielt, auch nicht das 1921 komponierte Saarlandlied, das als Saar-Hymne galt. Zivilpolizisten überwachten das Geschehen. Kurz vor dem Anpfiff soll aber dennoch jemand im Wald hinter der Tribüne des Ludwigsparks sehr laut das Deutschlandlied abgespielt haben.

Die von Helmut Schön trainierten Saarländer konnten gut mithalten, aber die DFB-Auswahl siegte durch Tore von Max Morlock (39. und 49.) und Hans Schäfer (83.) mit 3:1. Herbert Martin erzielte per Elfmeter in der 67. Minute den zwischenzeitlichen Anschlusstreffer für die Saarländer. Als Schiedsrichter Jan Bronkhorst die Partie beendete, war Deutschland also für die WM 1954 qualifiziert. Hätte die saarländische Elf an diesem Tag gewonnen: Das Wunder von Bern hätte womöglich nie stattgefunden.

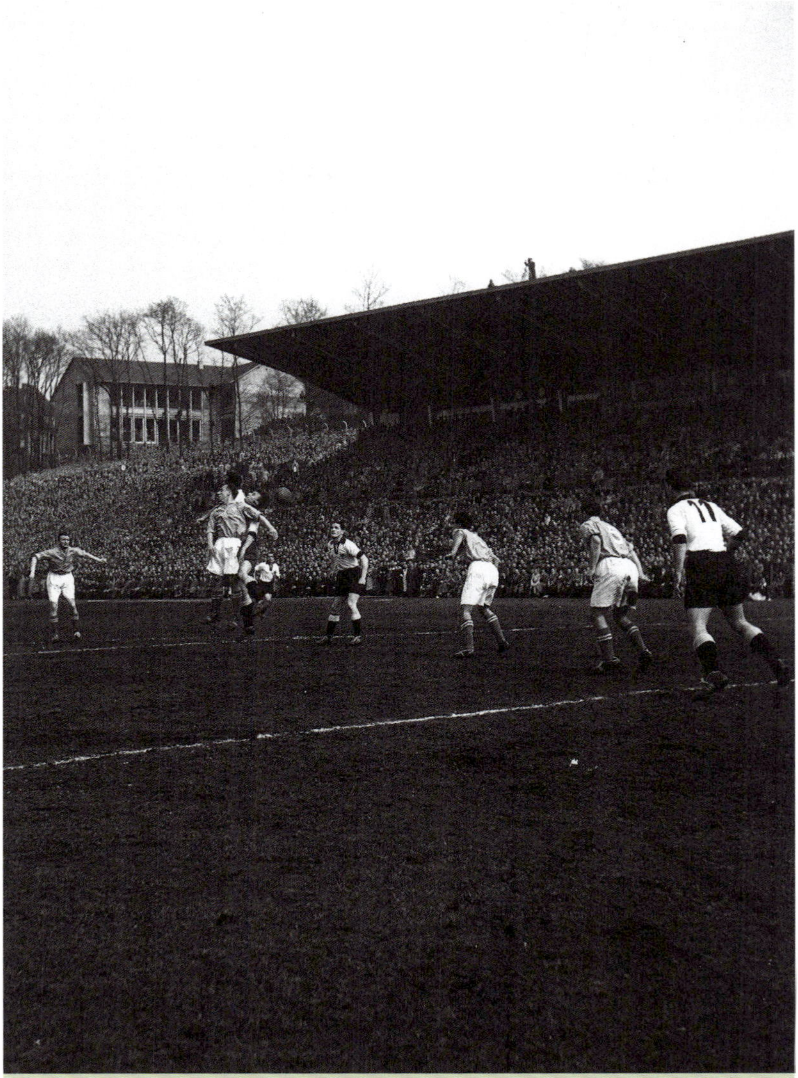

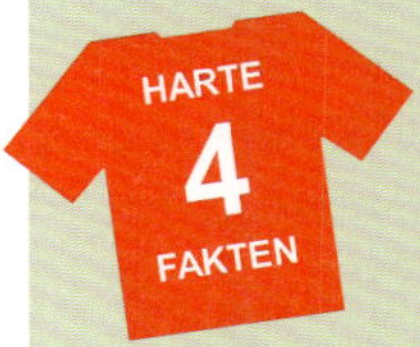

Adresse: Camphauser Straße / Stadionweg, 66113 Saarbrücken

Zuschauer: 53.000

Schiedsrichter: Jan Bronkhorst (Niederlande)

Aufstellung Saarland: Erwin Strempel, Kurt Clemens, Nikolaus Biewer, Albert Keck, Waldemar Philippi, Werner Otto, Peter Momber, Karl Schirra, Herbert Martin, Herbert Binkert, Gerhard Siedl.

Stadion Ludwigspark (III)

Umstrittener Auswahlprozess

1962 hatte der DFB nach langem Zögern die Einführung der Bundesliga beschlossen. 46 Vereine bewarben sich, von denen nur 16 in die neue Liga aufgenommen werden konnten: Da war Ärger vorprogrammiert, auch weil der DFB einen ziemlich komplizierten Schlüssel aus sportlichen und wirtschaftlichen Kriterien aufgestellt hatte. Klar war nur: Die Oberliga Südwest würde zwei Teilnehmer stellen, von denen einer als gesetzt galt – der 1. FC Kaiserslautern, bis 1962 zehnmal Oberligameister und zweimal Deutscher Meister. Fünf Lauterer hatten 1954 das Wunder von Bern vollbracht. Kaiserslautern war eine feste Größe. Eigentlich.

Am 11. Januar 1963 verkündete der DFB die ersten neun Bundesligisten. Darunter war ein Südwest-Vertreter, aber es waren nicht die Lauterer, sondern der 1. FC Saarbrücken! Entsetzen herrschte in Neunkirchen, wo die Borussia seit 1958 immer mindestens Oberligazweiter geworden war, und in Pirmasens, wo der FKP von 1958 bis 1960 mit einem Titel-Hattrick die Oberliga beherrscht hatte. Zwei der drei verbliebenen Anwärter würden auf der Strecke bleiben, und die Lauterer hatten nun die besten Aussichten. So kam es auch: Am 6. Mai 1963 wurde der FCK als zweiter Südwest-Bundesligist verkündet. Neunkirchen und Pirmasens fanden sich in die Regionalliga strafversetzt. Die Entrüstung war riesig, und der Schuldige war schnell gefunden: Zu den Entscheidern beim DFB gehörte auch Hermann Neuberger, der als großer Unterstützer des FCS bekannt war.

Unter wirtschaftlichen Aspekten und dank des großen Stadions war der FCS den Konkurrenten zwar tatsächlich ein Stück voraus. Ob das allerdings ohne Neubergers Fürsprache den sportlichen Rückstand hätte ausgleichen können, bleibt Spekulation. Jedenfalls war der Ludwigspark am 24.8.1963 eines von acht Stadien, in denen die neue Bundesliga eröffnet wurde. Etwa 30.000 Besucher im „Park“ sahen einen 2:0-Sieg des 1. FC Köln. Am Ende der Saison waren die Kölner Meister, der FCS stieg ab – und zu den beiden Aufsteigern der Folgesaison zählte Borussia Neunkirchen.

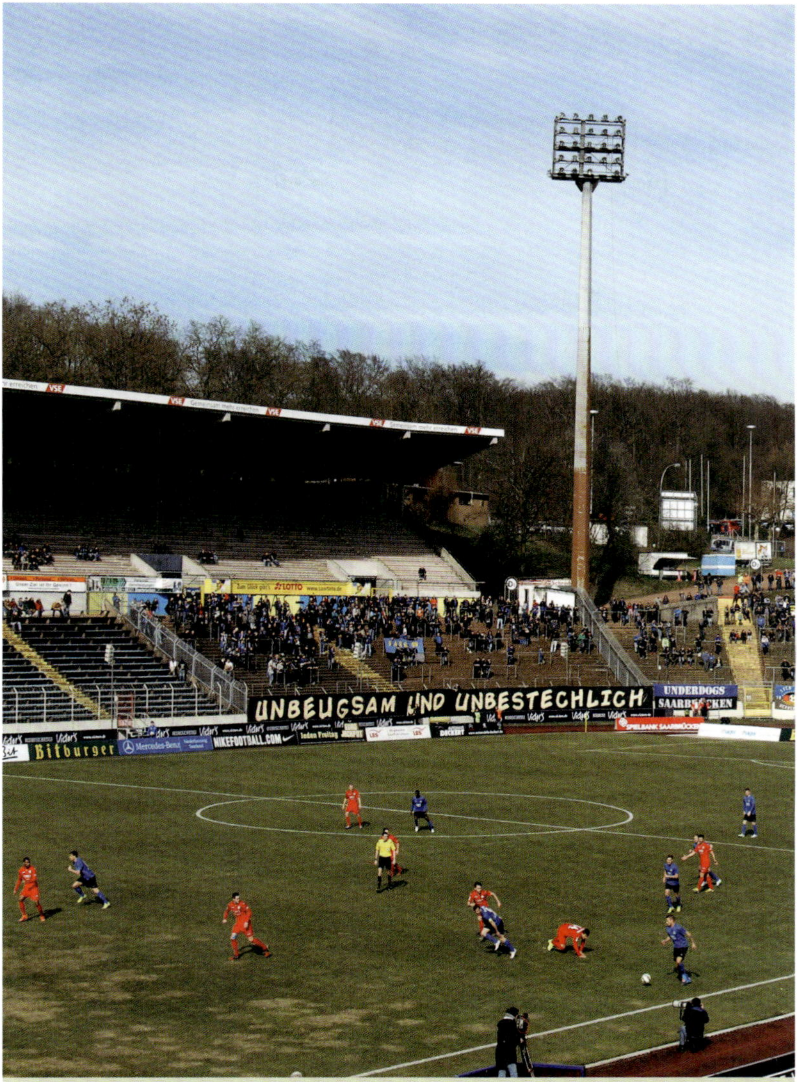

HARTE 4 FAKTEN

Adresse: Camphauser Straße / Stadionweg, 66113 Saarbrücken

Saisonbilanz 1963/64: 17:43 Punkte, 44:72 Tore

Erstes Bundesligator für den FCS: Dieter Krafczyk

Absteiger 1963/64: Preußen Münster, 1. FC Saarbrücken

Sportanlage am Lulustein

Lulu auf der Bellevue

Im Deutsch-Französischen Krieg 1870 konnten die Franzosen bis zur strategisch wichtigen Bellevue im Stadtteil Alt-Saarbrücken vordringen. Hier soll der Sohn Napoléons III., Napoléon Eugène Louis Bonaparte, genannt Lulu, mit 14 Jahren zum ersten Mal in seinem Leben eine Kanone abgefeuert haben. Das war damals ein wichtiges Ereignis in einer militärischen Laufbahn und Grund genug, einen Gedenkstein zu errichten, der noch heute auf der Bellevue steht: der Lulustein.

„Am Lulustein", so lautet auch die Adresse des 1848 gegründeten Alt-Saarbrücker Turn- und Sportvereins (ATSV), der nach dem Turnerbund St. Johann von 1847 der zweitälteste Sportverein des Saarlandes ist. Der ATSV kann indirekt als einer der Pioniere des Fußballs in der Region gelten: Im TV 1878 Saarbrücken, auf der Bellevue beheimatet und später im ATSV aufgegangen, gab es eine Spielabteilung, die auf einem Turnfest in St. Wendel 1896 eine damals neuartige Ballsportart namens Fußball präsentierte. Wieviel Ähnlichkeit das, was dort gezeigt wurde, mit dem heute bekannten Fußball hatte, ist nicht bekannt. Die Abteilung beim TV 1878 wurde aber ohnehin bald wieder aufgelöst. Den Fußball etablierte schließlich erst ein paar Jahre später der TV Malstatt in der Saarregion.

Der ATSV ist heute überregional bekannt als Europapokalsieger 1986 und viermaliger Deutscher Meister im Tischtennis. Fußball wird im Verein auch gespielt, aber die Abteilung ist weit von derartigen Erfolgen entfernt. Die erste Mannschaft war lange Zeit in unteren Klassen anzutreffen und konnte nur 1975/76 und 1979-81 in der Landesliga antreten, sich hier aber nicht halten. Aktuell spielen die Blau-Weißen in der Kreisliga, mussten in den vergangenen Jahren aber auch mehrfach die Mannschaft vom Spielbetrieb abmelden. Die ATSV-Sportstätte liegt am Lulustein, wo heute keine Kanonen mehr abgefeuert werden. Den Fußballern steht hier stattdessen ein gepflegter Mehrzwecksportplatz mit Naturrasenspielfeld und prägnanter blauer Laufbahn zur Verfügung.

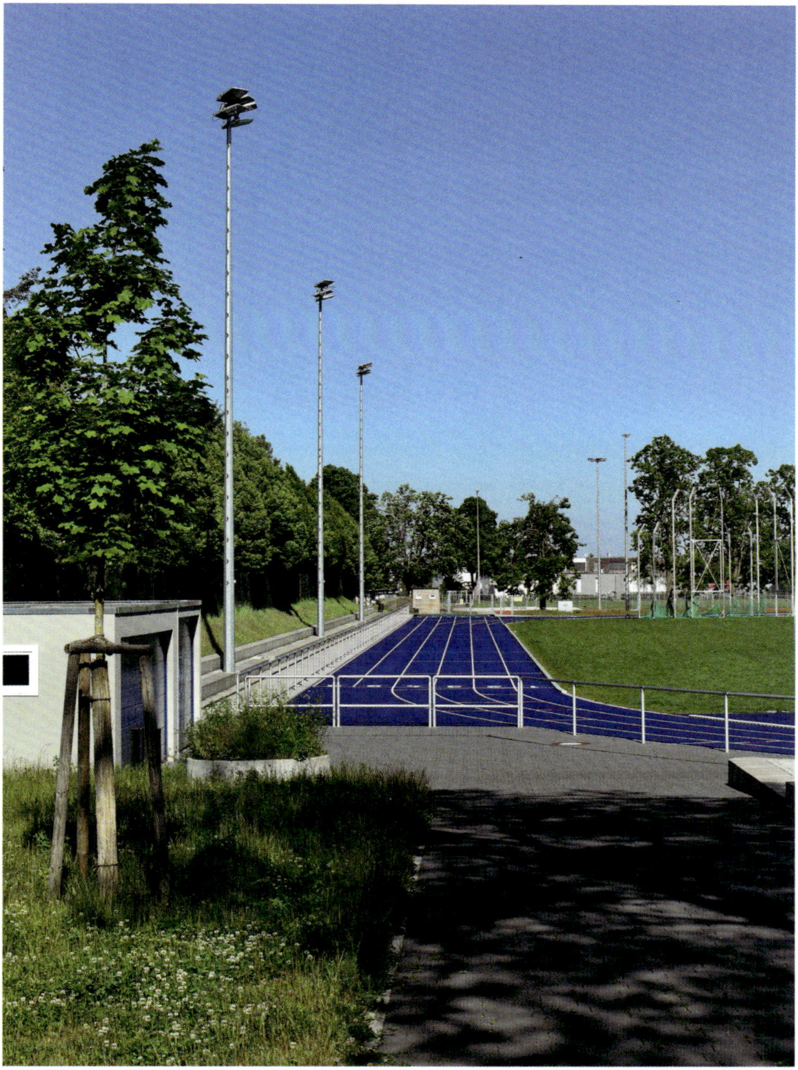

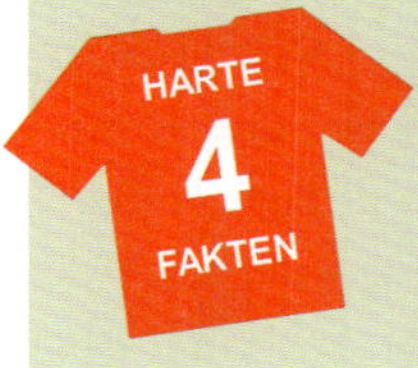

Adresse: Am Lulustein 5–9, 66117 Saarbrücken
Kapazität: 4.000
Verein: ATSV Saarbrücken
Vereinsfarben: Blau-Weiß

Rathaus St. Johann

Die interessanteste Fußballmannschaft des Kontinents

Die repräsentativen Rathäuser von München und Saarbrücken stammen vom selben Architekten, Georg von Hauberisser. Ein zentrales Element beider Gebäude ist der große Rathausbalkon, den in München der FC Bayern für seine inzwischen alljährliche Meisterfeier nutzt. In Saarbrücken ist das Rathaus etwas kleiner und der zeitliche Abstand der Fußballfeste deutlich größer. Aber manchmal wird auch hier gefeiert, wie 2010 nach dem Aufstieg des FCS in die Dritte Liga.

Größer war der Festakt aber im Juni 1952, als angeblich bis zu 100.000 Menschen am Straßenrand und vor dem Rathaus dem Team des 1. FC Saarbrücken zujubelten, das damals als „interessanteste Fußballmannschaft des Kontinents" galt. Das Zitat wird FIFA-Präsident Jules Rimet zugeschrieben und fiel in eine Zeit, in der die Saarbrücker drei Jahre lang außerhalb des Punktspielbetriebs standen. In der Oberliga durften sie nicht starten, an der als zu schwach empfundenen saarländischen Ehrenliga wollten sie nicht teilnehmen. So blieben nur Freundschaftsspiele, in denen Siege gegen Real Madrid, Racing Paris und andere Spitzenclubs gelangen. 1950 gewann der FCS zudem den stark besetzten Internationalen Saarlandpokal. Das Team um Balzert, Binkert und Martin gehörte zur europäischen Spitze.

Direkt nachdem die Franzosen die Rückkehr in den deutschen Spielbetrieb gestattet hatten, sicherte sich der FCS 1952 die Oberliga-Meisterschaft und setzte sich auch in einer stark besetzten Endrundengruppe (HSV, Nürnberg, Schalke) durch. Das Finale um die Deutsche Meisterschaft wurde am 22. Juni 1952 vor sagenhaften 83.000 Zuschauern im Ludwigshafener Südweststadion ausgetragen. Zwar unterlag der FCS dem VfB Stuttgart knapp mit 2:3, aber auf den Vizemeister wartete in der Heimat dennoch ein begeisterter Empfang. Die Mannschaft präsentierte sich auf dem Rathausbalkon der jubelnden Menschenmenge. Der große Titelgewinn blieb der interessantesten Fußballmannschaft des Kontinents zwar verwehrt. Aber Jules Rimet wird in Saarbrücken noch heute sehr gerne zitiert.

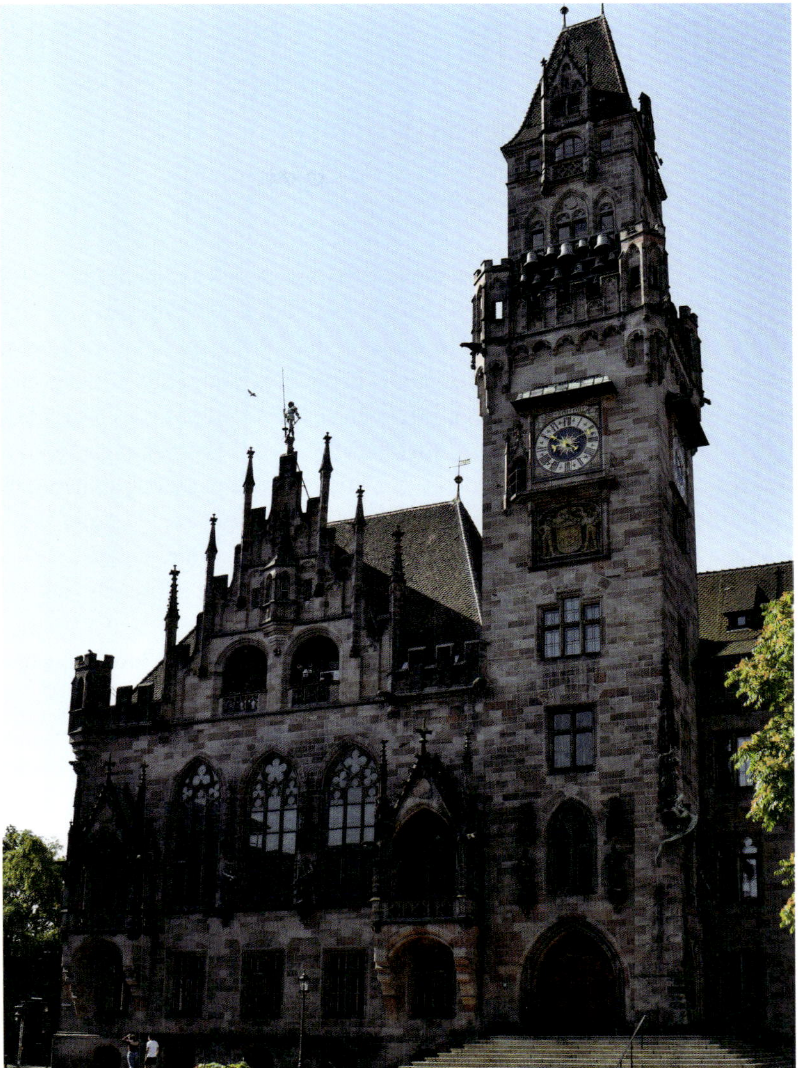

HARTE 4 FAKTEN

Adresse: Rathausplatz 1, 66111 Saarbrücken

1. 1. 1950: 1. FC Saarbrücken – Austria Wien 4:1

31. 5. 1950: 1. FC Saarbrücken – FC Liverpool 3:0

21. 2. 1951: Real Madrid – 1. FC Saarbrücken 0:4

SFV-Geschäftsstelle

An der Landessportschule

Als Dachverband für die Fußballvereine des damals autonomen Saarlandes wurde im Juli 1948 der Saarländische Fußballbund (SFB) gegründet, der im Juni 1950 als eigenständiges Mitglied in die FIFA aufgenommen wurde. Nach der Rückgliederung des Saarlandes in die Bundesrepublik als Folge der Saar-Abstimmung vom Oktober 1955 benannte sich der SFB in Saarländischer Fußballverband (SFV) um, trat offiziell aus dem Weltverband FIFA aus und ersuchte um die Aufnahme in den DFB. Seit dem DFB-Bundestag in Duisburg am 28.7.1956 ist der SFV nun einer von insgesamt 21 Landesverbänden, aus denen sich der Deutsche Fußball-Bund zusammensetzt.

Unter dem Dach des SFV wird der allgemeine Ligaspielbetrieb von der Saarlandliga abwärts durchgeführt, außerdem der Saarlandpokal. Als höchste saarländische Spielklasse wurde 2009 auf der sechsten Ebene des Ligensystems die Saarlandliga eingeführt. Sie trat an die Stelle der Verbandsliga, die aber weiterhin existiert, nun in zwei Staffeln unterhalb der Saarlandliga. Aktuell reicht der Spielbetrieb im SFV bis hinunter in die Kreisliga B, auf der elften Ebene. Hier gehen aber ausschließlich Reserveteams an den Start.

1995 verlegte der Verband seinen Sitz aus dem in der Innenstadt gelegenen Haus des Sports in den Saarbrücker Stadtwald in der Nähe des Universitätsgeländes. Hier ist an der Hermann-Neuberger-Sportschule des Landessportverbandes LSVS auch der Olympiastützpunkt Rheinland-Pfalz/Saar angesiedelt, der für die Sportarten Badminton, Leichtathletik, Ringen, Rudern, Schwimmen und Triathlon zuständig ist. Auch andere Sportverbände haben an der Sportschule ihren Sitz, unter anderem die Handballer, die Ringer und der Tanzsport.

In seinem modernen Gebäude an der Sportschule unterhält der SFV außer der Geschäftsstelle auch ein Tagungszentrum für Schulungen und Fortbildungen mit Übernachtungsmöglichkeiten. In 23 Zimmern stehen 38 Betten zur Verfügung. Eine verbandseigene Sportschule kann auf dem Gelände drei Sportplätze und weitere Sportanlagen und Einrichtungen nutzen.

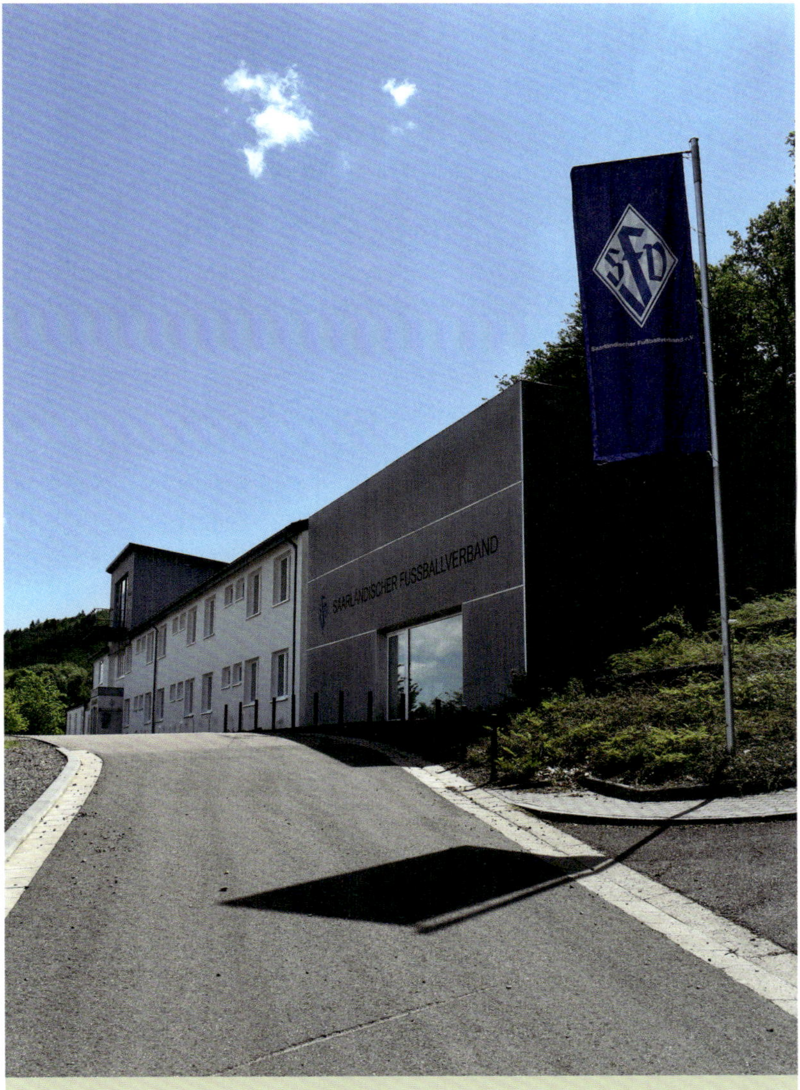

HARTE 4 FAKTEN

Adresse: Hermann-Neuberger-Sportschule 5, 66123 Saarbrücken

Mitgliedsvereine im SFV (2020): 366

Mitglieder im SFV (2020): 95.454

Mannschaften im Spielbetrieb des SFV (2020): 2.157

Sporthaus Bubi Sold

Nationalspieler und Geschäftsmann

Das Sporthaus Bubi Sold an der Berliner Promenade gehörte lange Zeit zu den größten Geschäften für Sportartikel in Saarbrücken und im Saarland. Der Inhaber Bubi Sold hieß eigentlich Wilhelm und war ein erfolgreicher Fußballer. Er spielte seit der Jugend für den FV Saarbrücken und lief für die Blau-Schwarzen in der Gauliga Südwest auf. Als der FVS 1939 abstieg, wechselte Sold nach Nürnberg. 1942 kehrte er ins Saarland zurück und galt nun als Kopf der Saarbrücker Mannschaft. Der schusskräftige Mittelläufer führte sein Team 1943 in das Endspiel um die Deutsche Meisterschaft, wo die Saarbrücker aber im Berliner Olympiastadion mit 0:3 gegen den Dresdner SC um Helmut Schön verloren.

Schon 1935 hatte Sold sein erstes von zwölf Länderspielen für die deutsche Nationalmannschaft gemacht, unter aus heutiger Sicht etwas kuriosen Rahmenbedingungen: In einem offiziellen Länderspiel in Luxemburg trat eine von Sepp Herberger als Assistent des Reichstrainers Otto Nerz betreute Mannschaft an, in der gleich neun Debütanten zum Einsatz kamen. Am selben Tag spielte eine andere, aus etablierten Spielern gebildete deutsche Nationalmannschaft in München. Beim dortigen 6:0-Sieg über Finnland erzielte der Saarbrücker Edmund Conen drei Treffer.

Nach dem Zweiten Weltkrieg spielte Bubi Sold für den 1. FC Saarbrücken in der Oberliga und in der zweiten französischen Liga. 1949 musste er wegen einer Verletzung seine lange Karriere beenden, blieb aber auch abseits des Fußballplatzes erfolgreich: Mit seinem Sporthaus, das er zusammen mit seiner Frau leitete, und beim Sportkegeln, wo er deutscher Mannschaftsmeister werden konnte. Sold starb 1995 mit 84 Jahren. Sein Sporthaus wurde wenige Jahre später geschlossen, und mit der Insolvenz der zugehörigen GmbH im Jahr 2005 verschwand der Name Bubi Sold aus der Saarbrücker Geschäftswelt. Das Gebäude an der Berliner Promenade 15 beherbergt heute unter anderem eine Pizzeria. Direkt nebenan (Hausnummer 12) befindet sich die Geschäftsstelle des 1. FC Saarbrücken.

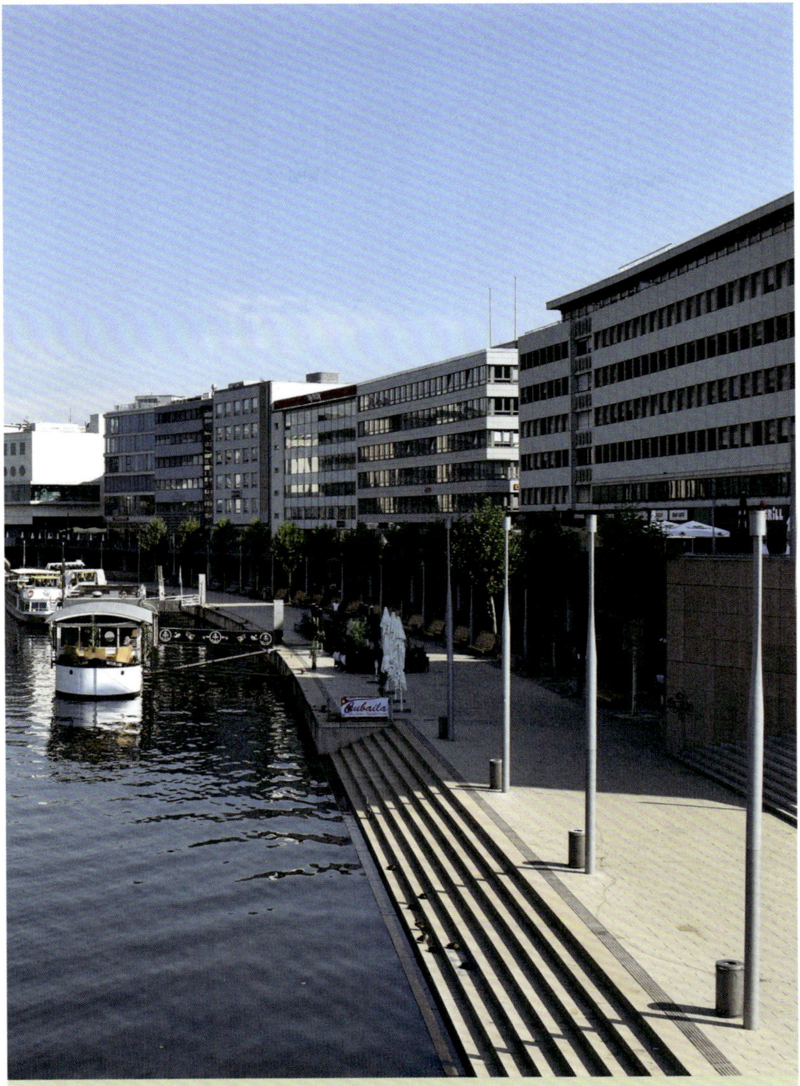

HARTE 4 FAKTEN

Adresse: Berliner Promenade 15, 66111 Saarbrücken

Lebensdaten: 19. 4. 1911 (Saarbrücken) – 25. 9. 1995 (Saarbrücken)

Länderspiele: 12

Pokalsieger: 1939 mit dem 1. FC Nürnberg

Vereinsheim des SV Saar 05

Die Söhne Saarbrückens

Der SV Saar 05, im bürgerlichen Stadtteil Sankt Johann im Osten Saarbrückens beheimatet, ist heute der größte Sportverein des Saarlandes. Schon früh gab es im Verein auch eine Fußballabteilung, die in den 20er Jahren das führende Team an der Saar stellte. Erst in der Gauligazeit übernahm der FV Saarbrücken die Position als Nummer Eins in der Landeshauptstadt.

Die Nullfünfer blieben dennoch stets eine feste Größe im Saar-Fußball. Ab 1952 spielten sie in der Oberliga und agierten hier mit bemerkenswerter Konstanz: In zehn ihrer zwölf Oberligajahre standen sie am Saisonende auf Platz 9. Wichtigster Akteur war damals Außenläufer Kurt Clemens, ein zehnfacher saarländischer Nationalspieler, der 1953 zu Saar 05 gekommen war. 1951 hatte Real Madrid die stolze Summe von 300.000 Mark geboten, aber der Wechsel kam nicht zustande.

In der Regionalliga landete Saar 05 noch zwei weitere Male auf Platz 9 und stand ansonsten ebenfalls meist im Mittelfeld, nun mit Otto Knefler als Trainer und dem späteren Dortmunder Gerd Peehs in der Abwehr. Die große Zeit des Clubs endete, als 1970 der Kaufmann und langjährige Mäzen Johann Stolz seine Zahlungen einstellte.

Richtig kritisch wurde es aber erst nach der Jahrtausendwende: Die Fußballabteilung machte Schlagzeilen mit finanziellen Unregelmäßigkeiten und dem massenhaften Einsatz nicht spielberechtigter Spieler. Weil das die Existenz des Gesamtvereins bedrohte, zog dieser die Notbremse, nahm das Team aus dem Spielbetrieb und warf kurzerhand die komplette Erwachsenen-Fußballabteilung aus dem Verein. Die Rettung für den Fußball bei Saar 05 war die A-Jugend. Sie startete 2008 als „SV Saar 05 Jugend" in der untersten Spielklasse und brachte den Erfolg an den Kieselhumes zurück: Sechs Aufstiege in sieben Jahren führten Saar 05 bis in die Regionalliga, wo aber in 34 Spielen nur zwei Siege gelangen. Inzwischen spielen die „Söhne Saarbrückens", so die Eigenbezeichnung auf der Vereins-Homepage, zwar „nur noch" in der Saarlandliga – aber sie spielen!

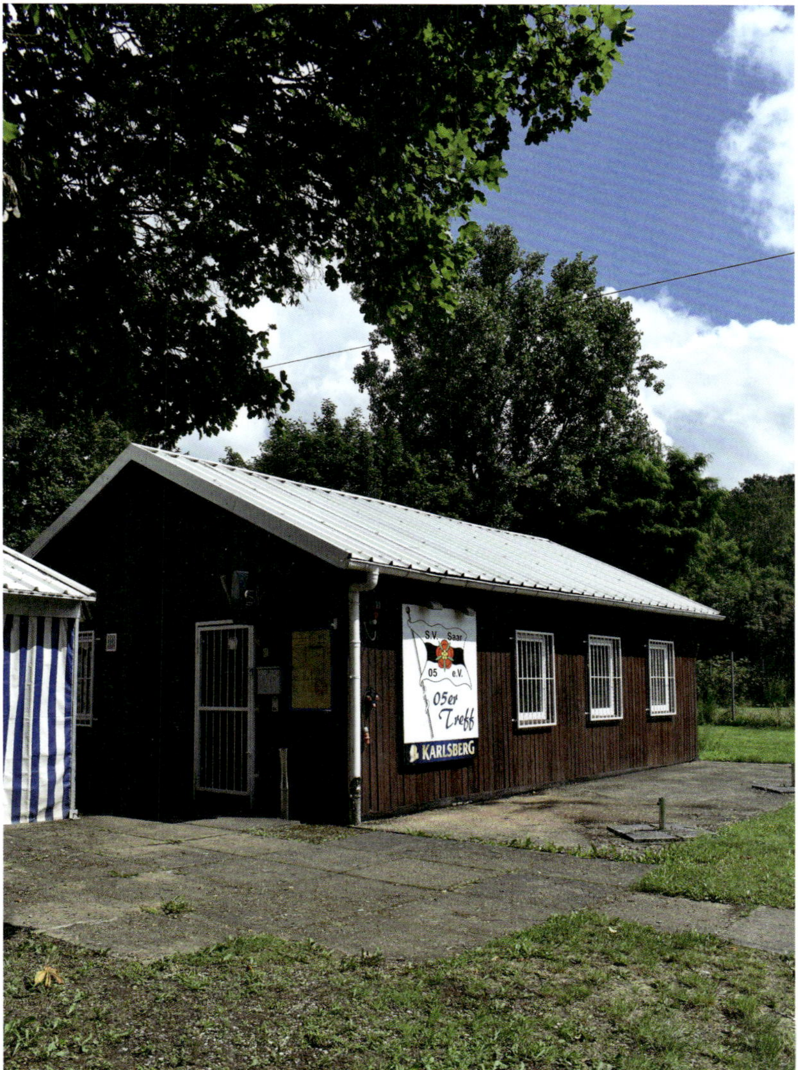

HARTE 4 FAKTEN

Adresse: Am Kieselhumes, 66123 Saarbrücken
Kapazität: früher 35.000, heute 12.000
Verein: SV Saar 05 Saarbrücken
Vereinsfarben: Schwarz-Weiß

Sportplatz Wackenberg

Serienmeister und Bundesliga-Gründungsmitglied

Die frühen Hochburgen des saarländischen Frauenfußballs lagen nicht in der Landeshauptstadt. Der Titel des ersten Saarlandmeisters ging 1971 an Viktoria Neunkirchen. Danach hießen die Titelträger SV Bubach-Calmesweiler, Hellas Marpingen und SV Weiskirchen. Der beste Saarbrücker Club hingegen, der VfR 09 Saarbrücken, übernahm erst später die Führungsrolle. In Daarle, wie der Stadtteil St. Arnual im lokalen Dialekt genannt wird, hatte man beim VfR zwar auch schon 1970 ein Frauenteam ins Leben gerufen. Die „Daarler Mäde" entwickelten sich aber erst ab 1982 zum Seriensieger an der Saar, das Jahr 1984 ausgenommen, als der SV Weiskirchen die Meisterschaft noch einmal in den Hochwald holen konnte.

In der 1990 ins Leben gerufenen zweigleisigen Frauen-Bundesliga war der VfR natürlich auch dabei: Mit 27:1 Punkten waren die VfR-Frauen durch die Landesligasaison 1989/90 spaziert und galten nun auch in der Bundesliga-Südstaffel zumindest als Mitfavoritinnen. Am Ende belegten sie Platz 3 und verpassten nur knapp die Meisterschafts-Endrunde, die unter den beiden bestplatzierten Teams der beiden Staffeln ausgetragen wurde. Platz 3 erreichte der VfR noch mehrfach, das Halbfinale um die Deutsche Meisterschaft jedoch nie.

Im Sommer 1997 wechselte das Team zum 1. FC Saarbrücken, wo sich die Erfolgsstory mit weiteren Bundesligajahren und einem DFB-Pokalfinale (1:5 gegen den 1. FFC Frankfurt) fortsetzte. Beim VfR hingegen gab es nach 1997 keinen Frauenfußball mehr. Im Jahr 2011 verschwand der Verein nach einer Fusion mit der DJK St. Arnual vollständig von der Bildfläche. Unter dem Dach des jetzigen FC St. Arnual existiert aber wieder ein Frauenteam, das auf dem Sportplatz Wackenberg spielt, der traditionellen Heimat des VfR. Der Platz erhielt vor einigen Jahren ein Kunstrasenspielfeld, über das sich die VfR-Frauen sicher auch gefreut hätten. Sie mussten damals noch auf Asche spielen und für die Bundesliga in andere Stadien ausweichen, unter anderem nach Brebach und auf den Kieselhumes.

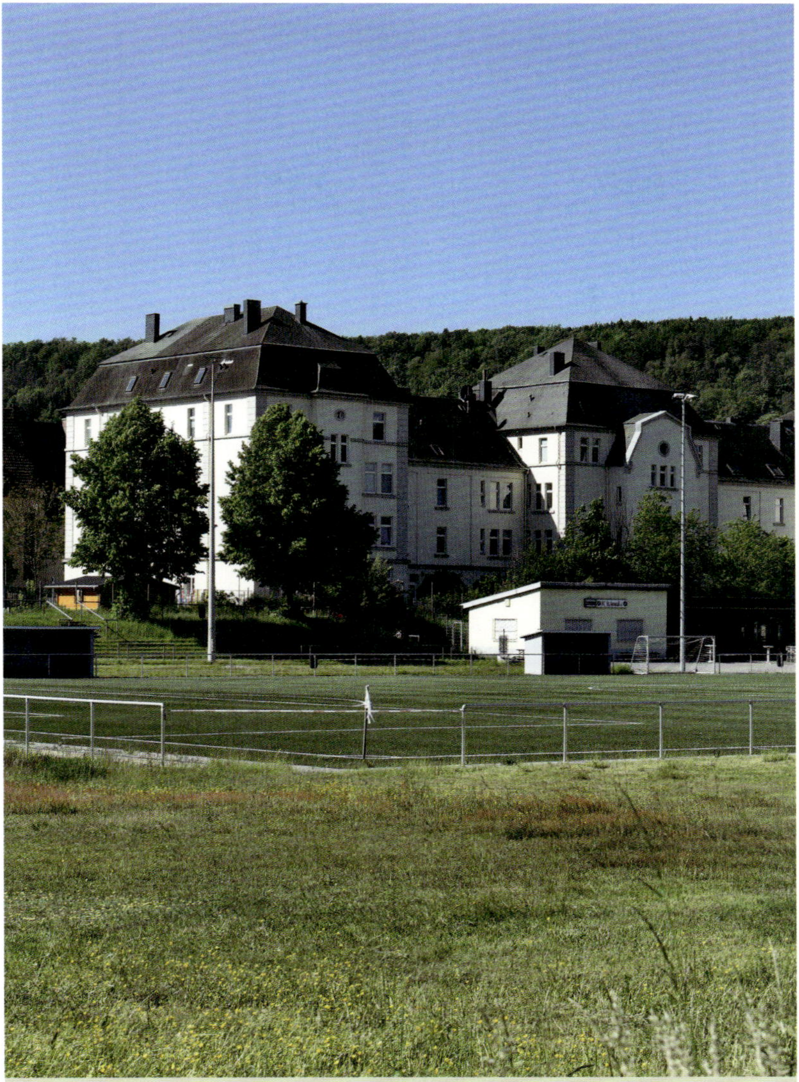

HARTE 4 FAKTEN

Adresse: Albrecht-Dürer-Straße, 66119 Saarbrücken
Kapazität: 2.000
Verein: VfR 09 Saarbrücken, FC St. Arnual
Vereinsfarben: Schwarz-Weiß, Blau-Schwarz

Sportplatz Großwald

Im Schatten der Grube Luisenthal

Der 7. Februar 1962 ging als schwarzer Tag in die Geschichte des Saarlandes ein: Bei einer Schlagwetterexplosion in der Grube Luisenthal starben 299 Bergleute; es war das schwerste Unglück in der langen Geschichte des saarländischen Bergbaus. Die Explosion ereignete sich im Abbaugebiet Alsbachfeld im Bereich des Ortes Altenkessel, einem Stadtteil im Westen Saarbrückens. Dieser war in der zweiten Hälfte des 19. Jahrhunderts als Arbeiterwohnort insbesondere für die Bergleute der Grube Luisenthal entstanden.

Bereits 1907 wurde der SC Altenkessel gegründet, der somit zu den ältesten noch bestehenden Fußballvereinen an der Saar gehört. Der Club machte 1942/43 erstmals auf sich aufmerksam, als er bis in die Gauliga Westmark vordringen konnte, allerdings mit einer Saisonbilanz von 6:30 Punkten direkt wieder abstieg. Im Jahr darauf bekam der SC keine vollständige Mannschaft mehr zusammen, stellte den Spielbetrieb ein und bildete eine Kriegssportgemeinschaft mit dem FV Saarbrücken. Diese KSG erspielte ungeschlagen die Gauligameisterschaft der Westmark, kam bis ins Viertelfinale der Deutschen Meisterschaft und unterlag dort dem 1. FC Nürnberg mit 1:5.

Die frühen Nachkriegsjahre waren die erfolgreichste Zeit des nun wieder eigenständigen SC Altenkessel, der sich 1952 als Vierter der Amateurliga Saarland für die 2. Division Südwest qualifizierte. Die Schwarz-Roten hielten sich zwei Jahre in der damals zweithöchsten Klasse, spielten anschließend noch bis 1961 in der Amateurliga und kehrten 1982-87 nochmals in die Verbandsliga zurück. All dies übrigens auf Asche, denn der Sportplatz Großwald, am Ortsrand gelegen und in den Berghang des Pfaffenkopfes hineingebaut, erhielt erst 2021 ein Rasenspielfeld. Direkt unterhalb der Platzanlage fließt der Alsbach, der dem Abbaufeld seinen Namen gab, in dem sich 1962 das schwere Grubenunglück ereignete. 1994, in dem Jahr, in dem der SVA erstmals in die Kreisliga A abstieg, wurde die Kohleförderung am Standort Luisenthal eingestellt.

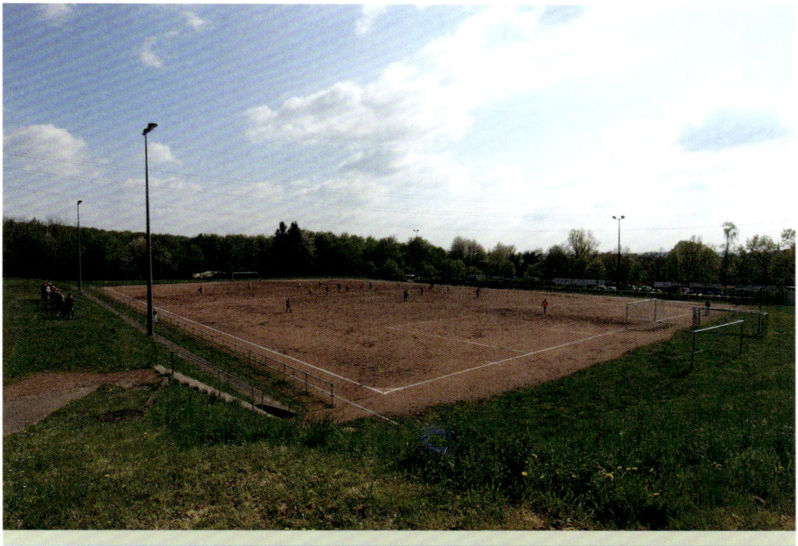

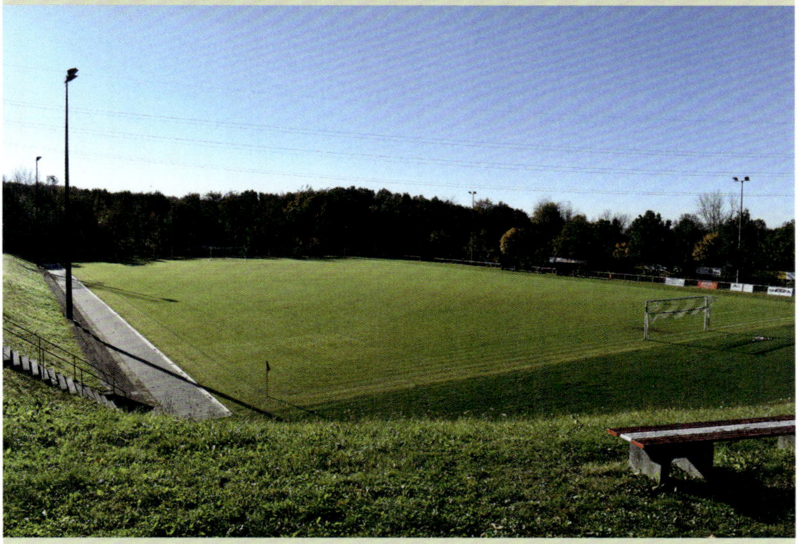

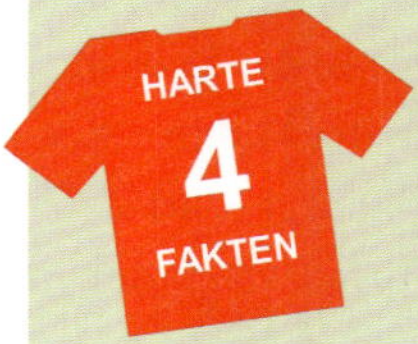

Adresse: Großwaldstraße, 66126 Saarbrücken
Kapazität: 3.000
Verein: SC 07 Altenkessel
Vereinsfarben: Schwarz-Rot

Stadion an der Turnhalle

Enge Verbindungen zum Hüttenwerk

Die Halbergerhütte, einst eine der großen Eisenhütten an der Saar, lag östlich von Saarbrücken am Fuß des Halbergs im Bereich des heutigen Stadtteils Brebach. Als die Fürsten von Nassau-Saarbrücken hier 1756 ein Eisenwerk gründeten, schrieb ein fürstlicher Amtmann über das damalige Bauerndorf Brebach: „Es stehen fünf Häuser hierselbst". Das hat sich seitdem geändert: Zusammen mit dem Nachbarstadtteil Fechingen kommt Brebach auf knapp 6.000 Einwohner.

Der Halberg gab aber nicht nur der Eisenhütte ihren Namen, sondern taucht auch im Vereinsnamen des 1907 gegründeten SC Halberg Brebach auf. Der Club hatte stets enge Verbindungen zum Eisenwerk, das vielen Brebacher Spielern einen Arbeitsplatz bot. Und als der Verein nach dem Zweiten Weltkrieg in der Ehrenliga Saarland spielte, wurde er vom Gießereidirektor Roger Jannot geleitet.

Später verschwand der SC Halberg für Jahrzehnte in den lokalen Amateurklassen. Er kehrte erst zur Saison 1990/91 wieder in die Verbandsliga zurück, errang dort 1997 die Meisterschaft und stieg in die Oberliga Südwest auf. Gleich im Aufstiegsjahr erreichten die Schwarz-Weißen mit Rang 3 die beste Platzierung ihrer Vereinsgeschichte. Es hätten sogar nur sechs Punkte zum Aufstieg gefehlt, aber eine Teilnahme an der Regionalliga wäre für den kleinen Verein keine realistische Perspektive gewesen. Denn selbst in dieser erfolgreichen Saison konnten die Brebacher im Schnitt nur 356 Besucher auf ihr Sportgelände unmittelbar am ehemaligen Hüttenareal locken. Die Schwarz-Weißen spielen hier, auf dem Sportplatz an der Turnhalle hinter der damaligen Neufechinger Schule, schon seit 1920.

Bis 2003 hielt sich der SC Halberg noch in der Oberliga, kehrte später noch zweimal für jeweils eine Saison zurück und spielt sonst in der Saarlandliga. Auf die Unterstützung durch die Halbergerhütte kann der Verein schon länger nicht mehr hoffen: 1995 wurden die Hochöfen stillgelegt, und 2020 musste auch das Gussstahlwerk schließen, das aus der Hütte hervorgegangen war.

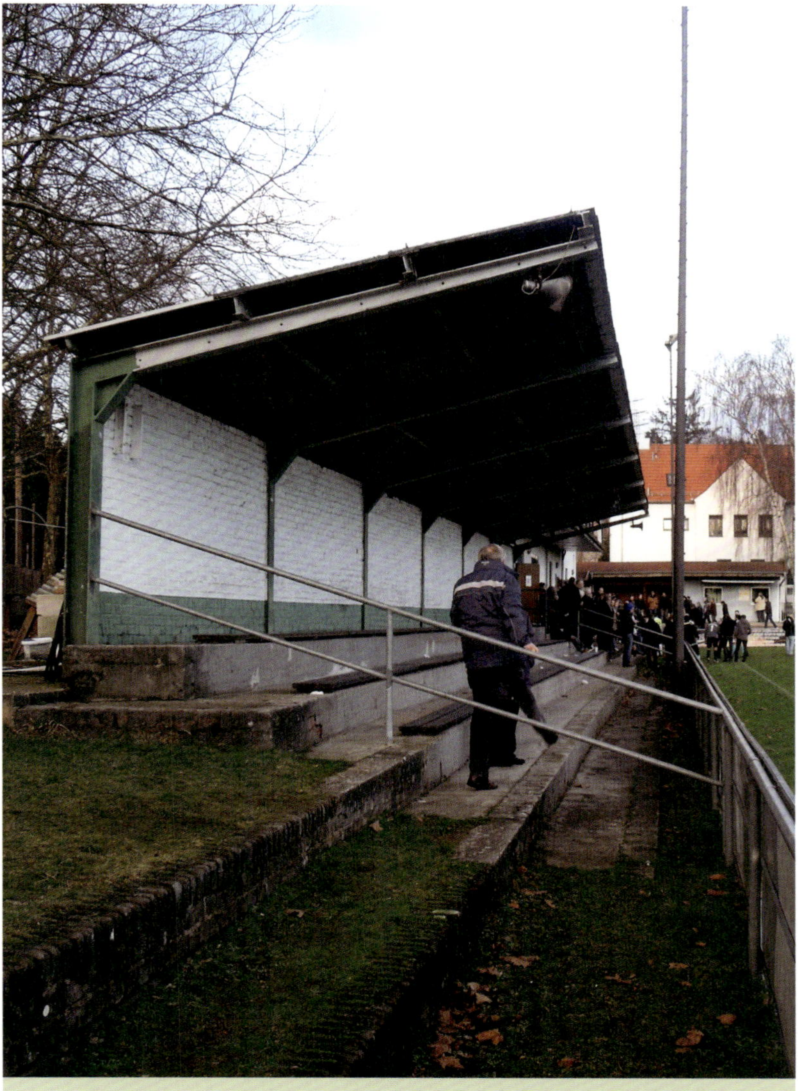

HARTE 4 FAKTEN

Adresse: Brückwiesstraße 5, 66130 Saarbrücken
Kapazität: 3.000
Verein: SC Halberg Brebach
Vereinsfarben: Schwarz-Weiß

Saarbrücken-Burbach 070

Saarwiesen-Stadion

Vom Burbacher Markt zu den Saarwiesen

Dritte Kraft im Saarbrücker Fußball hinter FCS und Saar 05 waren lange Zeit die Sportfreunde aus Burbach, einem von seiner Eisenhütte geprägten Arbeiterstadtteil im Westen der Landeshauptstadt. Eine 1905 im TV 1876 Burbach gegründete Fußballabteilung trug ihre ersten Spiele auf dem Burbacher Markt aus. Laut Vereinschronik gingen dabei jedoch zu viele Scheiben zu Bruch, und die Kicker mussten auf anderen Plätzen an ihrer Treffsicherheit arbeiten. Sesshaft wurden sie erst 1923 im Wiesengelände am Saarufer, wo sie ein Stadion anlegten und im Jahr darauf als Sportfreunde Saarbrücken eigenständig wurden.

Nach dem Krieg erreichte der Club die Oberliga Südwest, schaffte hier aber in zwei Anläufen (1954/55 und 1956/57) den Klassenerhalt nicht – eventuell, weil die Rot-Weißen in den Ludwigspark umziehen mussten: Das Saarwiesen-Stadion war nämlich trotz des Namens bloß ein Ascheplatz. Erst im runderneuerten, 1957 mit Rasen, einer neuen Tribüne und Stehrängen für 13.000 Zuschauer ausgebauten Stadion etablierten sich die Sportfreunde in der Oberliga: Zwischen 1958 und 1963 erreichten sie dreimal Rang 6. Unbestrittener Höhepunkt jener Jahre war ein 6:0-Auswärtssieg am 16. 11. 1960 über den 1. FCS. Josef „Jupp" Christ, der in diesem Spiel drei Tore erzielte, wechselte nach der Saison zum VfB Stuttgart. Ein weiterer treffsicherer Stürmer im SF-Trikot war ein gewisser Hannes Löhr, der 1963/64 in der Regionalliga 31 Tore erzielte.

Kurz darauf verlor der stets familiär geführte und bodenständige Verein aber den Anschluss und verschwand in den unteren Ligen. Auch das Saarwiesen-Stadion an der Schleuse Gersweiler präsentiert sich heute wieder bescheidener, mit einer 1997 erbauten kleinen Tribüne (etwa 250 Sitzplätze auf Holzbänken), aber ohne die weitgehend zurückgebauten Stehränge. Weil als Hochwasserschutz auch eine Anhebung des Spielfeldes erforderlich war, sank die Kapazität auf etwa 4.200 Besucher. Für die Sportfreunde, die aktuell in der Bezirksliga spielen, ist das aber allemal ausreichend.

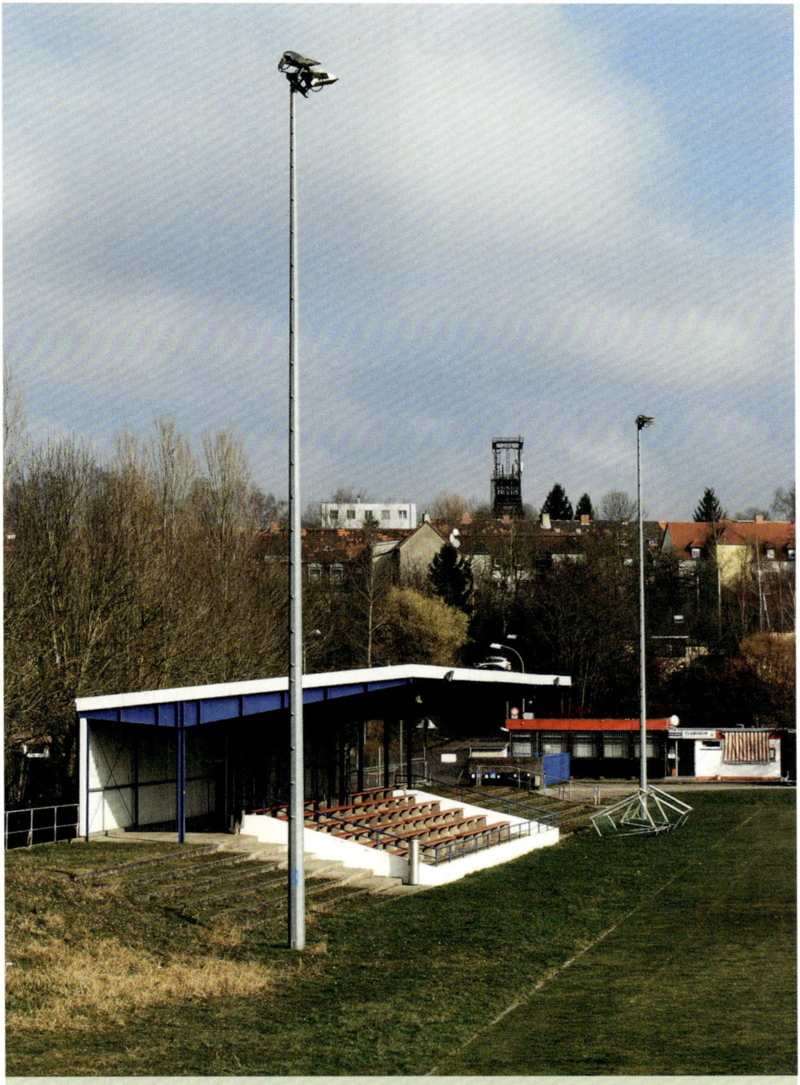

HARTE 4 FAKTEN

Adresse: Im Höfchen, 66115 Saarbrücken

Kapazität: früher 13.000, heute 4.200

Verein: Sportfreunde 05 Saarbrücken

Vereinsfarben: Rot-Weiß

Saarbrücken-Dudweiler 071

Alte Villa

Lust und Vergnügen

Am Nebenplatz des Stadions am Brennenden Berg in Dudweiler steht ein Haus mit hohem Walmdach, auffälligem Giebel und einem von Säulen getragenen Balkon auf Höhe der Dachkante: die „Alte Villa“. Errichtet wurde das Gebäude im Frühjahr 1927 als Vereinsheim des Allgemeinen Turnvereins Dudweiler, der ab 1925 am Westhang des Brennenden Berges ein Sportgelände angelegt hatte. Das ATV-Vereinsheim war recht groß dimensioniert, weil neben Geräte- und Umkleideräumen für die 1926 eingeweihte Sportstätte sowie einer Wohnung für den Platzwart auch eine Jugendherberge untergebracht war. Diese bot 27 Betten und wurde bis 1938 betrieben.

Dann kam der Zweite Weltkrieg. Das Saarland war Frontgebiet, und aus einem zehn Kilometer breiten Streifen entlang der Grenze zu Frankreich wurden alle Bewohner evakuiert und in Gebiete im Inneren des Deutschen Reiches verbracht. Während Saarbrücken zu dieser 10-Kilometer-Zone gehörte, lag Dudweiler zwar direkt an der Grenzlinie, aber außerhalb des evakuierten Bereiches. Daher endeten wichtige Bahnlinien in Richtung Front hier, viele Soldaten kamen nach Dudweiler und wurden in der nahen Below-Kaserne (heute Universität) untergebracht. Mit den Soldaten kamen geschäftstüchtige Dienstleister: Bald war es ein offenes Geheimnis, dass in der Alten Villa ein Wehrmachtsbordell eingerichtet worden war.

Nach dem Krieg tauschten der ATV und der neugegründete ASC Dudweiler die Sportplätze. Der ASC, Nachfolger des SV Hansa, zog 1958 an den Brennenden Berg und überließ dem ATV im Gegenzug den Hansa-Sportplatz am Alten Stadtweg. Die Alte Villa diente nun wieder weniger anrüchigen Zwecken: Bis 1998 wohnte hier der Platzwart des ASC mit seiner Familie. Dann stand das Gebäude leer, und ein Abriss wurde erwogen. Aber der ASC entschied sich, die hübsche Villa zu renovieren, und so steht sie heute noch an der Ostseite des Sportplatzes und erinnert auch an Zeiten, in denen hier nicht das Blau-Weiß des ASC die bestimmende Farbe war, sondern das Rot eines anderen Gewerbes.

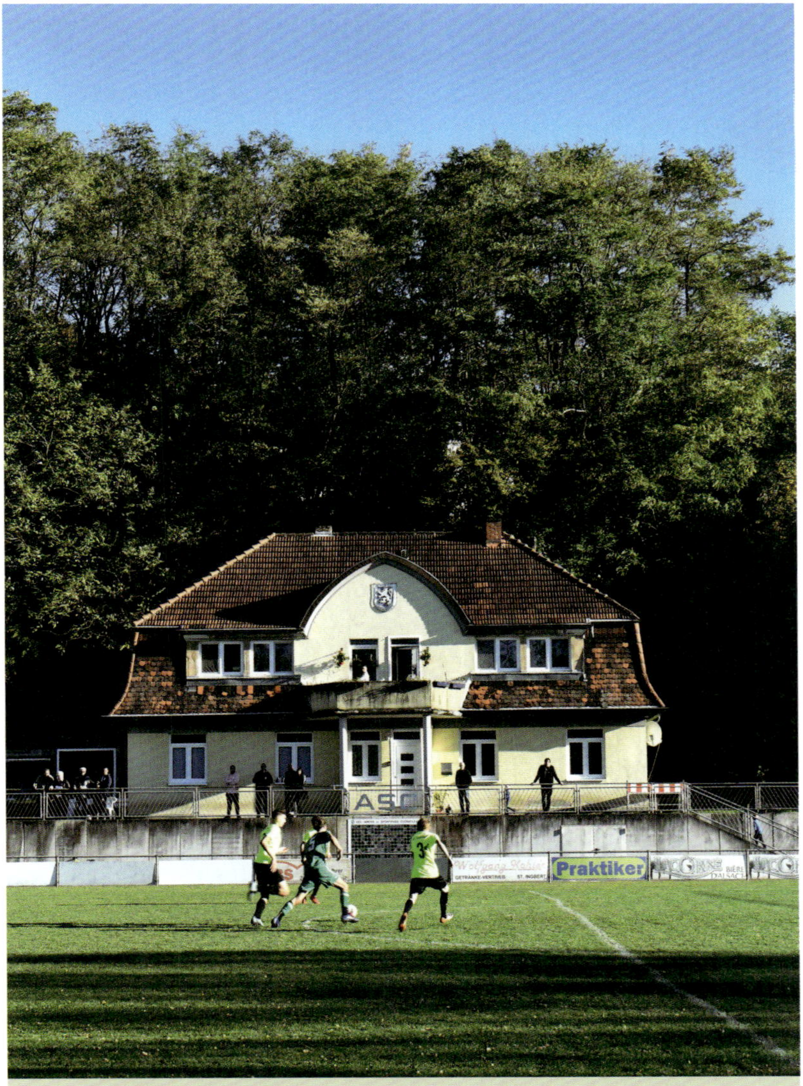

HARTE 4 FAKTEN

Adresse: Schützenstraße 1, 66125 Saarbrücken

Baujahr: 1927

Vereine: ATV Dudweiler, ASC Dudweiler

Heute: Geschäftszimmer, Umkleiden, Platzwartwohnung

Stadion am Brennenden Berg

Prominente Touristen

„Wir hörten von den reichen Dutweiler Steinkohlegruben, von Eisen- und Alaunwerken, ja sogar von einem brennenden Berge, und rüsteten uns, diese Wunder in der Nähe zu beschauen". So beschrieb ein Reisender namens Johann Wolfgang von Goethe im Jahr 1770 seinen Besuch in Dudweiler. Ein brennender Berg? Ja, gewissermaßen: Im Inneren eines Berges am Ortsrand glimmt seit dem 17. Jahrhundert ein Steinkohleflöz. Zwar war der Effekt früher stärker als heute, und man konnte durch Felsspalten die Glut sehen, aber noch immer treten Dämpfe und warme Luft aus.

Am Fuß des Berges liegt heute das Stadion des ASC Dudweiler. Erste fußballerische Versuche in dem Bergbauort im Sulzbachtal sind schon für 1905 nachweisbar, zunächst in einem Verein namens Teutonia, der ab 1912 SV Hansa hieß. Nach dem Zweiten Weltkrieg fasste man in der damals etwa 25.000 Einwohner zählenden Gemeinde mehrere Sportvereine unter dem Dach eines Allgemeinen Sport-Clubs zusammen, der bis heute u.a. auch Abteilungen für Boxen, Badminton oder Flugsport besitzt. Als ASC-Gründungsdatum gilt die Eintragung ins Vereinsregister im Januar 1950, obwohl einige Sparten, nicht nur die Fußballabteilung, viel älter sind.

Die ASC-Kicker gehörten über Jahrzehnte zur saarländischen Fußball-Elite. 1954 bis 1962 spielten die Blau-Weißen in der 2. Division Südwest, also in der damaligen zweiten Liga. 1975 scheiterten sie in der Aufstiegsrunde zur 2. Liga Süd knapp an Eintracht Kreuznach und Eintracht Trier. Sie gehörten noch von 1978 bis 1987 der Oberliga Südwest an und gewannen 1980 und 1981 den Saarlandpokal, ehe der Abstieg aus der Verbandsliga im Jahr 1992 den Niedergang des Vereins einleitete. Heute spielt der ASC in der Bezirksliga Saarbrücken. Am DFB-Pokal nahm der Club viermal teil, wobei ein Sieg (1974/75 gegen den FC Emmendingen) gelang. Das letzte Pokalspiel des ASC war 1984 ein 1:5 gegen Borussia Dortmund im Ludwigspark.

Um eine Rasenheizung im Stadion am Brennenden Berg zu speisen, reicht die Glut des Berges übrigens nicht aus.

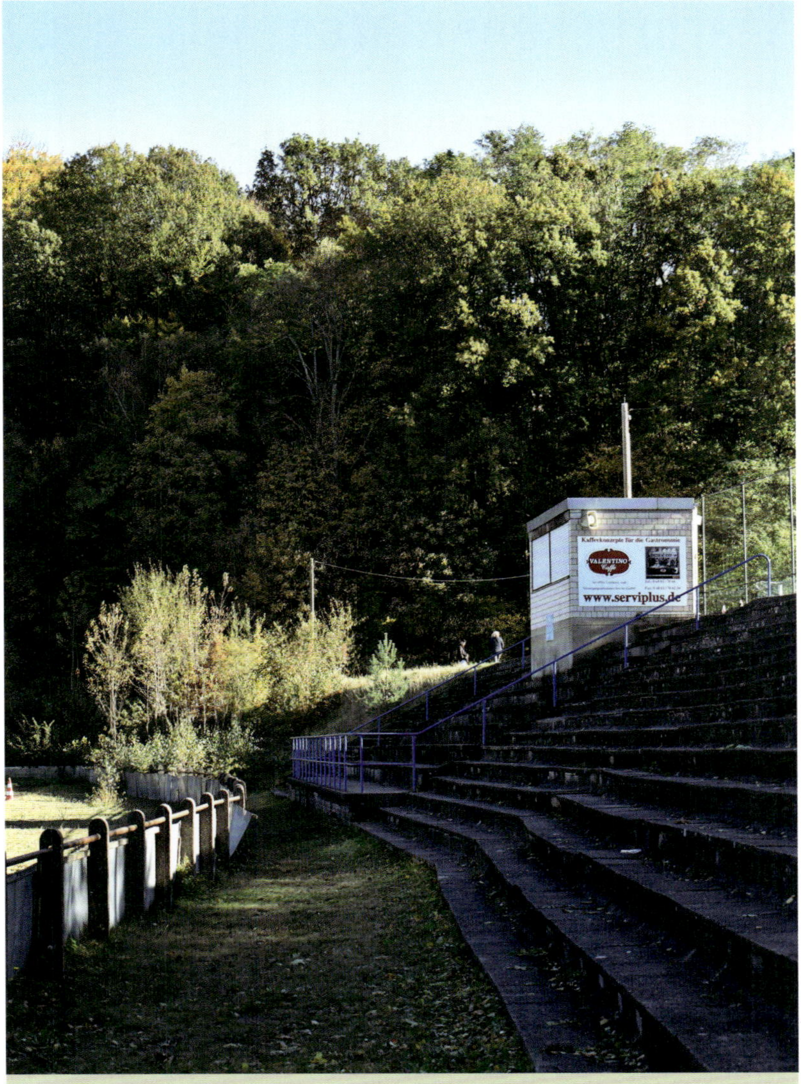

Adresse: Am Gegenortschacht, 66125 Saarbrücken
Kapazität: 5.000
Verein: ASC Dudweiler
Vereinsfarben: Blau-Weiß

Saarbrücken-Klarenthal 073

Sportplatz Klarenthal (an der Schule)

Ein Unglück kommt selten allein

Der SV Klarenthal feierte im Sommer 2013 den größten Erfolg seiner Geschichte: Mit dem Aufstieg in die Saarlandliga stand der Verein exakt 102 Jahre nach der Gründung erstmals in der höchsten saarländischen Spielklasse. Womit damals wohl niemand rechnete: Es war der Start zu einer wilden Achterbahnfahrt. In der Winterpause der Aufstiegssaison zierte der SV Klarenthal zwar das Tabellenende der Saarlandliga, aber der Rückstand auf das rettende Ufer war gering. Dann aber ging dem Club zuerst das Geld aus und dann die komplette Mannschaft verloren. Eine eilig zusammengestellte Notelf erwies sich als nicht konkurrenzfähig. In den 17 Rückrundenspielen gab es 17 Niederlagen. Abstieg.

Der Verein rekrutierte eine neue Mannschaft, die prächtig harmonierte und zur Winterpause 2014/15 mit 40 Punkten aus 16 Spielen an der Tabellenspitze der Verbandsliga lag. Der direkte Wiederaufstieg schien wahrscheinlich. Der SV Klarenthal qualifizierte sich auch souverän für das Hallenmasters Ende Januar, meldete sich aber kurz vor Turnierbeginn überraschend ab. So kam ans Licht, dass der Verein schon wieder in finanziellen Nöten war, weil sich ein Sponsor zurückgezogen hatte. Erneut lief die komplette Mannschaft davon.

Die Verbandsliga-Rückrunde absolvierte der SVK mit der zweiten Mannschaft aus der Kreisliga A, der untersten Spielklasse. Die Bilanz aus den 14 Spielen nach der Winterpause: Null Punkte, 4:187 Tore. Zum Standardergebnis wurde ein 0:18: Derart hoch fielen die Niederlagen gegen Schmelz-Limbach, Großrosseln, Bachem-Rimlingen und Schwalbach aus. Die SpVgg Quierschied verbuchte den Rekord und gewann gar mit 20:0. So lautete die Klarenthaler Bilanz am Saisonende: 40 Punkte, 58:203 Tore. Das reichte, dank der Punkte aus der Hinrunde, tatsächlich noch für den Klassenerhalt. Nach dem sang- und klanglosen Abstieg in der Folgesaison aber war der Verein am Ende. Es folgten die Insolvenz und die Auflösung im März 2017. Heute spielt ein Nachfolgeverein namens „SV Klarenthal Jugend" in der Kreisliga A.

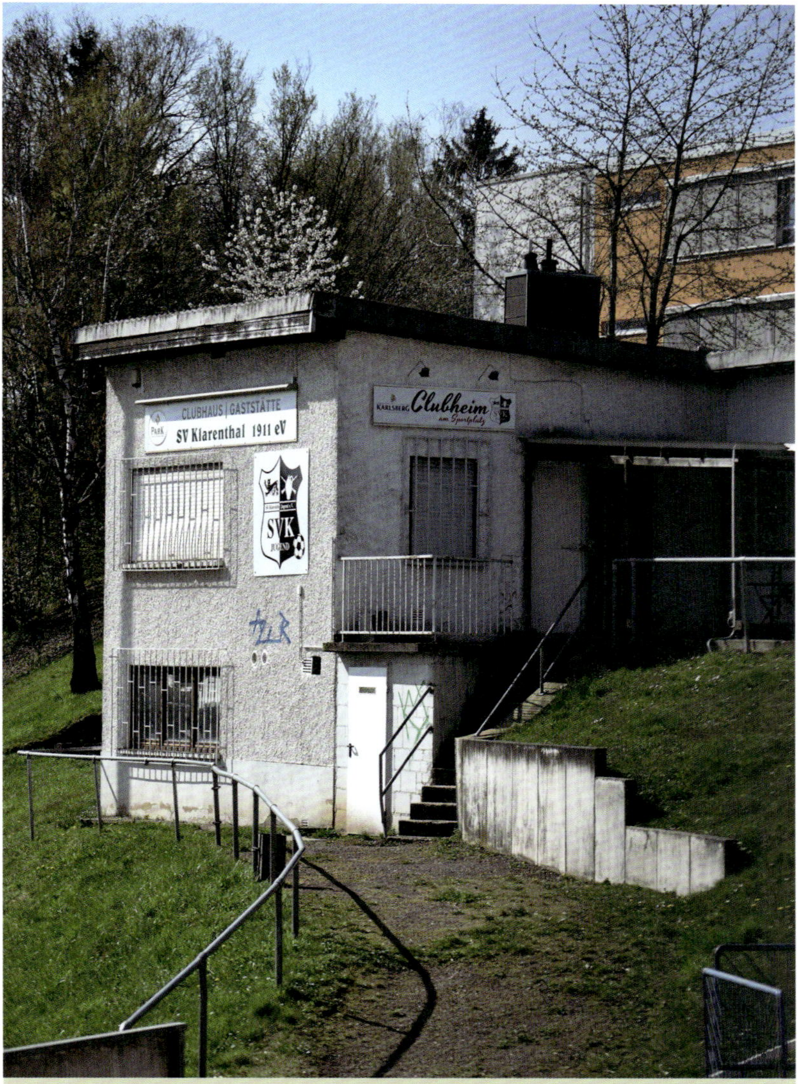

HARTE 4 FAKTEN

Adresse: Schulweg 5, 66127 Saarbrücken
Kapazität: 1.500
Verein: SV Klarenthal
Vereinsfarben: Schwarz-Weiß

Saarbrücken-Scheidt 074

Landesarchiv Saarbrücken

Foto: Hartung

Das schlichte Bürogebäude in der Dudweilerstraße im Saarbrücker Stadtteil Scheidt sieht von außen nicht aus, als läge hier ein Schatz. Aber das täuscht: In dem ursprünglich als „Kurhaus Lauer" erbauten Gebäude, das später als Restaurant und Druckerei diente, ist seit 1997 das Landesarchiv Saarland angesiedelt. Es verwahrt Dokumente und Quellen zur Geschichte der Region. Dazu zählen auch die Fotos von Ferdi Hartung.

Hartung, 1931 in Malstatt geboren, begann 1946 eine Drogistenlehre, zu der auch das Fach Fotografie gehörte. Mit geliehenen Kameras zog er auf die Sportplätze, schoss Bilder bei Spielen der saarländischen Nationalmannschaft und des FCS. Später kaufte er eine Leica, die er aus Deutschland ins wirtschaftlich abgetrennte Saarland schmuggeln musste, und eröffnete 1955 eine eigene Fotoagentur.

Früh schon hatten es ihm die großen Turniere angetan. Bei der WM 1954 schlich er sich ohne Berechtigung in den Stadioninnenraum und wurde deswegen vorübergehend festgesetzt. Beim Endspiel, nun ordnungsgemäß akkreditiert, gelang Hartung ein Bild von Fritz Walter mit dem WM-Pokal, das ihn bekannt machte. Bis 1994 war er danach bei fast jeder WM dabei, ebenso wie viele Jahre in der Fußball-Bundesliga. „Foto: Hartung" stand unter zahllosen Bildern in den Sportteilen der Zeitungen. Dass er die frühen Bundesligajahre mit seiner Kamera begleitete, wurde zum Glücksfall vor allem für die Neunkircher Borussia, deren Blütezeit er mit seinen Bildern verewigte.

Hartungs fotografischer Blick und seine Nähe zum Geschehen veränderten die Sportfotografie. Sechsmal wählte man eines seiner Bilder zum Sportfoto des Jahres. Seine besten Fotos wurden 2012 in der Ausstellung „90 Minuten" im Historischen Museum Saar gezeigt und in mehreren Büchern veröffentlicht. 2014 starb Hartung nach langer Krankheit. Sein Gesamtwerk bildet nun einen Schatz, von dem das Landesarchiv einen Teil aufbewahren darf. „Ein guter Fotograf ist nicht gleich ein guter Sportfotograf", hat Hartung einmal gesagt. Er war auf jeden Fall beides.

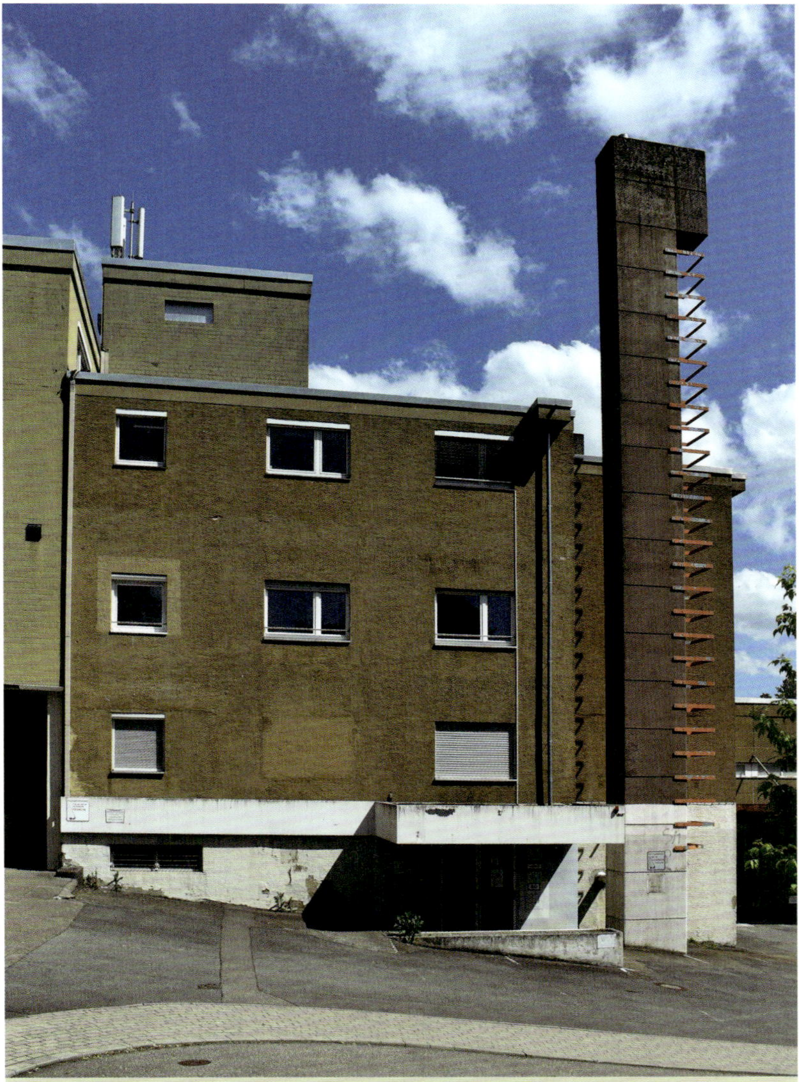

Adresse: Dudweilerstraße 1, 66133 Saarbrücken-Scheidt

Lebensdaten: 19. 1. 1931 (Saarbrücken) – 11. 5. 2014 (Spiesen-Elversberg)

Erste WM-Teilnahme: 1954

Letzte WM-Teilnahme: 1994

Klinikum St. Elisabeth

Der Knochendoktor

Als sich der Schalker Stürmer Klaus Fischer 1980 einen schweren Schien- und Wadenbeinbruch zugezogen hatte, kam er zur Behandlung ins Saarlouiser Elisabethenkrankenhaus. Die dortige orthopädische Klinik galt schon damals als eine der bundesweit führenden Einrichtungen, wofür vor allem ihr Leiter verantwortlich war, Prof. Dr. Heinrich Heß.

Der 1932 in Dudweiler geborene Mediziner arbeitete als Facharzt für Orthopädie zunächst an der Uniklinik in Homburg und ab 1975 in Saarlouis. 1969 hatte er bereits als Teamarzt die Betreuung der B-Elf des DFB übernommen. Die Stelle hatte ihm jemand vermittelt, der ebenfalls im Saarland wohnte und beim DFB tätig war: Jupp Derwall, seit 1970 Assistent von Bundestrainer Helmut Schön und Trainer der Amateur-Nationalmannschaft. Als Teamarzt betreute Heß fortan zahlreiche Mannschaften, zum Beispiel das deutsche Olympia-Fußballteam von 1972 oder die Profis des 1. FC Saarbrücken.

Bekannt wurde er aber vor allem als Mannschaftsarzt der deutschen Nationalmannschaft, für die er von 1974 bis 1996 verantwortlich war. Heß erwarb sich hier großes Renommée in der Fußballwelt und erhielt von den Nationalspielern den anerkennenden Rufnamen „Knochendoktor". Daher war Klaus Fischer auch bei weitem nicht der einzige verletzte Fußballprofi, der sich in Saarlouis behandeln ließ.

Neben seiner ärztlichen Tätigkeit war Heß auch in der medizinischen Kommission des DFB tätig, fungierte als Dozent bei Weiterbildungen und engagierte sich außerdem im Kampf gegen das Doping im Sport. Offiziell ging er 1998 in den Ruhestand, blieb der Sportmedizin aber auch danach eng verbunden. Sein Buch „Sportverletzungen" gilt noch heute als Standardwerk. Eine Prof.-Dr.-Heß-Stiftung engagiert sich für Gesundheitsvorsorge und führt Gesundheitschecks und Präventionsprogramme durch. Als er 2012 seinen 80. Geburtstag feierte, gratulierte auch die Fußballwelt ihrem „Knochendoktor": DFB-Präsident Wolfgang Niersbach kam nach Saarlouis und brachte als Überraschungsgast Franz Beckenbauer mit.

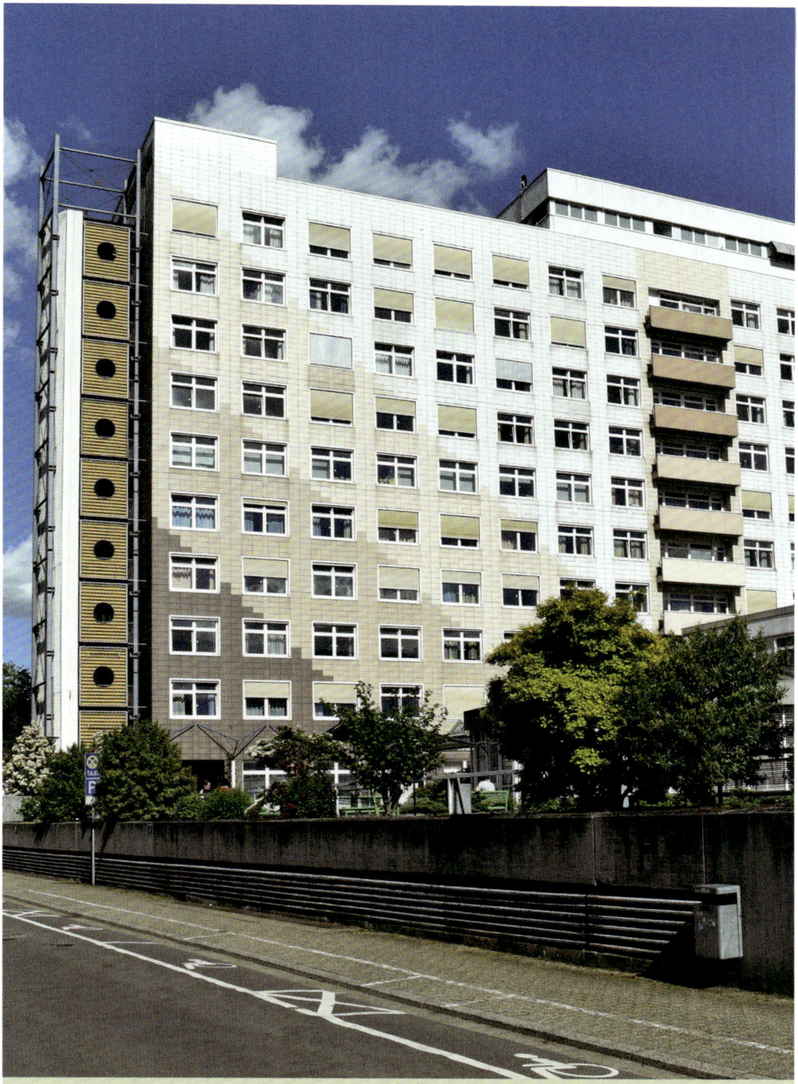

HARTE 4 FAKTEN

Adresse: Kapuzinerstraße 4, 66740 Saarlouis
1902: Eröffnung als Klinik der Franziskanerinnen
1975: Abteilungsgründung Orthopädische Klinik
Träger: Marienhaus Kliniken GmbH, Waldbreitbach

Sportplatz Choisy

Zuschauerrekord beim Entscheidungsspiel

Für den 24. Mai 1951 vermeldet die Vereinschronik des VfB Dillingen einen bis heute gültigen Rekord im saarländischen Amateurfußball: 10.000 Zuschauer sollen an diesem Fronleichnamstag gekommen sein, um ein Spiel zwischen dem VfB und dem SV Fraulautern zu sehen.

Auch wenn Zuschauerzahlen aus jenen Tagen etwas mit Vorsicht zu genießen sind: Wichtige Spiele gerade im Amateurbereich waren damals deutlich besser besucht als heute. Von 10.000 Zuschauern ist die Saarlandliga mit ihrem Schnitt von etwa 300 Besuchern pro Spiel weit entfernt. Der Ligarekord liegt bei immerhin 3.000, aufgestellt 2017, als am letzten Spieltag der VfL Primstal und der FV Eppelborn in einem direkten Duell um die Meisterschaft und den Oberliga-Aufstieg kämpften.

Auch im Mai 1951 ging es um den Aufstieg: Fraulautern und Dillingen hatten die Bewährungsklasse dominiert, lagen deutlich vor der Konkurrenz und trafen im letzten Saisonspiel aufeinander. Dank eines 6:2 auf dem Platz des Gegners vor 6.500 Zuschauern zogen die vom Österreicher Oskar Müller trainierten Dillinger nach Punkten mit Fraulautern gleich und erzwangen ein Entscheidungsspiel um den Aufstieg. Das Torverhältnis zählte nicht, sonst hätten sich die Dillinger mit ihren 110:33 Toren klar durchgesetzt: Genau fünf Tore pro Spiel hatten sie in dieser Saison erzielt.

Das Entscheidungsspiel fand auf dem Sportplatz Choisy statt, einem Sportplatz am Saarufer nahe der Saarlouiser Innenstadt, der häufig als neutraler Platz genutzt wurde. Die (vielleicht) 10.000 Besucher sahen einen klares 4:0, aber nicht für den favorisierten VfB, sondern für den SV Fraulautern, der sich damit den Aufstieg in die Amateurliga sicherte. Die Dillinger mussten in der Bewährungsklasse bleiben, folgten dann aber im Jahr darauf in die Amateurliga, in der sie sich direkt im Aufstiegsjahr die Meisterschaft sicherten.

Der Sportplatz Choisy erhielt 2011 einen Kunstrasenbelag (bis dahin wurde auf Asche gespielt) und wird heute vom FV Stella Sud Saarlouis und den Schulen der Umgebung genutzt.

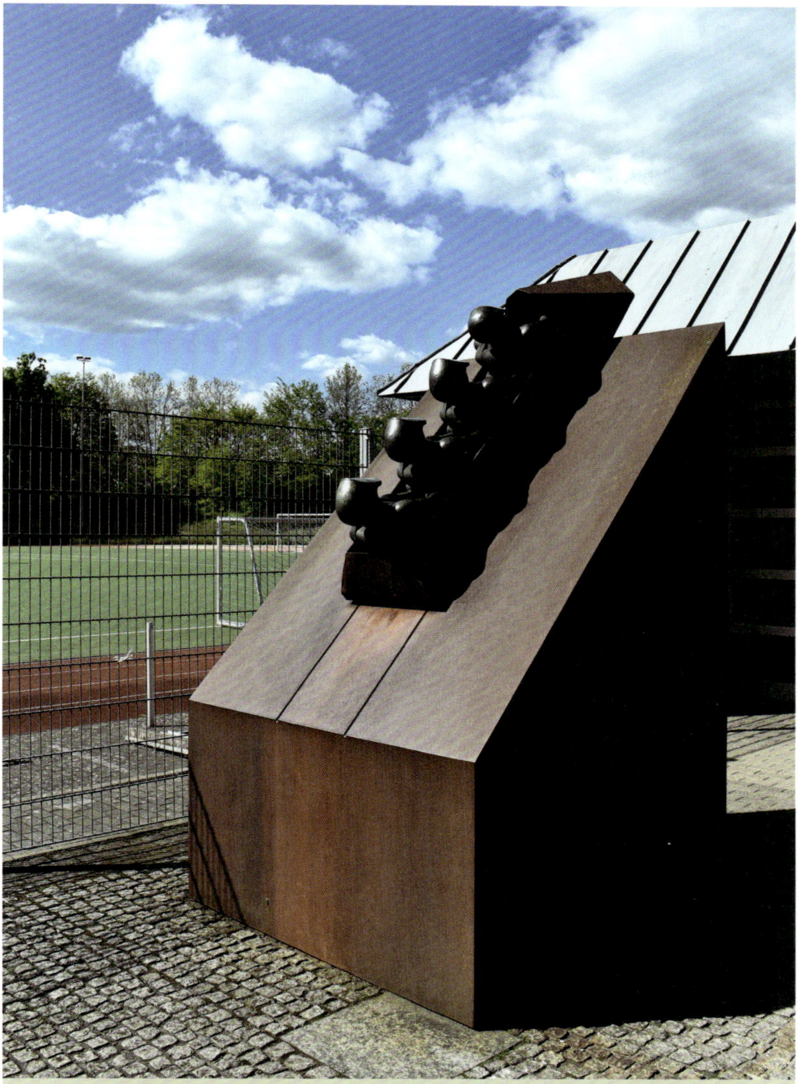

HARTE 4 FAKTEN

Adresse: Pavillonstraße 24, 66740 Saarlouis
Kapazität: 2.000
Umbau zum Kunstrasenplatz: 2009–11
Verein: FV Stella Sud Saarlouis

Saarwellingen 077

Stadion am Weidenbruch

Die Oberligajahre sind vorbei

Der 1911 (als SSV) gegründete Fußballsportverein aus dem bei Saarlouis gelegenen Saarwellingen zählte lange Zeit zu den besten Adressen im höherklassigen saarländischen Fußball. Als Tabellensiebter der Amateurliga Saarland sicherte sich der FSV in der Saison 1977/78 den letzten verfügbaren Startplatz für die neue Oberliga Südwest. Am Weidenbruch, wo kurz zuvor aus dem 1959 eingeweihten Hartplatz ein schöner Sportplatz mit Naturrasen entstanden war, freute man sich auf die neue Liga, aber mit nur vier Saisonsiegen musste der FSV als Tabellenvorletzter direkt zurück in die Verbandsliga.

Die Rückkehr gelang 1985, und dieses Mal konnten sich die Schwarz-Weißen mit einer jungen Mannschaft zumeist einheimischer Spieler wie Ralf Klau erfolgreich in der Oberliga etablieren. In immerhin zehn aufeinanderfolgenden Jahren belegten sie meistens Mittelfeldplätze und lockten stets zahlreiche Zuschauer an. Wenn zum Beispiel Borussia Neunkirchen am Weidenbruch antrat, konnte der Verein durchaus mit mehr als 2.000 Besuchern rechnen.

Der Abstieg 1995 war unglücklich: Erst am letzten Spieltag wurden die Saarwellinger von der SV Elversberg überholt und fielen auf einen Abstiegsrang. Das war der zweite schwere Rückschlag binnen kurzer Zeit für den FSV, der im Jahr zuvor das Saarlandpokal-Finale mit 2:3 gegen den Landesligisten SC Großrosseln verloren hatte. Statt der favorisierten Saarwellinger durfte sich der Außenseiter aus dem Warndt über die Teilnahme am DFB-Pokal (und den Hamburger SV als zugelosten Gegner) freuen.

Nach dem Abstieg hielt sich der FSV noch sieben Jahre in der Verbandsliga, ehe er in die unteren Ligen abrutschte, was nicht nur sportliche Gründe hatte. Dem Verein bereiteten die finanziellen Belastungen aus den Oberligajahren immer noch große Probleme. Derzeit spielt der FSV, finanziell nach einem Vergleichsverfahren 2006 immerhin wieder gesundet, in der Bezirksliga Saarlouis in der neunten Liga. Hier treffen die Saarwellinger nun auf Ensdorf und Überherrn, zwei weitere ehemalige Oberligisten.

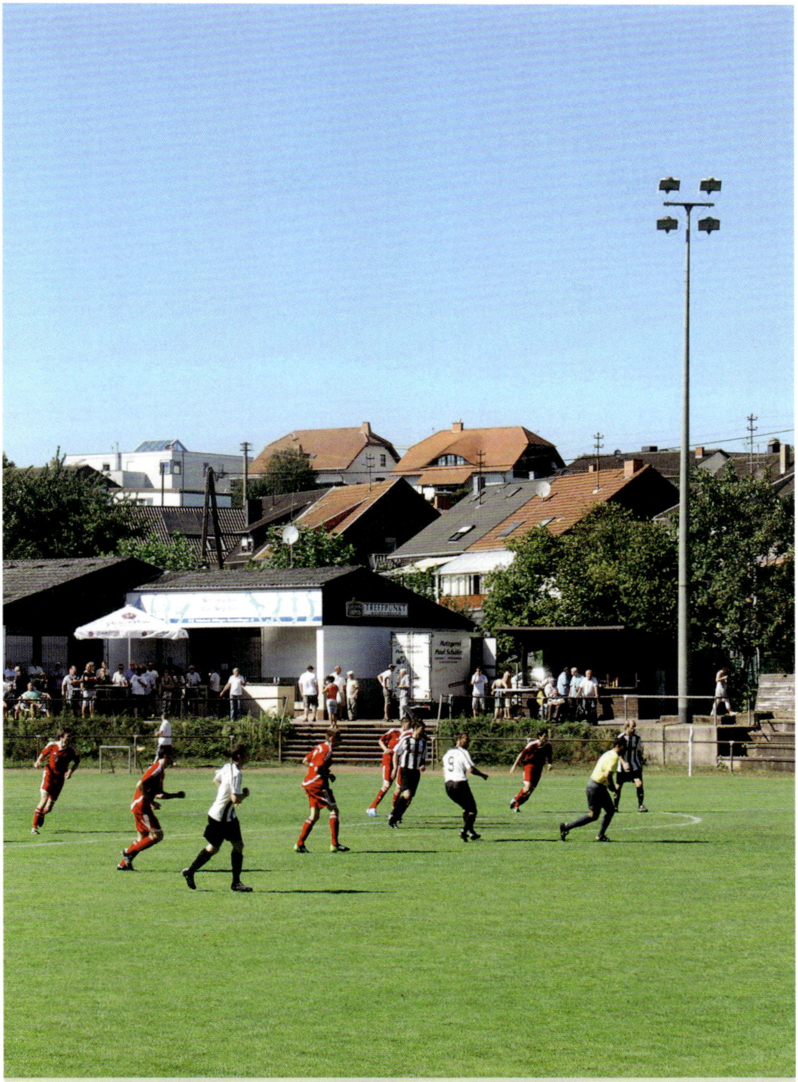

HARTE 4 FAKTEN

Adresse: Im Weidenbruch, 66793 Saarwellingen

Kapazität: 4.000

Verein: FSV Saarwellingen

Vereinsfarben: Schwarz-Weiß

St. Ingbert 078

Alter Friedhof

Häuptling Silberlockes Wahlheimat

1927 im rheinischen Würselen geboren, lernte der kleine Josef in der Jugend der örtlichen Rhenania das Fußballspielen. Nach dem Krieg spielte er in der Oberliga West für Würselen, Aachen und Düsseldorf sowie in der Schweiz (Biel, Schaffhausen) und wurde 1954 von Sepp Herberger zweimal in die Nationalmannschaft berufen. Vermutlich wäre es trotz dieser durchaus ansehnlichen Karriere bei eher lokaler Bekanntheit geblieben, wenn Josef Derwall, den alle nur „Jupp" nannten, nicht seit 1970 Assistent von Helmut Schön gewesen wäre. Als dieser 1978 seinen Rücktritt als Bundestrainer verkündete, wurde Derwall sein Nachfolger.

Er gilt heute nicht unbedingt als erfolgreicher Bundestrainer, was vermutlich wohl vor allem an der EM 1984 liegt. Nach dem Vorrunden-Aus musste er begleitet von heftiger Kritik und einer Kampagne der Boulevardpresse zurücktreten. Disziplinlosigkeiten der Spieler wurden Derwall persönlich angelastet, wegen seiner Gutmütigkeit und seiner „langen Leine", mit der er die Spieler führte. Lästerer Max Merkel hatte ihn als „Häuptling ondulierte Silberlocke" betitelt. Auch das blieb hängen.

Dabei hatte Derwalls Amtszeit als Bundestrainer mit einer Serie von 23 Spielen in Folge ohne Niederlage begonnen – ein Rekord bis heute. Außerdem führte er das Team zum EM-Titel 1980 und ins WM-Finale 1982. Aber schon bei der WM in Spanien hatte die deutsche Elf im Skandalspiel gegen Österreich sämtliche Sympathien verspielt. Derwall ging in die Türkei, gewann mit Galatasaray zwei Meistertitel und wird daher in Istanbul noch heute verehrt – deutlich mehr als im eigenen Land.

Und was hat das mit dem Saarland zu tun? Derwall lebte viele Jahre in der Preußenstraße in St. Ingbert. Vor seiner DFB-Zeit hatte er den FCS zur Regionalliga-Meisterschaft geführt. Das Engagement dauerte nicht lange, aber Derwall blieb im Saarland, das ihm und seiner Frau Elisabeth zur zweiten Heimat wurde („Hier gefällt es uns gut"). Nach seinem Tod im Juni 2007 wurde er auf dem alten Friedhof in St. Ingbert beigesetzt.

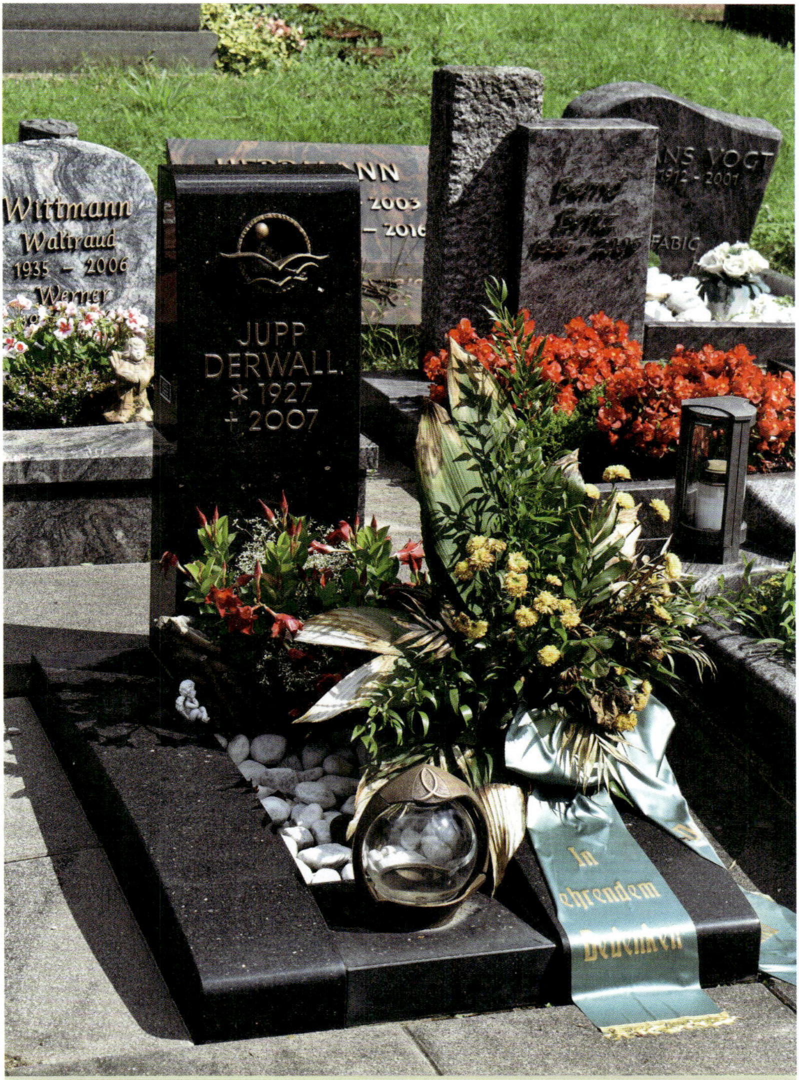

HARTE 4 FAKTEN

Adresse: Neunkircher Weg, 66386 St. Ingbert

Lebensdaten: 10. 3. 1927 (Würselen) – 26. 6. 2007 (St. Ingbert)

Länderspiele als Spieler: 2

Länderspiele als Bundestrainer: 67 (davon 44 Siege)

Mühlwaldstadion

Der Star des Teams erkrankte an Tuberkulose

Als der Verbandsligist SV St. Ingbert im Sommer 2018 weitgehend unbeachtet seine letzte verbliebene Mannschaft aus der Landesliga Ost zurückzog, dürften nur Wenige auf Anhieb gewusst haben, dass hier ein ehemaliger Erstligist zumindest vorübergehend den Spielbetrieb einstellt.

Erstklassig spielte der Verein nämlich in der Saison 1957/58 in der Oberliga Südwest. Zwar gelang der Klassenerhalt nicht, aber die Bilanz von 16:44 Punkten war ansehnlicher als z.B. bei Clubs, die in der Oberliga mit nur drei Pluspunkten heftige Prügel einstecken mussten, wie Kürenz oder Niederlahnstein. Schwachpunkt der St. Ingberter war die Abwehr: 106 Gegentore in 30 Spielen ließen sich auch mit 42 eigenen Treffern nicht kompensieren. Eine erhebliche Schwächung des Teams war, dass der Star der Mannschaft aufgrund einer Tuberkulose-Erkrankung länger ausfiel: der saarländische und deutsche Nationalspieler Heinz Vollmar.

Dennoch bleibt diese eine Saison bis heute der Höhepunkt der Vereinsgeschichte, abzulesen auch am Vereinsrekord von 8.000 Zuschauern, die zum Spiel gegen Wormatia Worms ins 1954 eröffnete Mühlwaldstadion kamen. Überhaupt waren die 50er Jahre die große Zeit des Clubs aus der Industriestadt (Bergbau, Metallverarbeitung, Brauereien): Unter Trainer Helmut Schön war 1955 der Aufstieg in die 2. Division Südwest gelungen, in der sich der Club bis 1963 halten konnte.

1987 gelang mit dem Sieg im Saarlandpokal (2:1 gegen den VfB Dillingen) noch ein letzter großer Erfolg. Nachdem sich die Schwarz-Roten im Jahr 2001 aus der höchsten saarländischen Liga verabschieden mussten, ging es langsam aber stetig bergab, bis zur Abmeldung vom Spielbetrieb. 2021 übergab der Verein das zwischenzeitlich sogar vom Abriss bedrohte Mühlwaldstadion an die Stadt St. Ingbert, die es der SV Elversberg in Erbpacht überließ. Die Elversberger werden das Stadion zukünftig als Trainingszentrum nutzen.

Zwei Bundesligajahre kann der SV St. Ingbert übrigens auch noch vorzeigen: 1977 und 1981, in der Frauenhandball-Bundesliga.

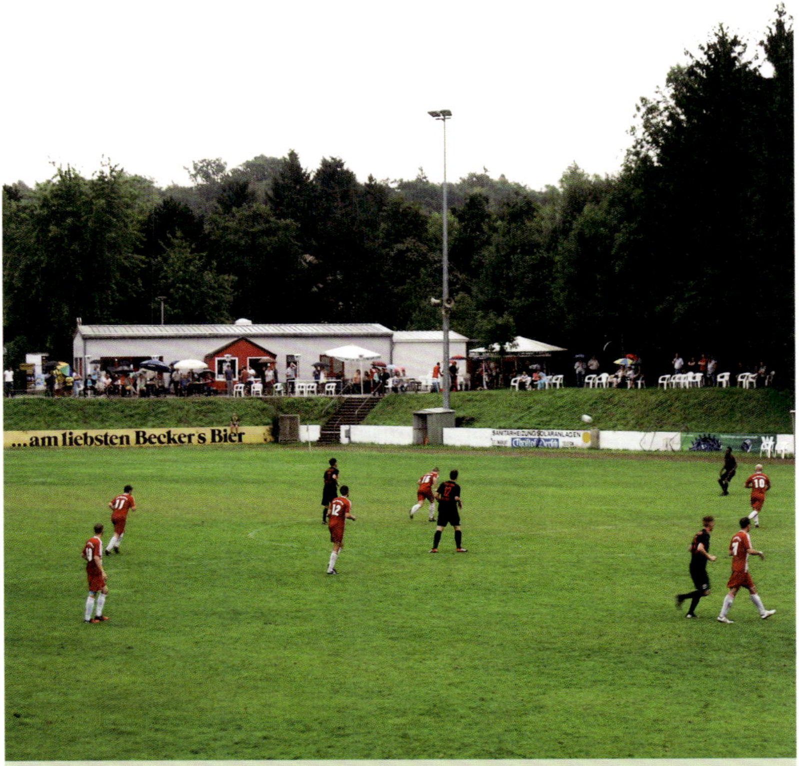

HARTE 4 FAKTEN

Adresse: Spieser Landstraße, 66386 St. Ingbert
Kapazität: 6.000
Verein: SV St. Ingbert
Vereinsfarben: Schwarz-Rot

St. Wendel 080

Bosenbachstadion

Zarte Träume von der 2. Liga

Der 1910 gegründete FC St. Wendel erlebte seine erfolgreichste Phase Mitte der 70er Jahre. 1977 gelang dem Verein aus dem Nordsaarland ein Sieg im Saarlandpokal (1:0 im Finale gegen Saar 05), mit dem sich der Club auch für den DFB-Pokal der folgenden Spielzeit qualifizierte. Zwar verloren die St. Wendeler gegen den Bundesligisten Fortuna Düsseldorf mit 1:6, aber die Saison 1977/78 wurde dennoch zu einem Erfolg, denn mit dem dritten Platz in der Amateurliga Saarland qualifizierten sie sich für die neue Oberliga Südwest.

In deren Debütsaison landete der FC auf dem vierten Rang und hatte am Ende nur fünf Punkte Rückstand auf den Spitzenreiter und Aufsteiger Röchling Völklingen. In St. Wendel wird man im Frühjahr 1979 aber trotzdem wohl nur behutsam an die 2. Bundesliga und an Spiele gegen Nürnberg, Karlsruhe oder Offenbach gedacht haben.

Nach dem zweiten Oberligajahr standen die Blau-Schwarzen auf Rang 6 und galten als etablierter Oberligist. Aber dann folgte der unerwartete und aufgrund des geringen Rückstands auf das rettende Ufer (ein Punkt fehlte zum TuS Mayen) auch unglückliche Abstieg. Zwar gelang der sofortige Wiederaufstieg, aber die Mannschaft hatte nicht mehr die Stärke der Vorjahre und bewegte sich nun im unteren Drittel der Liga. Zweimal hielt der FC noch erfolgreich die Klasse, aber im dritten Jahr stiegen die St. Wendeler mit 13:55 Punkten aus der Oberliga ab.

Eine Rückkehr gab es nicht mehr, und das große Bosenbachstadion, das vor einigen Jahren seine prägnante blaue Laufbahn erhielt, sah den stetigen Abstieg des FC, der sich nur noch zwei Spielzeiten in der Verbandsliga halten konnte und dann schrittweise bis in die unterste saarländische Liga rutschte. Hier hing der Verein acht lange Jahre lang fest und schaffte erst den Aufstieg, als er mit dem ewigen Lokalrivalen SV Blau-Weiß St. Wendel-West eine Spielgemeinschaft bildete. 2018 fusionierten beide Vereine schließlich und bildeten den FC Blau-Weiß St. Wendel, der nun immerhin in der Landesliga spielt.

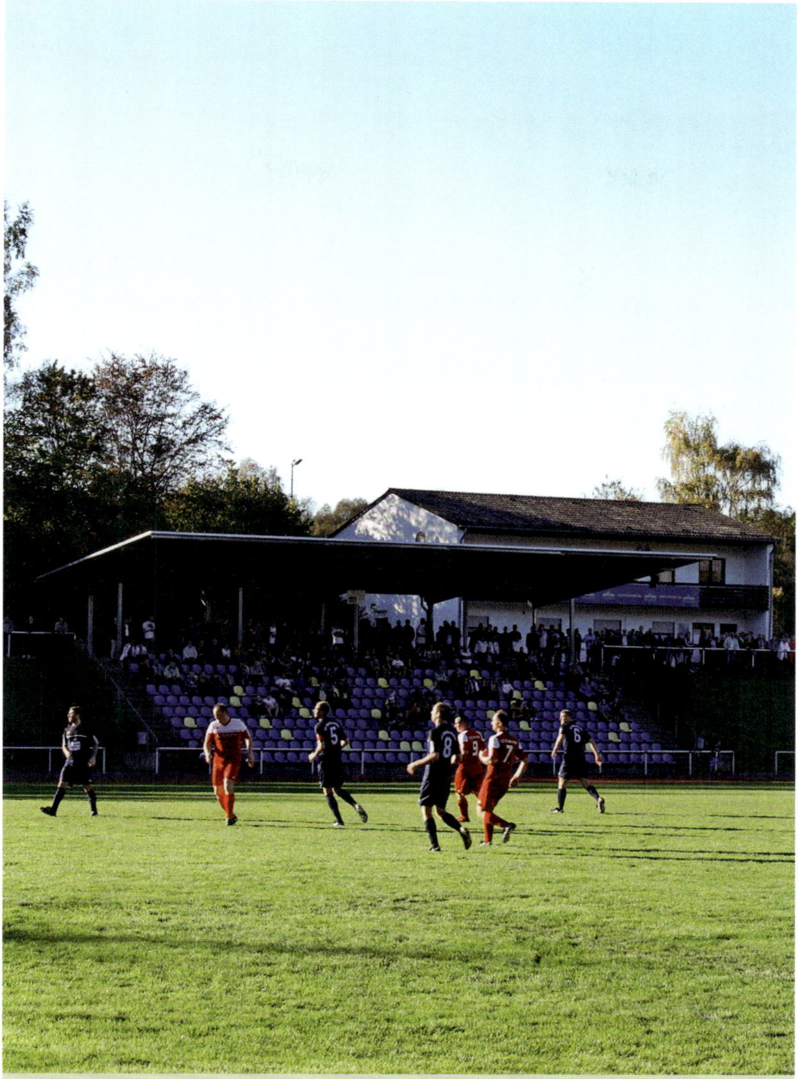

HARTE 4 FAKTEN

Adresse: Am Sportzentrum 1, 66606 St. Wendel
Kapazität: 5.000
Verein: FC St. Wendel
Vereinsfarben: Blau-Schwarz

Sarreguemines (F) 081

Stade de la Blies

Als Fritz Walter in Lothringen spielte

Sarreguemines, Saargemünd, Saargeminn: Drei Namen, eine Stadt. Man spricht hier Französisch, Deutsch und Lothringer Platt, einen eng mit dem Saarländischen verwandten moselfränkischen Dialekt. Die Sprachenvielfalt ist der Lage unmittelbar an der Grenze geschuldet – und der Tatsache, dass die Industriestadt das Schicksal der gesamten Region Lothringen und auch des heutigen Saarlandes teilte, ein Spielball der Großmächte zu sein: Bis 1871 französisch, dann deutsch, ab 1919 wieder französisch, und von 1940 bis 1945 erneut von den Deutschen annektiert.

Auch der örtliche Fußballverein blieb davon nicht verschont. Die Association Sportive Sarreguemines (ASS) wurde 1919 kurz nach der Rückkehr Lothringens zu Frankreich gegründet und etablierte sich bald in den höheren regionalen Ligen. Nach der Besetzung Lothringens 1940 mussten die Vereine in den Spielbetrieb des Deutschen Reiches wechseln. Die Gauliga Südwest (Staffel Saarpfalz) wurde zur Gauliga Westmark erweitert und um zwei lothringische Vereine ergänzt: den FV Metz und die in TSG Saargemünd umbenannte ASS.

Die Lothringer trafen nun im Ligaalltag auf den FV Saarbrücken, Borussia Neunkirchen und den 1. FC Kaiserslautern. Zeitweise lief für die TSG ein gewisser Fritz Walter als Gastspieler auf, der als Soldat in Lothringen stationiert war. Zweimal Rang 8 und einmal Rang 6 lautet die Bilanz der Saargemünder. 1944 kam der Spielbetrieb zum Erliegen.

Nach dem Krieg in AS Sarreguemines rückbenannt, blieb der Club eine namhafte regionale Größe, drang 1986 sogar bis in die dritte französische Liga vor und hielt sich hier vier Jahre. Seit 2013 heißt der Club nun Sarreguemines FC, spielt in der National 3 (CFA 2) in der fünften Liga und gehört somit noch immer zu den bestplatzierten lothringischen Vereinen. Heimspielstätte der Blau-Weißen ist das Stade de la Blies, ein hübsches Stadion mit kleiner Haupttribüne. Es liegt unmittelbar am Ufer der Blies, die hier kurz vor ihrer Mündung in die Saar die deutsch-französische Grenze markiert.

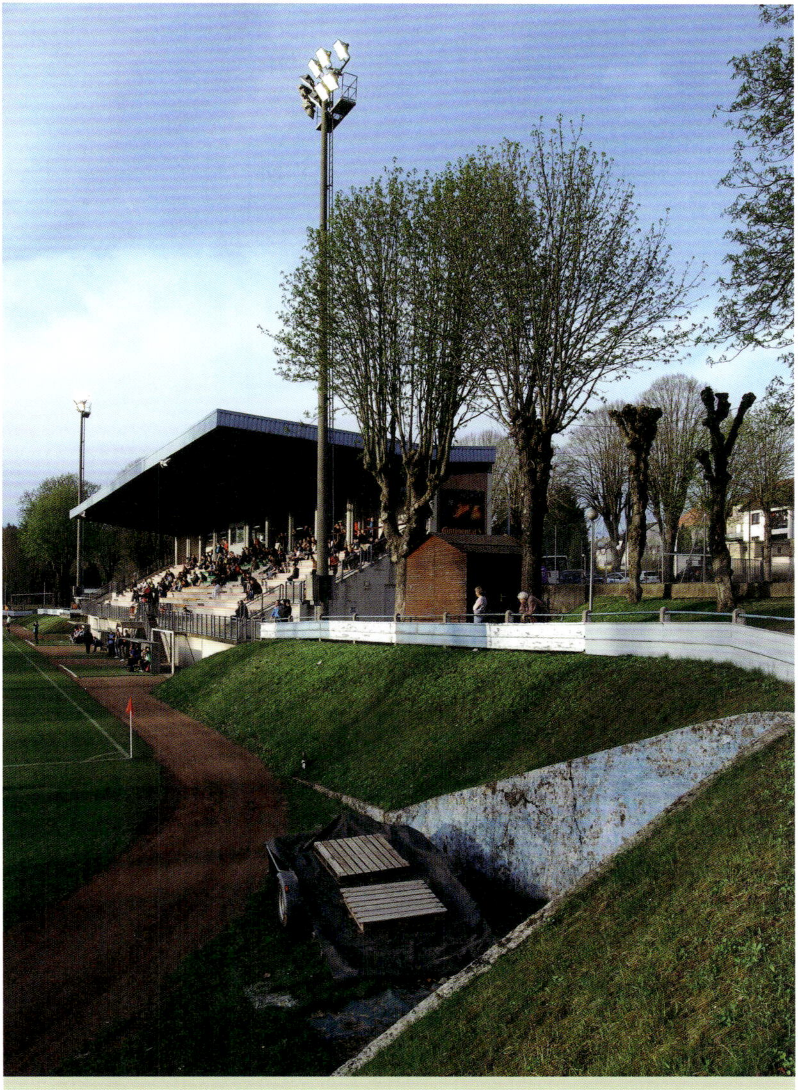

HARTE 4 FAKTEN

Adresse: Avenue de la Blies, F-57200 Sarreguemines

Kapazität: 5.000

Verein: Sarreguemines FC

Vereinsfarben: Blau-Weiß

Schiffweiler 082

Mühlbachstadion

Geglückte Fusion

Wenn zwei Lokalrivalen fusionieren, geht das nicht immer gut. In der Bergbaugemeinde Schiffweiler aber schon. Dort beschlossen 1979 die Kreisligisten VfR 08 und DJK die Bildung einer Spielgemeinschaft, die sie schon ein Jahr später in einen neuen Verein, die FSG Schiffweiler, umwandelten. Eigentlich war diese Fusion eine Wiedervereinigung, denn die DJK hatte sich erst 1956 vom VfR abgespalten.

Die Bündelung der Kräfte stellte sich schnell als Erfolg heraus: Die FSG arbeitete sich mit Unterstützung des lokalen Unternehmers Hans-Hermann Biehl in wenigen Jahren aus der Kreisliga nach oben. 1987 erreichten die Blau-Gelben die Verbandsliga Saar, die sie schon zwei Jahre später in Richtung Oberliga verließen. Es folgte ein Jahrzehnt mit neun Oberligajahren, nur unterbrochen durch einen Abstieg 1991, der aber sofort korrigiert werden konnte.

In der Oberliga gehörten die Blau-Gelben trotz ihrer langjährigen Zugehörigkeit allerdings eher zu den „Kleinen". Mit Rang 8 gelang nur 1996/97 eine einstellige Platzierung. Höchster Sieg der FSG in der Oberliga war ein 8:0 gegen Südwest Ludwigshafen, im heimischen Mühlbachstadion erspielt, einer sehr hübschen Anlage, auf der die Zuschauer vor allem auf der in einen Hang hineingebauten Nordseite Platz finden.

Der Oberliga-Abstieg 1999 zeichnete sich bereits frühzeitig ab, da die FSG in den Oberligajahren zunehmend in finanzielle Schieflage geraten war. Außerdem waren die ursprünglich sehr beachtlichen Zuschauerzahlen im Mühlbachstadion im Lauf der Zeit unter die Marke von 300 Besuchern pro Spiel gesunken. Im Sommer 2000 zog der Verein seine Mannschaft aus der Verbandsliga zurück, startete in der Kreisliga B neu und arbeitete sich wieder bis in die Verbandsliga hinauf. Inzwischen ging die FSG in einer weiteren Spielgemeinschaft auf, dieses Mal mit dem Nachbarn FC 08 Landsweiler-Reden. Sie bestand als SG seit 2015 und wurde 2021 in einen gemeinsamen Verein umgewandelt, die FSG 08 Schiffweiler-Landsweiler mit den Vereinsfarben Blau-Weiß.

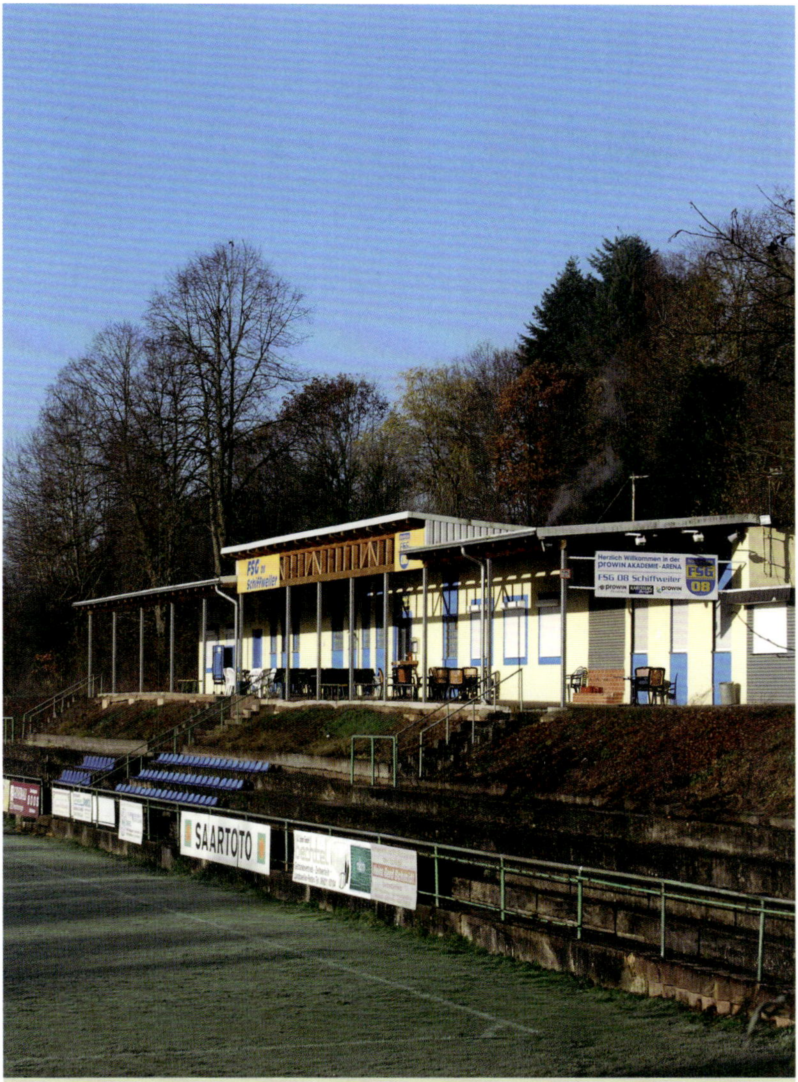

HARTE 4 FAKTEN

Adresse: Heiligenwalder Straße 1, 66578 Schiffweiler

Kapazität: 5.000

Verein: FSG Schiffweiler, FSG 08 Schiffweiler-Landsweiler

Vereinsfarben: Blau-Gelb, Blau-Weiß

Schœneck (F) 083

Stade Municipal

Heimspiele in Frankreich

Als dem SV Klarenthal im Jahr 2015 wegen finanzieller Probleme das Aus drohte, gründeten einige Mitglieder einen neuen Verein, den FC Klarenthal-Krughütte. Es fanden sich sogar genügend aktive Spieler in den eigenen Reihen, um eine Mannschaft zu melden, die zur Saison 2015/16 in den Spielbetrieb der Kreisliga A Mitte einsteigen sollte. Was noch fehlte, war ein Sportgelände, denn den Sportplatz in Klarenthal wollte man nicht nutzen. Fündig wurde der Verein ganz in der Nähe in Schœneck. Der Ort, etwa 2.500 Einwohner groß, liegt nur etwa zwei Kilometer östlich von Klarenthal. Aber, und das ist das Besondere, er liegt schon auf der französischen Seite der Grenze.

Schœneck hat eine lange Bergbautradition und gilt als Wiege des lothringischen Bergbaus. Etwa dort, wo heute der Sportplatz der Entente Sportive Schœneck liegt, stand das älteste Bergwerk der Region. Eine Marmortafel neben dem Eingang zum Sportplatz erinnert daran, ebenso wie die Adresse der Platzanlage. Sie lautet Rue du Puits: Schachtstraße.

Auch wenn es vom Sportplatz nur wenige Schritte bis zur Grenze sind: Spielbetrieb in einer deutschen Fußball-Liga auf französischem Boden ist ungewöhnlich, und es gibt einige bürokratische Hürden, die dafür aus dem Weg zu räumen sind. Das hatte ein paar Jahre zuvor der FC Habkirchen erfahren, der eine Spielgemeinschaft mit dem französischen Verein US Frauenberg eingegangen war. Die Habkirchener durften schließlich in Frankreich spielen, und die Klarenthaler konnten auf den im Bliesgau gesammelten Erfahrungen aufbauen. Die Abstimmung mit den Platzherren der E.S. Schœneck war hingegen recht unkompliziert, und so startete der FC Klarenthal-Krughütte mit viel Elan in seine erste Kreisliga-Saison. Immerhin elf Siege aus 25 Spielen bedeuteten einen guten Mittelfeldplatz. Aber die Verhältnisse in dem jungen Verein blieben instabil, und nicht immer gelang es, die Saison auch durchzuspielen. Seit 2019 stellt der FC Klarenthal-Krughütte nun keine Mannschaft mehr im Spielbetrieb.

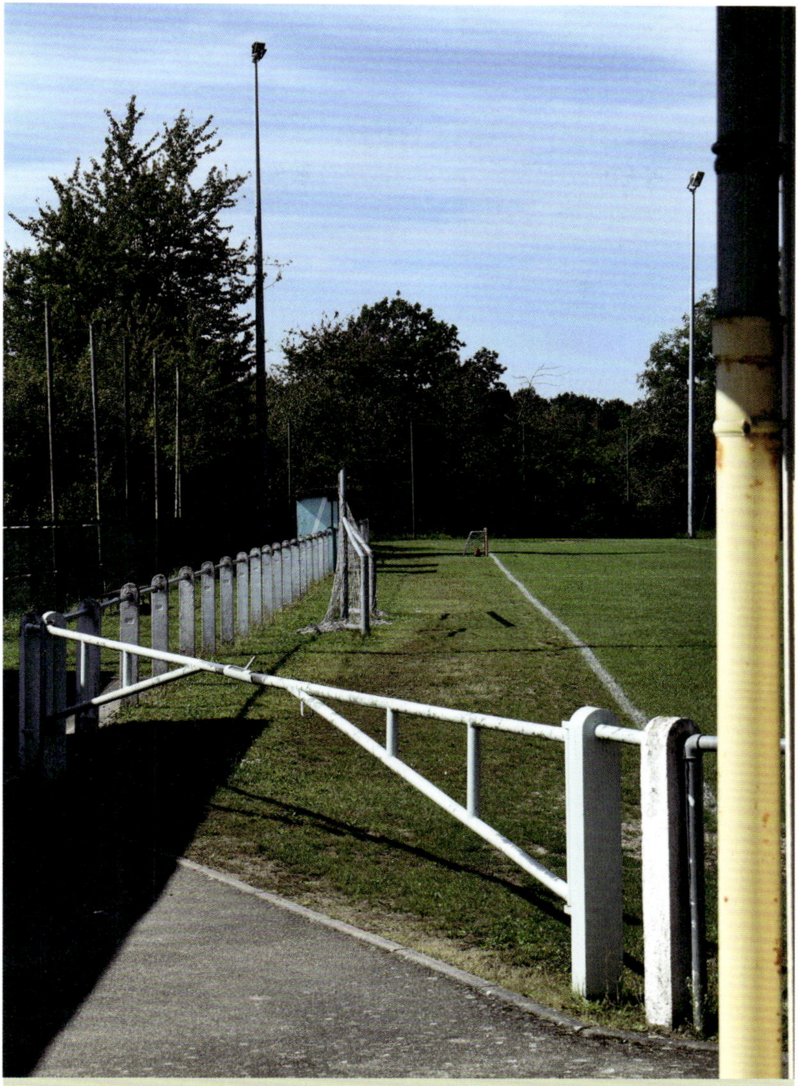

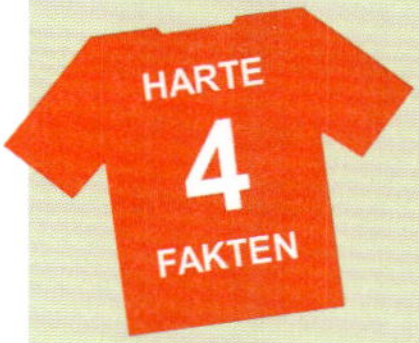

Adresse: Rue du Puits, F-57350 Schœneck

Kapazität: 1.000

Vereine: E.S. Schœneck, FC Klarenthal-Krughütte

Vereinsfarben: Grün-Weiß, Bordeauxrot-Schwarz

Siersburg 084

Hautzenbuckelstadion

Im Zeichen der Burg

Als der FV Siersburg 1926 gegründet wurde, gab es offiziell noch gar keinen Ort dieses Namens. Die Gemeinde Siersburg wurde erst 1937 gebildet, als Zusammenschluss der drei Dörfer Büren, Siersdorf und Itzbach. Namensgeber der neuen Gemeinde und des Vereins war die Siersburg, die im Mittelalter die Kontrolle des Saartals ermöglichte und von Weitem sichtbar über der Saar und der Nied thront. Heute stehen von der einst großen Burganlage nur noch einige Mauern sowie der massive Turm, den die Gemeinde und der Fußballverein in ihre Wappen aufnahmen. Vom Burgplateau bietet sich ein weiter Blick über das Saartal, den Ort Siersburg und dessen Fußballstadion am Hautzenbuckel.

Benannt nach einem alten Flurnamen ist das Stadion eine hübsche Anlage, schön in die Landschaft eingebettet zwischen einem Wäldchen und den Wiesen, die Siersburg vom Nachbarort Rehlingen trennen. Der Siersberg mit der Burgruine bildet die malerische Kulisse des Stadions, das in den späten 50er-Jahren angelegt wurde und den etwas beengten und zudem stark hochwassergefährdeten Sportplatz an der Nied im Ortsteil Büren ablöste. Ein Vereinsheim mit einem markant vorstehenden, blau verkleideten Obergeschoss stellte man an die nordöstliche Längsseite des Platzes. Hier befinden sich auch die meisten Zuschauerplätze der Anlage, die für etwa 3.000 Besucher ausgelegt ist.

So viel Publikum zieht der FV Siersburg aber nur selten an, obwohl der Verein sich seit 30 Jahren in den höheren Amateurligen etabliert hat. Die Siersburger erreichten 1990 erstmals die Landesliga und 1997 die Verbandsliga, in der sie bis 2001 vier Jahre in Folge Rang 10 belegten. Seit dem ersten Abstieg 2003 kamen sie dreimal zurück in die höchste saarländische Spielklasse (2004, 2013 und 2021), standen dort aber fast ausschließlich im Abstiegskampf und schafften überhaupt in keiner ihrer bisherigen elf Saarlandliga-Spielzeiten einen einstelligen Tabellenplatz. In der Saison 2021/22 nehmen die Blau-Weißen nun einen erneuten Anlauf.

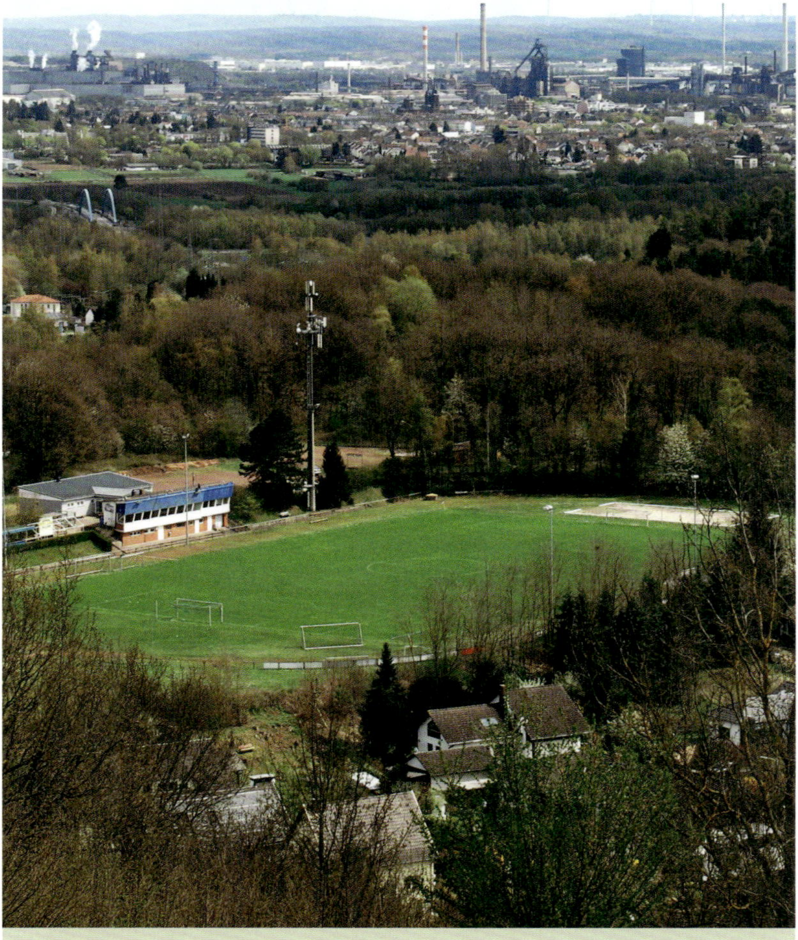

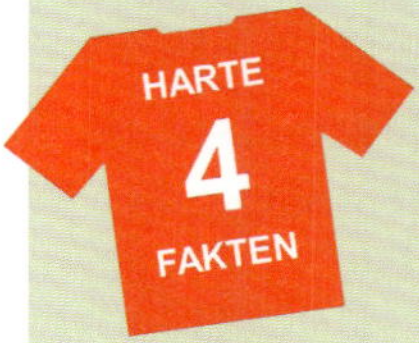

Adresse: Am Hautzenbuckel 1, 66780 Rehlingen-Siersburg
Kapazität: 3.000
Verein: FV Siersburg
Vereinsfarben: Blau-Weiß

Altenwald

Rudi Assauers Geburtsort

„Ich bin ein Kind des Ruhrgebiets, nur zufällig im Saarland rausgerutscht." So steht es in Rudi Assauers Biografie „Wie ausgewechselt". Seine Eltern lebten in Herten, wo Vater Franz Assauer als Stellmacher und in der Zeche Ewald arbeitete. Seine Mutter Elisabeth, genannt Else, stammte von der Saar. Als das Ruhrgebiet gegen Kriegsende immer stärker zum Ziel alliierter Luftangriffe wurde, beschloss die hochschwangere Else, ins weniger gefährliche Saargebiet zu fahren, wo ihre ältere Schwester lebte. So kamen die Zwillinge Rudolf und Karin Assauer am 30. April 1944 in Altenwald im Sulzbachtal zur Welt.

Wie Herten ist auch Altenwald ein vom Bergbau geprägter Ort, nur ein deutlich kleinerer. Die Ortsgeschichte des Sulzbacher Stadtteils ist nahezu identisch mit der Industriegeschichte. Bereits seit 1765 gab es hier eine Kokerei, die älteste in Deutschland. Fürst Wilhelm Heinrich von Nassau-Saarbrücken höchstpersönlich hatte hier Öfen zur Koksherstellung aufstellen lassen.

Als 1841 die Grube Altenwald die Steinkohleförderung aufnahm, bestand der Ort aus elf Häusern. Heute leben hier etwa 3.500 Einwohner. Die Grube wurde 1932 geschlossen, die benachbarte Kokerei 1963. An den Bergbau erinnert heute noch das Zechenhaus der Grube – und der infolge von Bergschäden sichtlich schiefe Turm der evangelischen Kirche.

In Assauers Vita kam nicht mehr viel Saarland hinzu. Er spielte für die SpVgg Herten, ging von dort zu Borussia Dortmund in die Bundesliga und später zu Werder Bremen, wo er auf den Managerposten wechselte. Zur Vereinslegende wurde er auf Schalke, wo er in den Jahren 1993 bis 2006 als Manager arbeitete. In seine Amtszeit fielen der Bau der Arena auf Schalke und der Sieg der „Eurofighter" im UEFA-Pokal 1997. Das Kind des Ruhrgebiets feierte seine größten Erfolge also in der Heimat.

2012 machte Assauer seine Alzheimer-Erkrankung publik und stellte die Krankheit auch in den Mittelpunkt seiner oben genannten Biographie. Er starb im Februar 2019 in seiner Heimatstadt Herten.

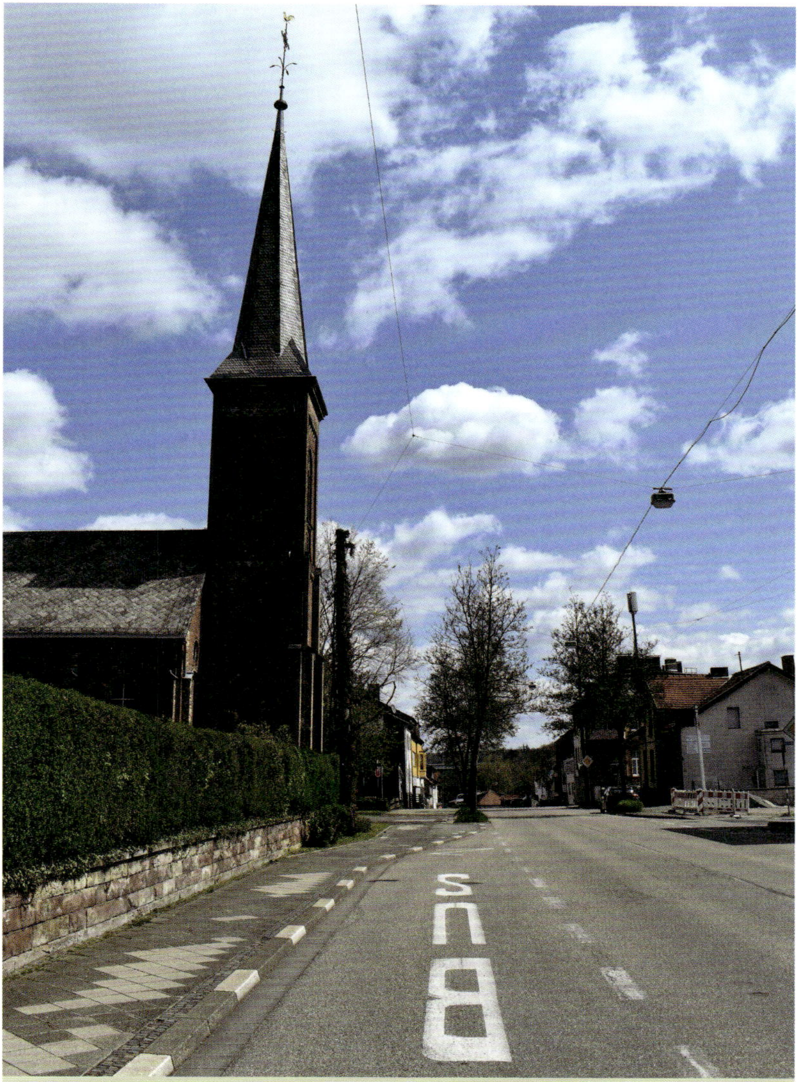

HARTE 4 FAKTEN

Adresse: 66280 Sulzbach-Altenwald

Lebensdaten: 30. 4. 1944 (Sulzbach-Altenwald) – 6. 2. 2019 (Herten)

1966: Europapokalsieger der Pokalsieger mit Borussia Dortmund

2006: Goldene Kamera (Kategorie: Bester Werbespot mit Prominenten)

Festhalle

Die Gründung des Saarländischen Fußballbundes

Ab dem Frühjahr 1948 drängten die französischen Behörden und die saarländische Regierung darauf, die Verbindungen zwischen dem Saarland und Frankreich zu intensivieren. Dies betraf auch den Sportbereich, in dem verstärkt ein eigenständiger saarländischer Spielbetrieb auf die Beine gestellt werden sollte. Saarländische Vereine durften nicht mehr gegen deutsche Vereine spielen, und zur Saison 1948/49 wurde eine „Ehrenliga" als höchste saarländische Spielklasse etabliert, in die auch die Saar-Vereine aus der Oberliga Südwest wechseln mussten. Nur der 1. FC Saarbrücken verweigerte sich und spielte nie in der Ehrenliga.

Parallel strebten sowohl die Franzosen als auch die Saar-Regierung an, das Saarland verstärkt in internationale Verbände einzubinden. Am 25. Juli 1948 trafen sich Vertreter aus Sport und Politik in der Sulzbacher Festhalle und beschlossen die Gründung des Saarländischen Fußballbundes (SFB) als eigenständigen saarländischen Nationalverband. Der Name war mit Bedacht gewählt. Als Fußballbund für den autonomen Saarstaat stellte man nicht nur die Weichen für eine von Deutschland weitgehend unabhängige Organisation: Das Saarland war nun auf einer Ebene mit dem DFB und anderen Landesverbänden.

Zum ersten SFB-Präsidenten wurde Willy Koch gewählt. Im Hintergrund zog aber bereits Hermann Neuberger die Strippen, der Koch schließlich im Mai 1950 auch offiziell ablöste. Schon einen Monat später konnte Neuberger einen großen Erfolg vermelden: Die FIFA nahm den SFB am 12. Juni 1950 als eigenständiges Mitglied auf – vor dem DFB, der erst im September 1950 folgte. Unter dem Dach des SFB entstand eine Auswahlmannschaft, die 19 offizielle Länderspiele absolvierte und bis 1956 existierte. Mit dem Ende des autonomen Saarstaates nach der Saar-Abstimmung 1955 wurde der SFB zum Saarländischen Fußballverband (SFV), der sich unter das Dach des DFB begab.

Die Festhalle in Sulzbach, in der die SFB-Gründung beschlossen wurde, steht nicht mehr: Sie wurde 2007 abgerissen und das Gelände eingeebnet.

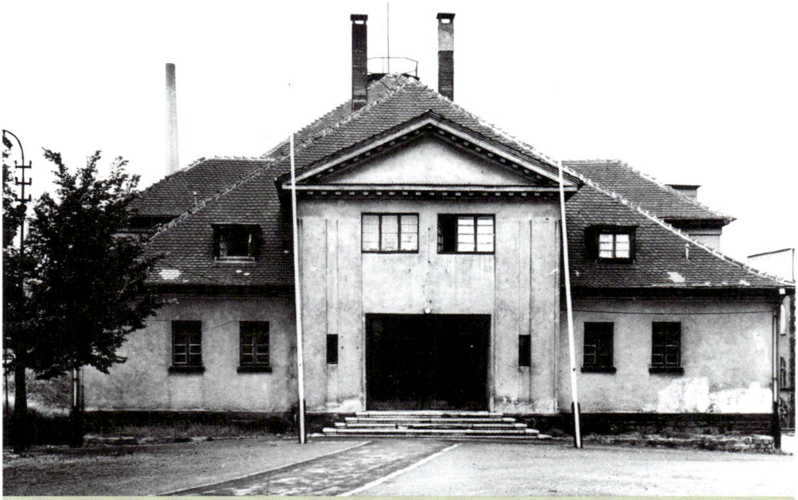

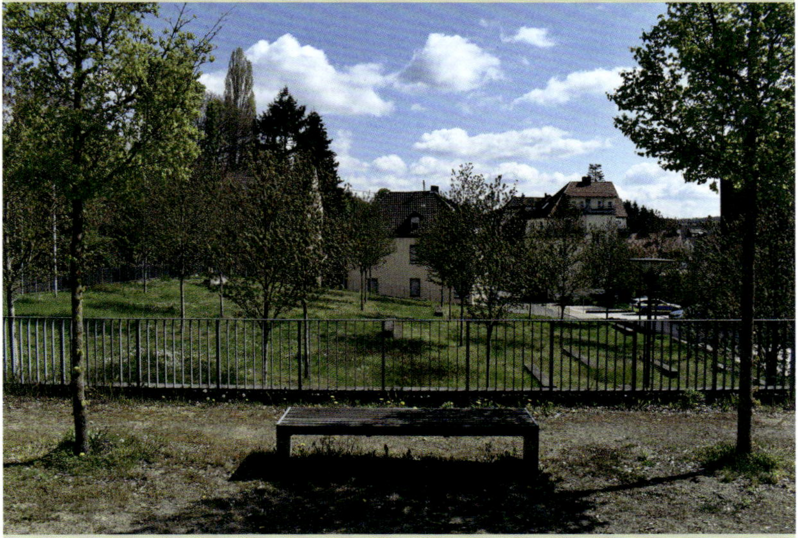

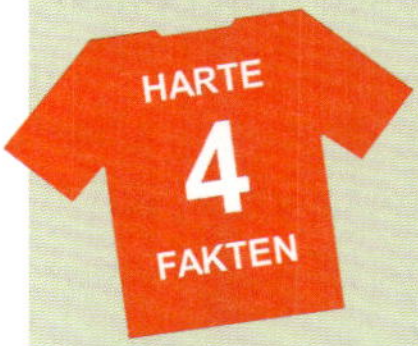

Adresse: Gärtnerstraße 10, 66280 Sulzbach

Aufnahme des SFB in die FIFA: 12. 6. 1950

Aufnahme des DFB in die FIFA: 22. 9. 1950

Aufnahme des DFV in die FIFA: 24. 7. 1952

Geburtshaus von Ludwig Harig

Pelés Knie und die saarländische Freude

Zu den wichtigsten Autoren der deutschen Nachkriegsliteratur zählt der Saarländer Ludwig Harig, 1927 in Sulzbach als Sohn eines Anstreichermeisters geboren. Zunächst Lehrer in Dirmingen und Friedrichsthal, arbeitete er seit 1974 als freier Schriftsteller und gilt heute als bedeutendster saarländischer Autor.

Zunächst schrieb Harig experimentelle Texte, konkrete Poesie und Hörspiele, später auch Romane und Erzählungen. Der 1986 erschienene und von der Kritik hochgelobte Roman „Ordnung ist das ganze Leben" über seine Kindheit und das Leben seines Vaters verhalf ihm endgültig zum Durchbruch. Harig befasst sich hier und in zwei Nachfolgeromanen mit der Nazizeit und seiner eigenen Rolle als Schüler einer NS-Lehrerbildungsanstalt. Die Romantrilogie steht im Saarland auf der Liste der Schullektüren. Parallel schrieb er zahlreiche weitere Texte, übersetzte Bücher aus dem Französischen und verfasste auch Werke in saarländischer Mundart. 1977 beschrieb er in „Die saarländische Freude" den Saarländer leicht augenzwinkernd als den vollkommenen Menschen.

Fußball taucht als Thema in Harigs Werk immer wieder auf, unverkennbar zum Beispiel in „Pelés Knie" mit sechs Erzählungen, im Hörspiel „Das Fußballspiel" und im Gedichtband „Die Wahrheit ist auf dem Platz", der 2006 anlässlich der WM in Deutschland auf den Markt kam. Bereits 1974 hatte Harig, ebenfalls zur WM im eigenen Land, den Band „Netzer kam aus der Tiefe des Raumes – Notwendige Beiträge zur Fußballweltmeisterschaft" herausgegeben, in dem Texte unterschiedlicher Herkunft und Qualität vereint sind: Fußballer (Fritz Walter, Hennes Weisweiler, Helmut Schön), Schriftsteller (Wolf Wondratschek, Walter Jens, Urs Widmer) und andere Autoren steuerten Texte bei.

Harig, der mit zahlreichen Literaturpreisen und Stipendien ausgezeichnet wurde, lebte bis zu seinem Tod im Mai 2018 in seiner Heimatstadt Sulzbach, die kurz darauf einen Platz am Rathaus in „Ludwig-Harig-Forum" umbenannte. Sein Geburtshaus steht in der Schlachthofstraße.

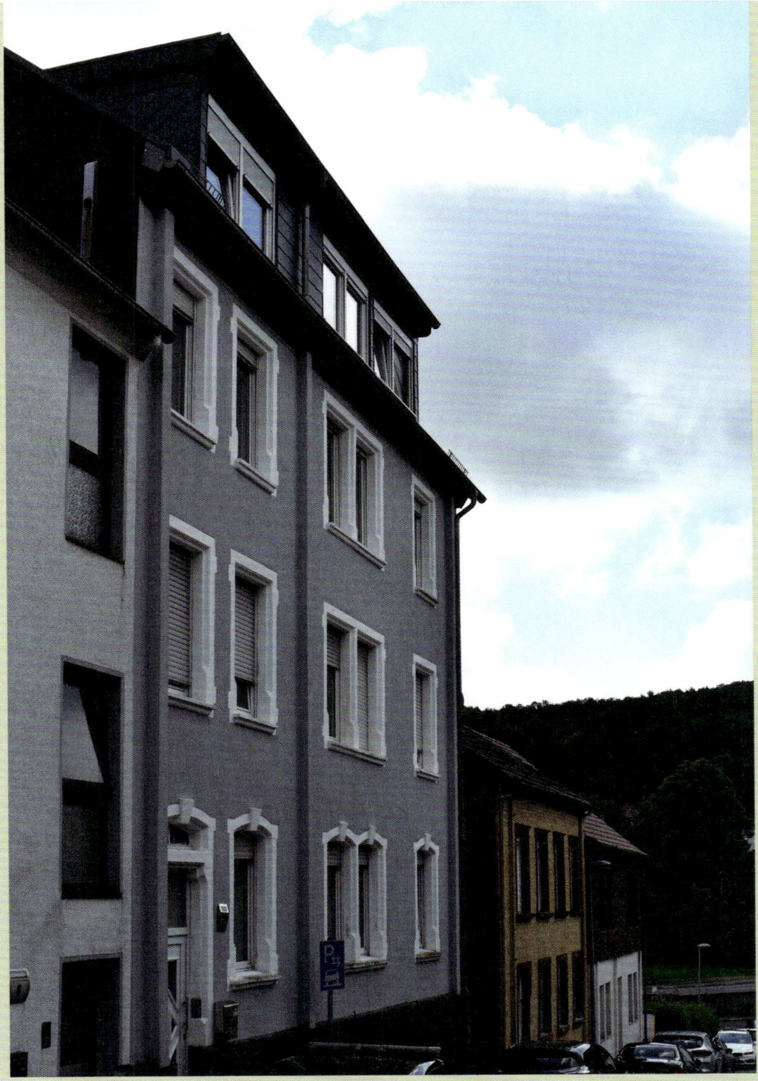

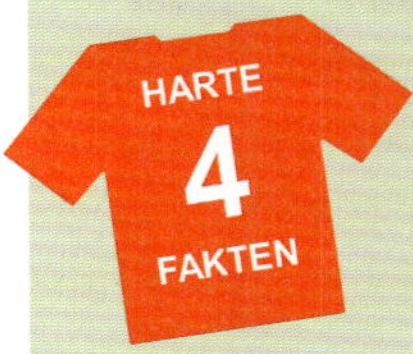

Adresse: Schlachthofstraße 6, 66280 Sulzbach

Lebensdaten: 18.7.1927 (Sulzbach) – 5.5.2018 (Sulzbach)

Carl-Zuckmayer-Medaille: 1985

Heinrich-Böll-Preis: 1987

Ludwig-Zeitz-Stadion (Viktoria-Stadion)

Dem Stadtteil treu geblieben

Der Ortsname klingt zwar nach ländlicher Idylle, aber Hühnerfeld, dessen Name sich übrigens aus „Hinterfeld“ entwickelt hat, ist ein Arbeiterstadtteil von Sulzbach, mitten im saarländischen Steinkohlerevier gelegen. Wer nach Hühnerfeld zog, kam wegen der Arbeitsplätze, die es in den Gruben des Sulzbachtales gab, in Altenwald, Mellin, Maybach und Brefeld. Vor allem von etwa 1950 bis 1965 boomte hier der Bergbau, und davon profitierte auch der örtliche Sportclub Viktoria, dessen große Zeit genau die Wirtschaftswunderjahre waren.

1952 gelang den Blau-Weißen der Sprung in die 2. Division Südwest. Als Tabellenelfter war die Viktoria in ihrer Aufstiegssaison bester Saarverein dieser Liga. Nur die drei Oberligisten 1. FCS, Neunkirchen und Saar 05 waren in diesem Jahr besser platziert als der Club aus dem Sulzbachtal. Die Viktoria spielte lange in der zweiten Liga und hielt sich auch nach dem Abstieg 1961 noch einige Jahre in der Amateurliga Saarland. Trotz zweier Meisterschaften (1963 und 1964) gelang die Rückkehr in die Zweitklassigkeit, nun die Regionalliga, aber nicht mehr. Kurz darauf ging es parallel zur sich verstärkenden Bergbaukrise abwärts mit dem Club, der 1968 erstmals aus der Amateurliga absteigen musste. Zwar kehrten die Blau-Weißen später mehrfach in die Verbandsliga zurück, rutschten aber nach 2007 immer tiefer und spielten 2017/18 sogar ein Jahr in der untersten Spielklasse. Mittlerweile gehen die Hühnerfelder immerhin wieder in der Bezirksliga an den Start.

Weil der Verein lange Zeit finanziell durch die Stadt Sulzbach unterstützt wurde, nannte er sich von 1958 bis 1984 Viktoria Sulzbach. Auch unter diesem Namen blieben die Hühnerfelder aber stets dem heimatlichen Stadtteil treu: Hier liegt das seit 1921 genutzte Sportgelände an der Grühlingstraße, das während der Zweitligajahre des Vereins zum Viktoria-Stadion ausgebaut wurde. Heute bietet es Platz für etwa 3.000 Besucher und ist als Ludwig-Zeitz-Stadion nach einem Sulzbacher Industriellen benannt.

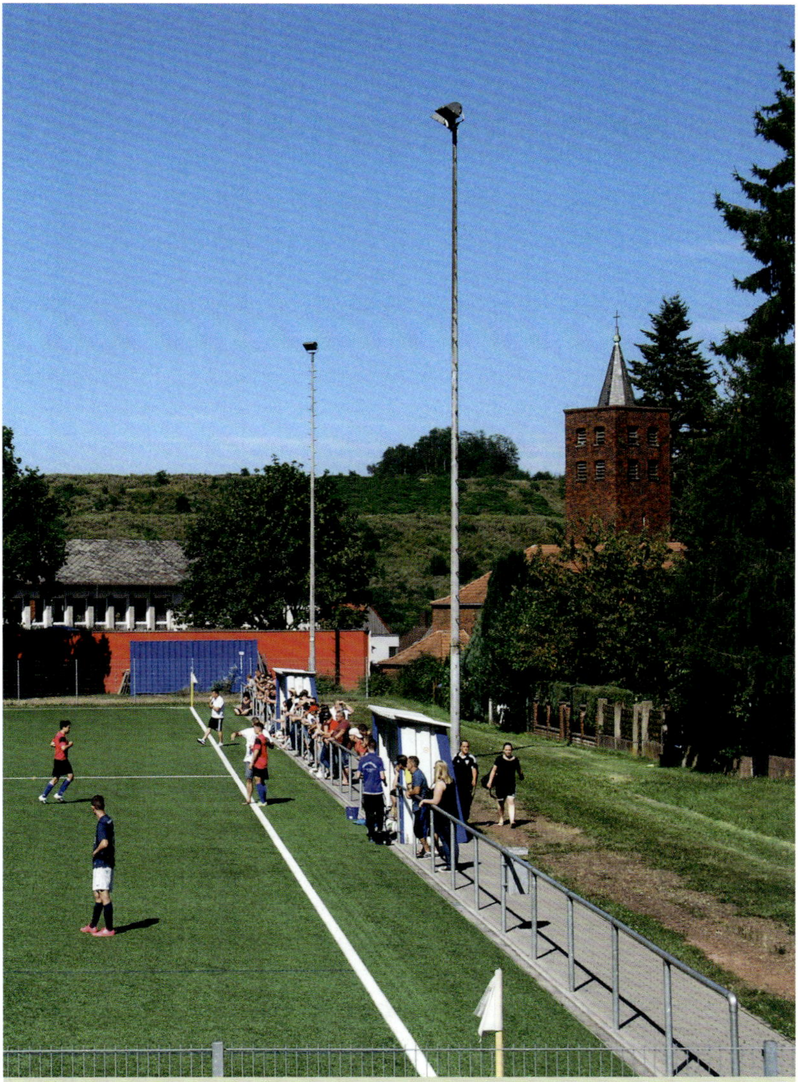

HARTE 4 FAKTEN

Adresse: Schachtstraße, 66280 Sulzbach

Kapazität: 3.000

Verein: Viktoria Hühnerfeld

Vereinsfarben: Blau-Weiß

Schaumberg-Stadion

Das Fußballdorf am Schaumberg

Mit dem Regionalliga-Aufstieg 1970 stand der VfB Theley aus dem nordsaarländischen 3.000-Einwohner-Dorf plötzlich überregional im Fokus. Theley war schon das zweite „Fußballdorf" der Liga, weil man im pfälzischen Alsenborn zeitgleich am Bundesliga-Aufstieg werkelte. Außer der Einwohnerzahl gab es aber kaum Parallelen, denn der VfB besaß bei weitem nicht die finanzielle Basis der Alsenborner. In Theley setzte man auf eine gute Jugendarbeit und eine goldene Generation von Spielern, die Trainer wie der ehemalige Sportfreunde-Torwart Hans Neuerburg und Saarfußball-Legende Herbert Binkert zu einer Einheit formten.

Der Klassenerhalt in der Regionalliga gelang aber erst 1972, beim zweiten Anlauf. Mit Rang 10 ging der VfB nur knapp hinter Alsenborn (Platz 8) durchs Ziel und ließ – aus Theleyer Sicht wohl viel wichtiger – den 1. FC Saarbrücken (Platz 13) hinter sich. Im Schnitt kamen 3.500 Zuschauer ins Schaumbergstadion; mehr als Theley Einwohner hatte. Auch im Folgejahr hätte Platz 13 zum Nichtabstieg gereicht, aber wegen der Auflösung der Regionalliga war das bedeutungslos. Immerhin gewann der VfB Theley im letzten Saisonspiel noch mit 1:0 im Ludwigspark, was beim FCS eine schwere Krise auslöste, weil die Saarbrücker damit die Meisterschaft verpassten und sportlich nun nicht mehr für die 2. Liga Süd qualifiziert waren. Durch die Hintertür (Stichwort „Alsenborn-Affäre") kamen sie aber doch noch nach oben.

Auch die Theleyer gelangten als Amateurliga-Zweiter noch zweimal in die Nähe der 2. Liga Süd, siegten außerdem 1976 im Saarlandpokal und erreichten im DFB-Pokal 1976/77 durch ein 2:0 über den BFC Preußen sogar die zweite Hauptrunde (0:4 gegen den MSV Duisburg). Danach war die große Zeit des VfB vorbei, der in den Folgejahren nur noch zwischen Verbands- und Landesliga pendelte. Bei einem letzten Oberliga-Gastspiel in der Saison 1999/2000 gelang der Klassenerhalt nicht, aber ein Zuschauerschnitt von knapp 500 Besuchern zeigte, dass das Fußballdorf Theley noch immer eng mit seinem VfB verbunden ist.

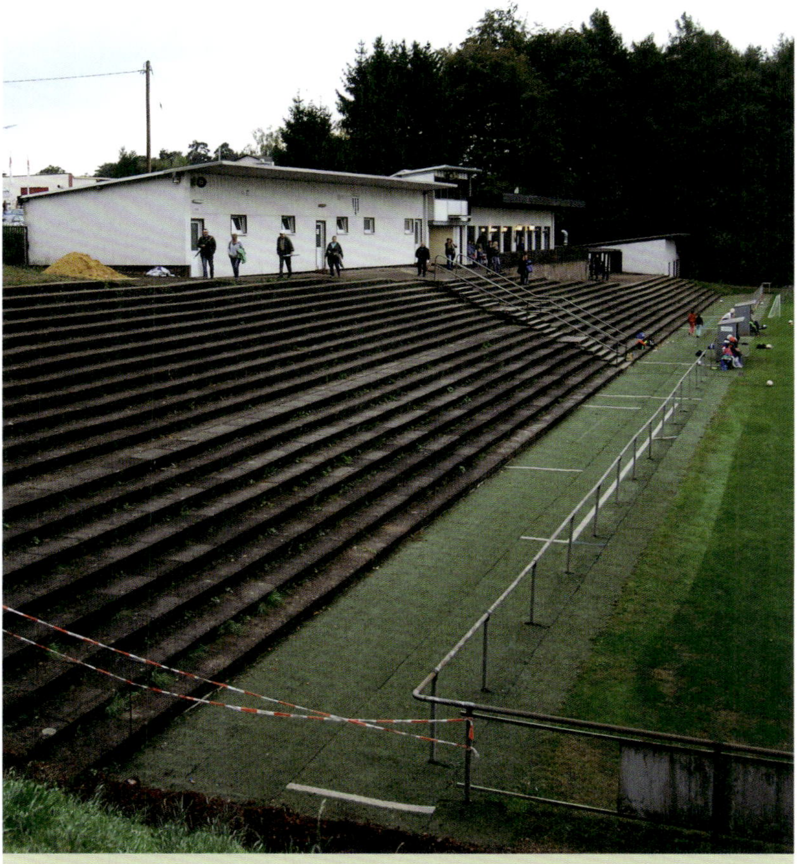

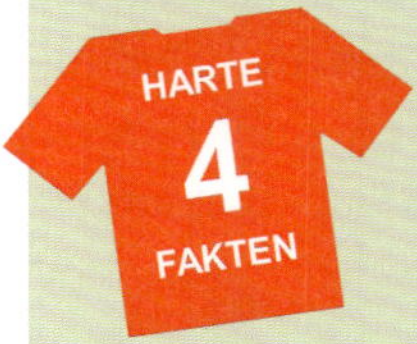

Adresse: Primstalstraße, 66636 Tholey
Kapazität: 6.000
Verein: VfB Theley
Vereinsfarben: Schwarz-Weiß

Überherrn 090

Waldstadion

De Grenz

„Aam hällen Dach, metten of da Gass, han aich de Grenz gefon", schrieb der Saarlouiser Autor Alfred Gulden in einem seiner Gedichte. Er beschreibt im moselfränkischen Dialekt die Grenze zu Frankreich auf den Saargau-Höhen, könnte aber auch vom Waldstadion der 11.000-Einwohner-Gemeinde Überherrn am Fuß des Saargaus schreiben: Wenn hier ein Spieler den Ball über die Seitenauslinie drischt, ist es durchaus möglich, dass der Ball bis nach Frankreich fliegt: „De Grenz" verläuft nicht einmal 50 Meter westlich des Stadions.

Dort ist der SSV Eintracht Überherrn zuhause. Der 1930 angelegte Sportplatz erhielt 1980 ein Rasenspielfeld, kurz nachdem der Verein mit dem Aufstieg in die Amateurliga die erfolgreichste Phase seiner Geschichte eingeläutet hatte. Zur Einweihung des Rasenplatzes kam der frischgebackene UEFA-Pokal-Sieger Eintracht Frankfurt nach Überherrn.

1986 gelang dem SSV der Sprung in die Oberliga Südwest: „Wir steigen nicht auf, um nur drinzubleiben", sagte Aufstiegs-Coach Heinz Genus damals. Mehr als Abstiegskampf war für die Überherrner dann aber doch nicht drin. Auf den Klassenerhalt mit Rang 13 folgte im zweiten Oberligajahr der Abstieg als Tabellenletzter. Immerhin honorierten die Zuschauer die Oberliga-Auftritte: Im Aufstiegsjahr lag der Schnitt im Waldstadion bei 675 Besuchern, und sogar als Absteiger zog der Verein noch mehr Zuschauer an als beispielsweise der Ligakonkurrent FK Pirmasens. 1995 kehrte der SSV nochmals für zwei Jahre in die Oberliga zurück und verabschiedete sich danach endgültig aus dem Südwest-Oberhaus. Es folgten noch fünf Jahre Abstiegskampf in der Verbandsliga, dann rutschte der Verein bis in die Bezirksliga ab.

An den einzigen Auftritt im DFB-Pokal, für den der Verein dank der Finalteilnahme im Saarlandpokal 1980/81 (2:3 n.V. gegen den ASC Dudweiler) qualifiziert war, wird man sich in Überherrn wohl nicht so gern erinnern: Im August 1981 ging die Erstrundenpartie gegen Fortuna Düsseldorf im dortigen Rheinstadion mit 1:10 verloren.

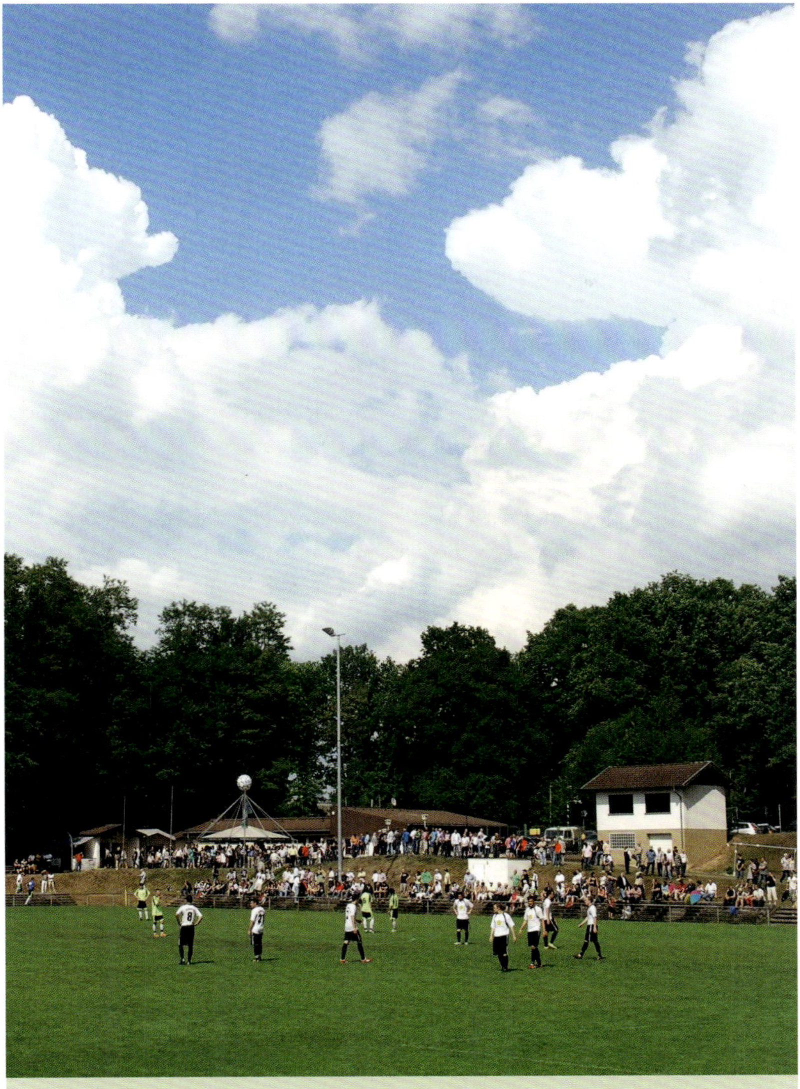

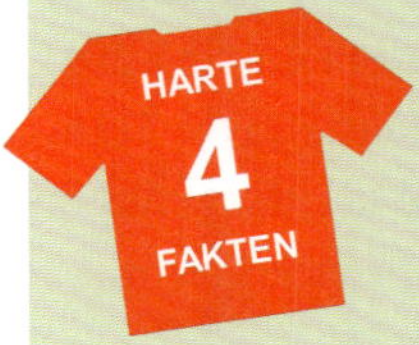

Adresse: Clasenweg, 66802 Überherrn
Kapazität: 3.000
Verein: SSV Eintracht Überherrn
Vereinsfarben: Schwarz-Gelb

Uchtelfangen 091

Wäschbachstadion

Am Niederrhein erfolgreich

In Uchtelfangen, einem Ort, der ziemlich genau in der geographischen Mitte des Saarlandes liegt, wird seit 1923 Fußball gespielt, zunächst beim FV Kaisen, später als Sportfreunde Uchtelfangen. 1976 spaltete sich der FC Uchtelfangen als reiner Fußballverein ab. Die Blau-Weißen blieben lange ein Kreisligist und arbeiteten sich erst 2005 in die damalige Landesliga vor, wo sie sich vier Jahre halten konnten.

Da war der begabteste Jugendspieler des Clubs schon weitergezogen: Patrick Herrmann begann zusammen mit Zwillingsbruder Pascal beim FCU mit dem Fußballspielen und wechselte 2004 in die Jugendabteilung des 1. FC Saarbrücken. 2008 ging er an den Niederrhein in die A-Jugend von Borussia Mönchengladbach, wurde dort ab 2009 in der zweiten Mannschaft eingesetzt und absolvierte im Januar 2010 – kurz vor seinem 19. Geburtstag – sein erstes Bundesligaspiel.

Gegen den VfL Bochum lagen die Gladbacher mit 0:2 zurück, als Herrmann in der 79. Minute eingewechselt wurde. Sein erster Ballkontakt war eine Flanke auf Fabian Bäcker, der per Kopf den Anschlusstreffer erzielte. Zwar gelang der Ausgleich nicht mehr, aber Herrmann hatte auf sich aufmerksam gemacht und kam nun häufiger zu Bundesliga-Einsätzen, bald auch in der Gladbacher Startelf. Inzwischen hat er die 300-Spiele-Marke überschritten.

Parallel durchlief Herrmann sämtliche Jugend-Nationalmannschaften und gab im Juni 2015 sein Länderspieldebüt bei der 1:2-Niederlage in einem Freundschaftsspiel gegen die USA. Auch hier lieferte er die Vorlage zu einem Tor durch Mario Götze. Es folgte aber nur noch eine weitere Berufung.

Patrick Herrmann kann man immer wieder in Uchtelfangen antreffen; er pflegt die Kontakte in die Heimat. Außerdem veranstaltet der FCU seit 2012 ein Turnier für Jugendmannschaften, zu dem jedes Frühjahr etwa 80 Teams auf den im Ortskern gelegenen Sportplatz kommen, der Wäschbachstadion genannt wird. Wenn es sich einrichten lässt, ist für den „Patrick Herrmann Soccer Cup“ auch der Namenspatron des Turniers anwesend.

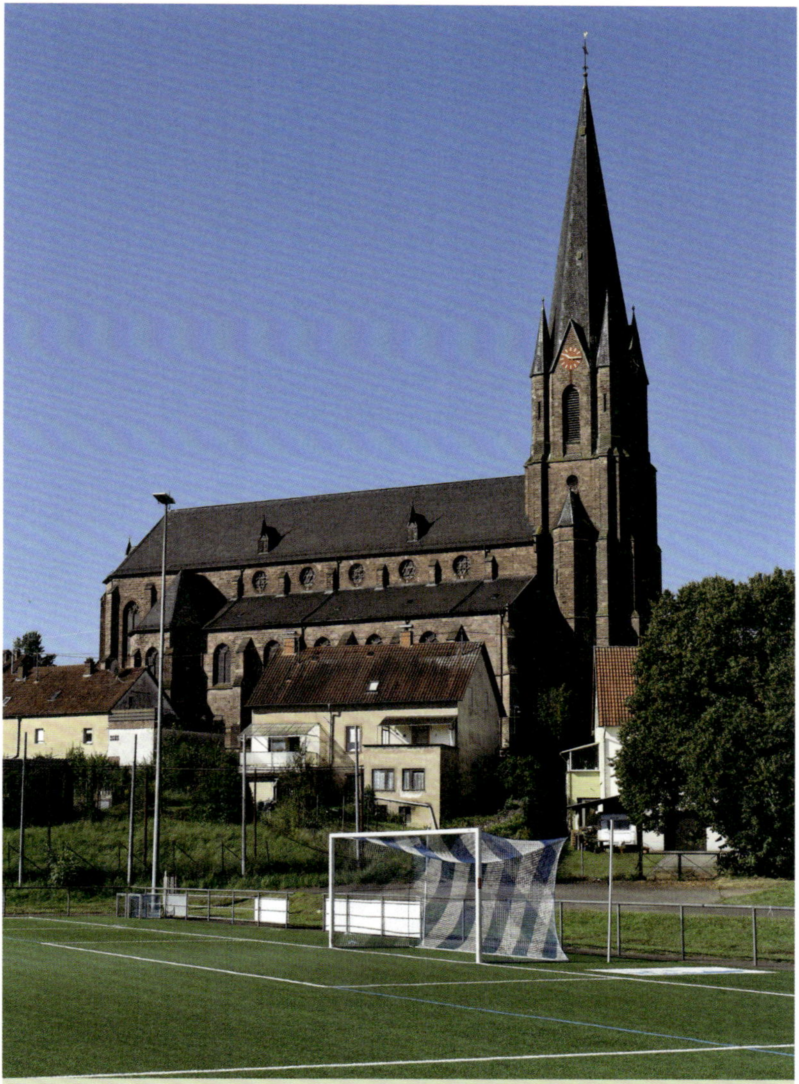

HARTE 4 FAKTEN

Adresse: Am Sportplatz, 66557 Illingen-Uchtelfangen

2004–08: 1. FC Saarbrücken

Seit 2008: Borussia Mönchengladbach

Länderspiele: 2

Bistro 06

Ein Weltmeister brachte den Aufschwung

Der 1906 gegründete SV Völklingen tauchte erst recht spät auf der überregionalen Fußballbühne auf. Unter dem Namen SuSG (Spiel- und Sportgemeinde) hatten die Völklinger zwar schon 1947/48 einen Kurzauftritt in der Oberliga Südwest, aber der eigentliche Aufstieg des Vereins begann erst mit der symbolträchtigen Verpflichtung eines Weltmeisters: 1960 kam der jüngst verstorbene Horst Eckel nach Völklingen. Hier war er in den folgenden neun Jahren als Spieler und Trainer aktiv und führte die Mannschaft 1963 in die Regionalliga, in der die Völklinger bis 1974 ununterbrochen spielten. Natürlich war es die Völklinger Hütte, die Eckel mit einer beruflichen Perspektive ins Saarland gelockt hatte und die ohnehin das finanzielle Fundament des SV bildete. 1966 benannte sich der Verein daher in SV Röchling um.

In der Schlussphase der Regionalligazeit erreichten die Völklinger 1972 und 1973 sogar die Aufstiegsrunde zur Bundesliga, scheiterten jedoch beide Male. Als Tabellenvierter der Saison 1973/74 qualifizierten sie sich aber immerhin für die 2. Liga Süd. Hier wurde die Saison 1975/76 zum erfolgreichsten Jahr der Vereinsgeschichte. Von Saarfußball-Legende Herbert Binkert trainiert, belegten die Völklinger Rang 6 und erreichten im DFB-Pokal das Viertelfinale, das gegen den Bundesligisten Hertha BSC nur knapp verlorenging (1:1, 1:2).

Danach aber ging es abwärts: 1977 zogen sich die Völklinger freiwillig aus der als „Pleite-Liga" verrufenen 2. Liga Süd zurück, weil hohen Ausgaben nur geringe Einnahmen gegenüberstanden und die Hütte, wegen der Stahlkrise selbst zunehmend in Schwierigkeiten, ihre Unterstützung immer weiter reduzierte. Nach einer letzten Zweitligasaison 1980/81 verabschiedete sich der Verein dauerhaft aus dem Profifußball. Als 1986 die Hochöfen der Völklinger Hütte für immer ausgingen, hing der Club bereits hoch verschuldet im Abstiegskampf der Verbandsliga fest. Erst 2002 gelang die Rückkehr in die Oberliga Südwest, in der sich der SV Röchling aber erst ab 2011 dauerhaft etablieren konnte.

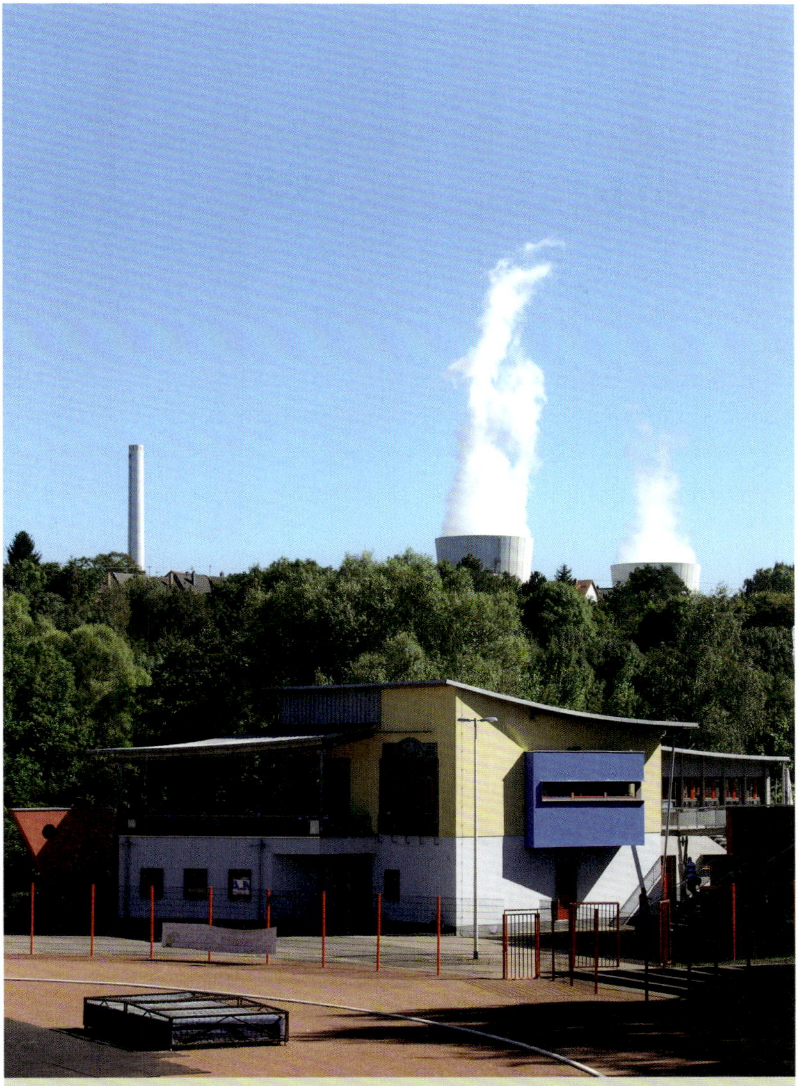

HARTE 4 FAKTEN

Adresse: Stadionstraße 10, 66333 Völklingen

Kapazität: ca. 8.000

Verein: SV Röchling Völklingen

Vereinsfarben: Schwarz-Rot

Hermann-Neuberger-Denkmal

Der Multifunktionär

Vor dem Stadion, das seit 1994 seinen Namen trägt, steht auch sein Denkmal: Hermann Neuberger, am 12.12.1919 im industriell geprägten Völklinger Stadtteil Fenne als Sohn eines Lehrerehepaares geboren, wuchs in Malstatt auf und arbeitete nach dem Krieg zunächst als Journalist und Werbetexter. Parallel schlug er eine Funktionärskarriere in der Fußballwelt ein. 1948 war er federführend an der Gründung des Saarländischen Fußball-Bundes beteiligt, dessen Präsident er von 1950 bis 1969 war. Zusammen mit Franz Kremer, Präsident des 1. FC Köln in jenen Jahren, galt Neuberger außerdem als „Vater der Bundesliga", deren Gründung er schon lange forciert hatte. Dass „sein" 1. FC Saarbrücken, der sich der Unterstützung Neubergers immer sicher sein konnte, in der Premierensaison einen Platz in der Bundesliga erhielt, sorgte für Unmut, speziell in Neunkirchen und Pirmasens, die sich benachteiligt sahen. Dort und auch anderswo war der streitbare und oft umstrittene Neuberger nicht sehr beliebt.

Der umtriebige Funktionär hatte zahlreiche Ämter inne, war Direktor der Saarland-Sporttoto GmbH und der Saarland Spielbank GmbH sowie Chef-Organisator der Fußball-WM 1974. Ein Jahr später wurde er auf dem DFB-Bundestag zum neuen DFB-Präsidenten gewählt. Als Vizepräsident der FIFA war er außerdem Organisationschef der Fußball-Weltmeisterschaften zwischen 1978 und 1990.

Zu einem handfesten Skandal kam es 1978 in Argentinien, als Hans-Ulrich Rudel, ein hochdekorierter Wehrmachtsoffizier und offen auftretender Rechtsextremist, dem WM-Quartier der deutschen Nationalmannschaft pressewirksam einen Besuch abstattete. Kritik an diesem Besuch ließ Neuberger nicht gelten. Seiner Karriere schadete dies, aus heutiger Sicht kaum vorstellbar, auch nicht, denn er blieb bis zu seinem Tod 1991 als DFB-Präsident im Amt.

Ein Denkmal mit dem Bronzerelief eines Fußballers hat man ihm kurz darauf in Völklingen trotzdem gesetzt, und neben dem Völklinger Stadion trägt auch die Landessportschule in Saarbrücken seinen Namen.

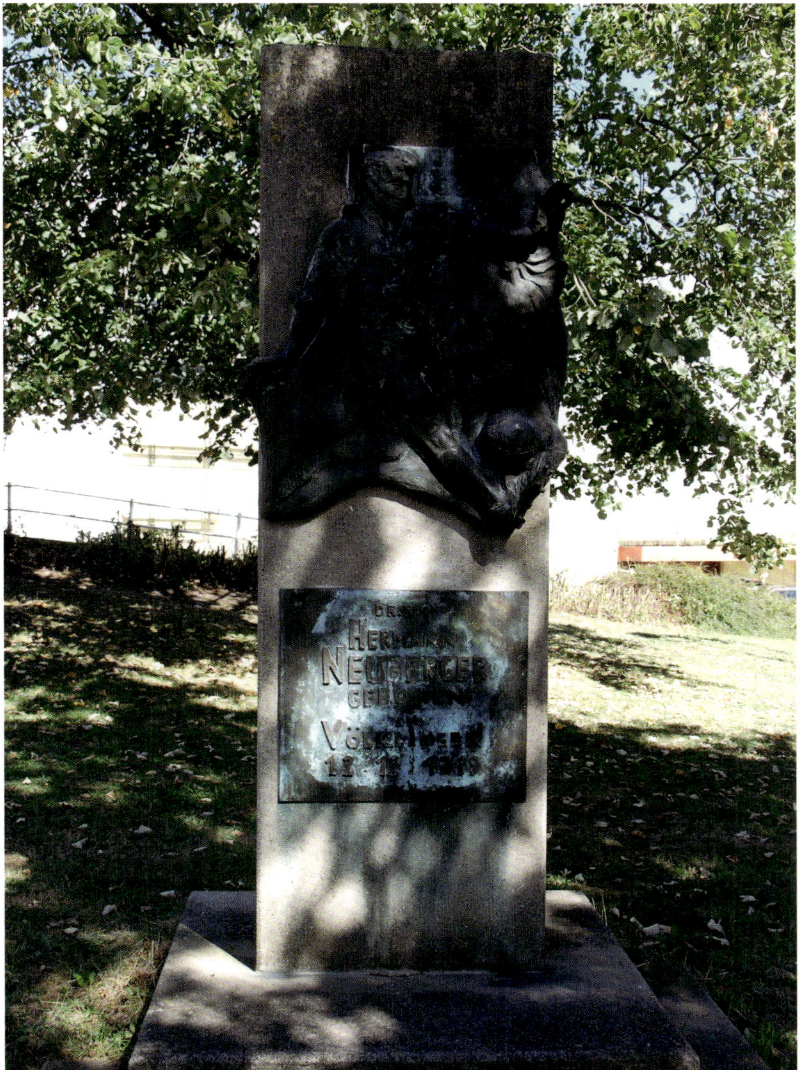

HARTE 4 FAKTEN

Adresse: Stadionstraße, 66333 Völklingen

Lebensdaten: 12. 12. 1919 (Völklingen-Fenne) – 27. 9. 1992 (Homburg)

SFB/SFV-Präsident: 1950–1969

DFB-Präsident: 1975–1992

Völklingen 094

Hermann-Neuberger-Stadion

Ein halbes Stadion

Während des Ludwigspark-Neubaus von 2016 bis 2020 fand der 1. FC Saarbrücken in Völklingen ein Ausweichquartier. Im dortigen Hermann-Neuberger-Stadion konnte der Club seinen größten Erfolg der letzten Jahre feiern, den Durchmarsch ins DFB-Pokal-Halbfinale 2019/20 mit Siegen über Köln, Karlsruhe und Düsseldorf. Aber sowohl der Club als auch seine Fans konnten sich mit dem Stadion in Völklingen nie so recht anfreunden. Für den SV Röchling hingegen, dessen 2007 eröffnetes Vereinsheim „Bistro 06" in der Südkurve steht, ist es die langjährige Heimat.

Seinen ersten Sportplatz am damaligen Straßenbahndepot in der Hohenzollernstraße musste der 1906 gegründete Sportverein schon kurz nach der Einweihung an das Militär abgeben. Im Köllerbachtal fand sich eine neue Spielstätte auf einem bereits 1913 von der Familie Röchling gestifteten Sportgelände. Anfang der 30er Jahre entstand dort ein erstes echtes Stadion mit kleiner Holztribüne, wiederum dank Unterstützung durch die Röchling'schen Werke, die auch die späteren Ausbauten des Stadions finanzierten, zum Beispiel die 1954/55 errichtete heutige Haupttribüne. Als die Völklinger 1974 die 2. Liga Süd erreichten, kamen die bis in die Kurven hineinreichenden Stehplatzränge beiderseits der Tribüne hinzu. Damit konnte das Städtische Stadion am Köllerbach, so der damalige Name, mehr als 16.000 Zuschauer aufnehmen.

Das Stadion wurde 1994 zusammen mit der benachbarten Sporthalle nach dem in Völklingen-Fenne geborenen DFB-Präsidenten Hermann Neuberger benannt. Bis auf kleinere Um- und Ausbauten hat sich seit den Zweitligajahren des SV Röchling nur wenig geändert. Das Stadion hat eine in den Hang hineingebaute Tribünenseite und eine flache Gegengerade, die für Zuschauer heute nicht zugänglich ist. Weil hier quasi nur ein „halbes" Stadion steht und daher Anfeuerungsrufe von der Tribüne unerwidert im Wald verhallen, fremdelten die FCS-Anhänger stets mit dem Völklinger „Exil". Aber inzwischen hat der SV Röchling sein Stadion ja wieder für sich.

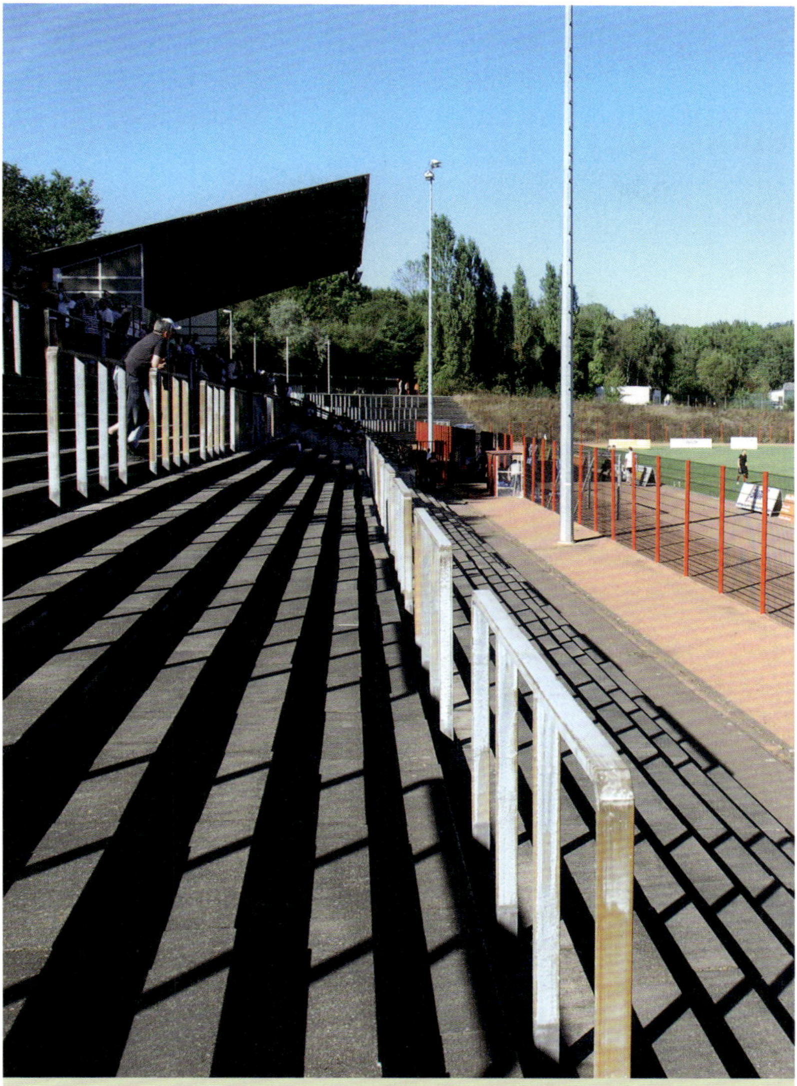

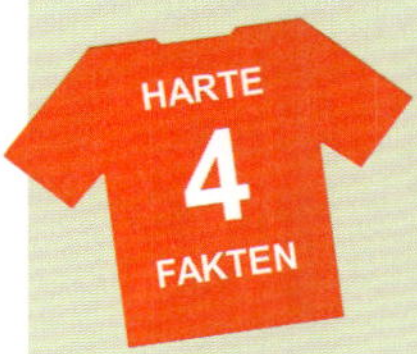

Adresse: Stadionstraße, 66333 Völklingen
Eröffnung: um 1930
Kapazität: ca. 8.200
Verein: SV Röchling Völklingen

Völklinger Hütte

Weltkulturerbe

Im Ruhrgebiet waren Fußballvereine und Zechen vielerorts sehr eng miteinander verbunden, und Vereine aus Schalke, Sodingen oder Erkenschwick prägten die legendäre Oberliga West. Im Saarland kamen die erfolgreichsten Fußballvereine zwar auch aus den Industrierevieren, aber eher aus Hüttenstädten wie Neunkirchen, Dillingen oder Saarbrücken-Burbach (Sportfreunde 05). Und natürlich aus Völklingen, wo der Sportverein Röchling den einst größten Arbeitgeber der Stadt sogar noch heute im Namen trägt.

Das 1873 gegründete Völklinger Eisenwerk, 1881 von den Brüdern Röchling übernommen, war fast hundert Jahre lang ein bedeutender Wirtschaftsfaktor im Saarrevier und Arbeitsplatz von bis zu 17.000 Menschen. Im Lauf der Zeit entstand eine hochkomplexe Industrieanlage um die zentrale Hochofengruppe, deren Winderhitzer fast 40 Meter hoch in den Völklinger Himmel ragen. Stadt und Eisenhütte waren so eng verbunden wie kaum irgendwo sonst: Die Hütte war nicht nur Arbeitgeber, sondern ließ Wohnungen, Schulen und Sportanlagen bauen und förderte soziale Projekte und Vereine. 1966 bedankte sich der Sportverein für die langjährige Unterstützung und änderte den Vereinsnamen in SV Röchling.

Aber die Geschichte der Hütte hat auch dunkle Kapitel. Die Sinteranlage und die Kokerei verursachten eine unfassbare Luftverschmutzung: Auf die Fensterbänke in Völklingen (und in den Orten der Umgebung) legte sich ständig eine dicke Staub- und Rußschicht. Umweltschutz oder Luftreinhaltung blieben Fremdwörter. Und vor allem ist da die geschichtliche Rolle der Hütte und ihres Leiters Hermann Röchling, der in der Nazizeit zum Wehrwirtschaftsführer ernannt wurde und in den Kriegsjahren zehntausende Zwangsarbeiter einsetzte.

In der Stahlkrise zog sich die Familie Röchling 1978 aus dem Unternehmen zurück. 1986 wurden die Hochöfen stillgelegt. Die Hütte sollte abgerissen werden, erhielt dann aber einige Jahre später als weltweit erstes Industriedenkmal den Status eines UNESCO-Weltkulturerbes und lockt nun zahlreiche Besucher nach Völklingen.

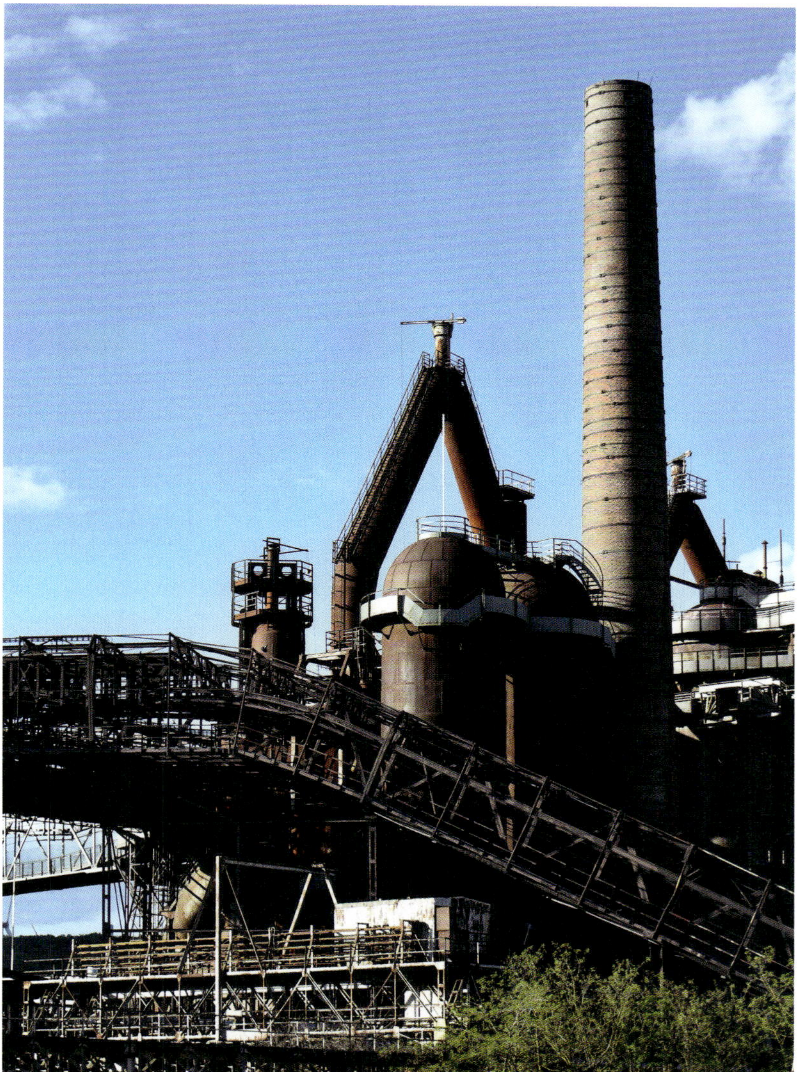

HARTE 4 FAKTEN

Adresse: Rathausstraße 75–79, 66333 Völklingen

Gegründet: 1873

Stilllegung der Hochöfen: 1986

Ernennung zum UNESCO-Weltkulturerbe: 1994

Spurker Friedhof

Mr. Sportschau

Am Anfang, im Jahr 1961, prägten Addi Furler und Ernst Huberty die neu ins Leben gerufene, vom WDR in Köln produzierte ARD-Sportschau. Die Sendung widmete sich zunächst dem allgemeinen Sportgeschehen und berichtete zum Beispiel von Pferderennen und vom Feldhandball. Erst als zwei Jahre nach der Erstausstrahlung die Bundesliga startete, verschob sich der Schwerpunkt zum Fußball, und der Sendetermin wanderte vom Sonntag auf den späten Samstagnachmittag.

1966 moderierte erstmals der ARD-Sportkoordinator Werner Zimmer die damals noch auf Seriosität bedachte Sportschau. Er kam vom Saarländischen Rundfunk, war bald einer der bekanntesten Akteure des bundesdeutschen Fußballjournalismus und erhielt den Spitznamen „Mr. Sportschau", den er sich allerdings mit Ernst Huberty und Heribert Faßbender teilen musste.

Dabei zählte der Fußball eigentlich gar nicht zu den Schwerpunkten seiner journalistischen Tätigkeit, sondern eher die Leichtathletik und der Radsport. Nicht zuletzt wegen Werner Zimmer liegt beim SR bis heute die Verantwortung für die ARD-Berichterstattung von der Tour de France. Wenn er von der Leichtathletik berichtete, wusste er, wovon er sprach: Er war in den 50er-Jahren aktiver Leichtathlet und als solcher auch Inhaber des Landesrekordes im 800-Meter-Lauf sowie Teil eines Staffel-Teams beim SV Saar 05, zu dem auch der spätere Olympiasieger Armin Hary zählte.

Geboren wurde Zimmer 1936 in Schaffhausen, damals eine eigenständige Gemeinde, heute ein Gemeindeteil von Wadgassen. Schon während des Studiums arbeitete er bei Radio Sarrebruck und ab 1961 als freier Mitarbeiter in der SR-Sportredaktion. Die Sportschau moderierte er bis 1993; der Bundesligafußball war da schon ins Privatfernsehen zu RTL und SAT1 gewandert. 2001 ging er nach 40 Dienstjahren beim SR, dessen stellvertretender Intendant er seit 1997 war, in den Ruhestand und lebte danach in St. Ingbert. Nach seinem Tod im April 2015 wurde er in seiner Heimatgemeinde auf dem Alten Spurker Friedhof beigesetzt.

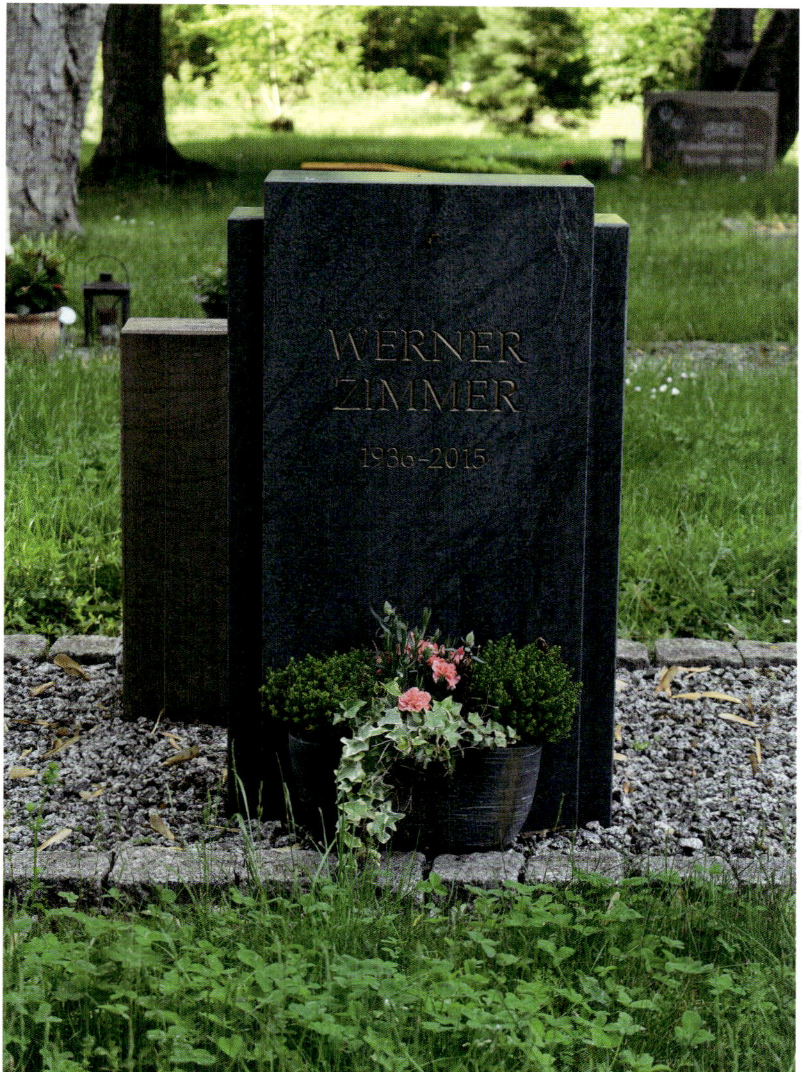

HARTE 4 FAKTEN

Adresse: Wadgasser Straße 175, 66787 Wadgassen

Lebensdaten: 19. 10. 1936 (Schaffhausen/Saar) – 20. 4. 2015 (St. Ingbert)

Sportschau-Moderationen: 314 zwischen 1966 und 1993

Berichterstatter bei der Tour de France: 1964 bis 2005

Walsheim 097

Sportplatz Pirminiusstraße

Das traurige Ende einer Brauerei

Im Vereinswappen der Sportfreunde Walsheim sieht man drei Männer, die Bier aus sehr großen Krügen trinken. Keine Szene, die im Umfeld des Amateurfußballs ungewöhnlich wäre, aber doch eine, die in einem Vereinswappen selten auftaucht. Der Club ist jedoch nicht, wie man vielleicht vermuten könnte, aus einer Thekenmannschaft entstanden, sondern wurde bereits 1927 gegründet. Und die Abbildung mit den drei Biertrinkern geht in genau diese Zeit zurück.

Walsheim ist ein Dorf im Bliesgau im ländlich geprägten Südosten des Saarlandes. Hier entstand um das Jahr 1848 eine zunächst kleine, bald aber sehr erfolgreiche Brauerei. In den 20er Jahren ließ der neue Besitzer Hans Kanter hochmoderne Firmengebäude im Stil des Neuen Bauens errichten. Walsheim hatte sich zur größten Brauerei der Region entwickelt und exportierte ins europäische Ausland, nach Südamerika und in die französischen Kolonien. Man legte sich auch ein expressionistisches neues Signet zu: Die drei Biertrinker.

Hans Kanter, der jüdischer Abstammung war, wurde direkt nach der Rückgliederung des Saarlandes 1935 abgesetzt. Die Nazis, so sagt man im Ort bis heute, trieben die Brauerei schon bald bewusst in Richtung Konkurs. Besonders schlimm kam es im September 1939. Walsheim liegt fast unmittelbar an der französischen Grenze. Die Bevölkerung wurde, wie in allen anderen grenznahen Orten, in den ersten Kriegstagen evakuiert, die Brauerei geschlossen. Die verbliebenen hier gelagerten Biervorräte sicherten sich im Ort stationierte Wehrmachtstruppen. Bier wurde in Walsheim nie mehr gebraut, und 1942 erfolgte die endgültige Stilllegung per Verwaltungsakt. Einige vom Krieg verschonte Brauereigebäude, Baudenkmäler von hohem architektonischem Wert, standen noch bis 1982 und wurden dann abgerissen. Heute hat sich im Ort nur noch ein Brauereikeller erhalten – und das Signet aus den 20er Jahren, denn die drei Männer mit ihren Bierkrügen leben (und trinken) weiter im Vereinswappen der Sportfreunde Walsheim in der saarländischen Landesliga.

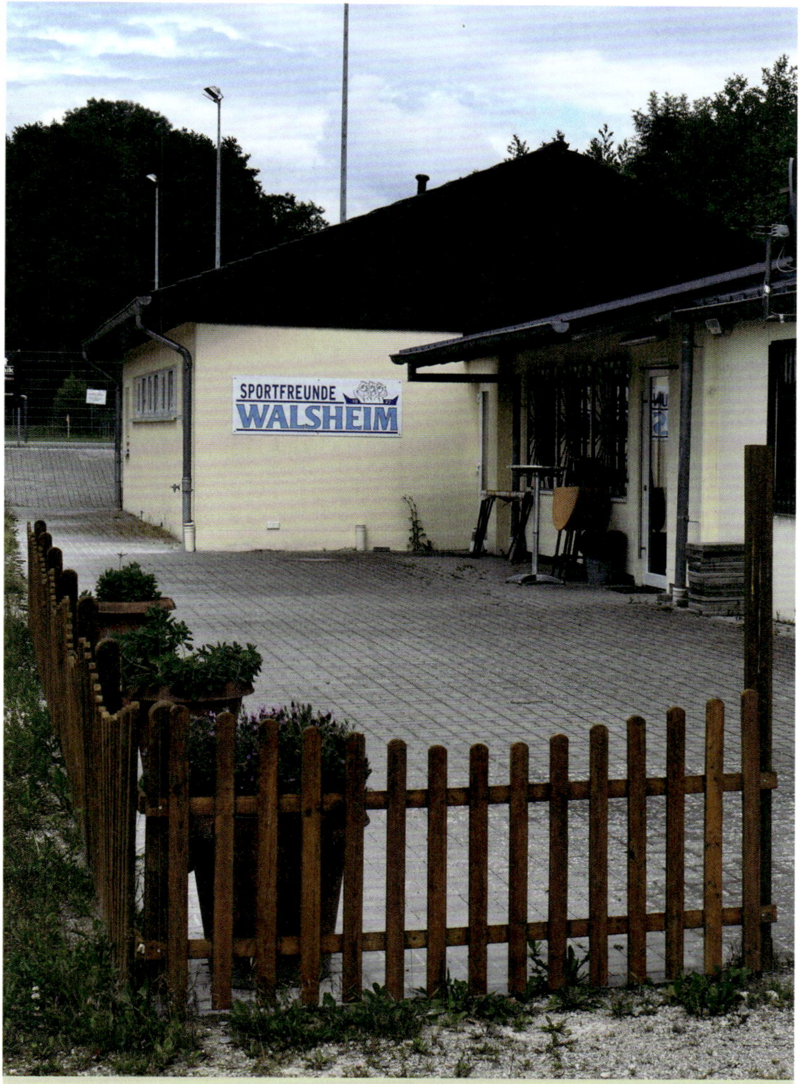

HARTE 4 FAKTEN

Adresse: Pirminiusstraße, 66453 Gersheim-Walsheim

Gründung der Brauerei: 1848

Schließung der Brauerei: 1942

Jahresproduktion um 1930: ca. 300.000 Hektoliter

Holzbachtal-Stadion

Die erste saarländische Nationalspielerin

Zu Beginn der 80er Jahre übernahm der VfR 09 Saarbrücken die Führungsposition im saarländischen Frauenfußball. Zwischen 1982 und 1990 gewann der Club sämtliche Landesmeistertitel – mit Ausnahme des Jahres 1984, als das Frauenteam des SV Weiskirchen die Saarlandmeisterschaft in den hohen Norden des Landes holte – übrigens zum zweiten Mal nach der Saison 1980/81. Zwar kam in der Endrunde zur deutschen Meisterschaft sowohl gegen den SV Schlierstadt als auch gegen den FSV Frankfurt bereits im Achtelfinale das Aus, aber im Saarland zählte das Team aus dem Holzbachtal-Stadion damals zur Spitzengruppe.

Beim SV Weiskirchen begann auch die Karriere von Margret Kratz, die dann vier Jahre beim 1. FC Kaiserslautern spielte und im Sommer 1986 zum VfR Saarbrücken wechselte. Die Angreiferin bedeutete für den saarländischen Spitzenclub eine echte Verstärkung, denn schließlich war sie 1985 als erste Saarländerin für die deutsche Nationalmannschaft aufgelaufen.

Noch während sie für den VfR auf dem Platz stand, erwarb sie 1992 als zweite Frau in Deutschland nach der späteren Nationaltrainerin Tina Theune die Trainerlizenz. 1995 beendete sie ihre aktive Karriere, wechselte auf die Trainerbank und führte den zwischenzeitlich abgestiegenen VfR 1997 zurück in die Bundesliga. Parallel arbeitete sie zu diesem Zeitpunkt bereits beim SFV in der Trainerausbildung und der Talentförderung. Sie leitete die Eliteschule des Mädchen- und Frauenfußballs, die an der Sporthochschule in Saarbrücken angesiedelt ist und aus der so erfolgreiche Spielerinnen wie Nadine Keßler und Dzsenifer Marozsán hervorgingen. Für dieses vielfältige Engagement im Saarfußball wurde sie 2015 bei der Wahl der Saarsportler mit einem Ehrenpreis für ihr Lebenswerk ausgezeichnet.

Am 1. Juli 2021 übernahm sie das Traineramt bei der ungarischen Frauen-Nationalmannschaft. Vom SFV ist sie hierfür zwei Jahre lang freigestellt. Das klingt nach einer spannenden Aufgabe, aber nicht nach einem endgültigen Abschied aus der saarländischen Fußballwelt.

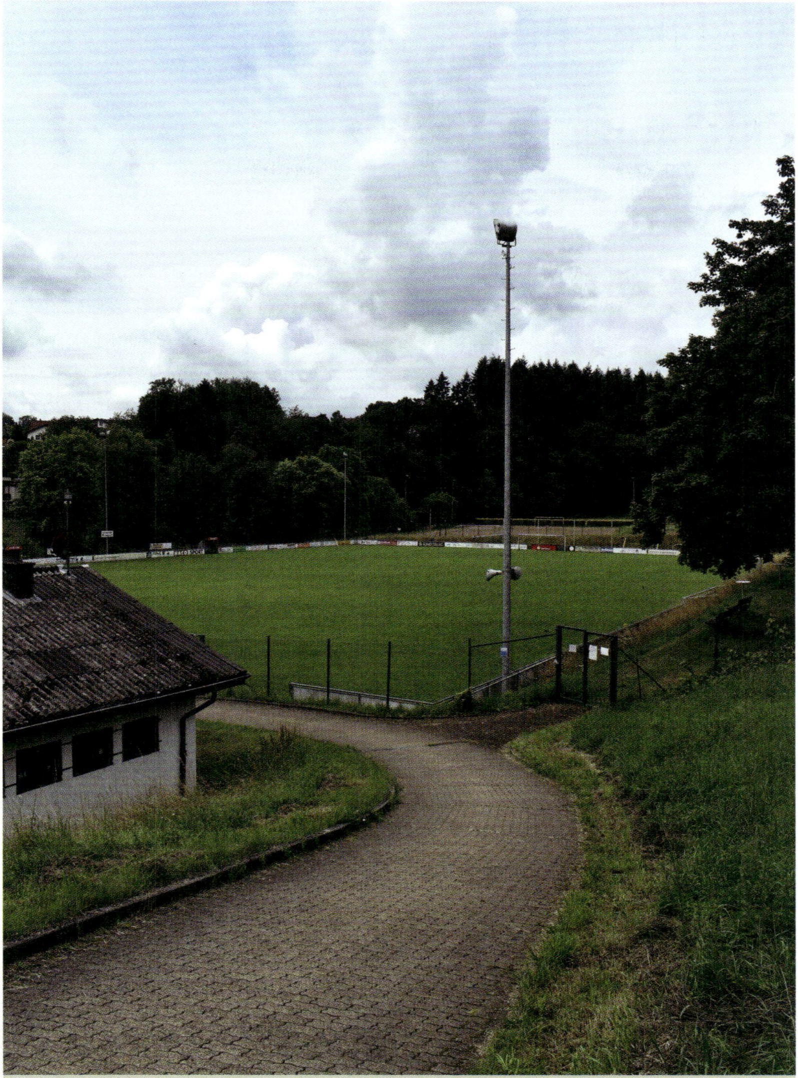

HARTE 4 FAKTEN

Adresse: Jugendherbergstraße, 66709 Weiskirchen

Spielstätte: Holzbachtal-Stadion (2.000)

Verein: SV Weiskirchen

Frauenfußball: 70er- bis 90er-Jahre

Hotel Hofhaus Antz

Gute Höhenluft

Trainingslager sind keine Erfindung der Fußball-Neuzeit. Schon in den 50er-Jahren verließen Vereins- und Nationalmannschaften gerne ihre gewohnte Umgebung, um sich intensiv auf bestimmte Begegnungen oder Turniere vorzubereiten. So begab sich auch die saarländische Nationalelf des Öfteren ins nördliche Saarland und logierte dort in Weiskirchen im Hotel Hofhaus Antz.

Das im Schwarzwälder Hochwald gelegene Weiskirchen erhielt vor einigen Jahren das Prädikat heilklimatischer Kurort und bietet heute eine große Reha-Klinik, ein Bäderzentrum namens Vitalis und einen Kurpark mit kleinem See in der Ortsmitte. In den 50er Jahren gab es all diese Einrichtungen noch nicht, wohl aber die gute Höhenluft des Hochwaldes, die deutlich besser war als die im saarländischen Kohle- und Stahlrevier. Ein gutes Hotel besaß Weiskirchen damals auch. 1930 hatte Josef Antz im Ortszentrum eine Gaststätte gepachtet und das Hotel Hofhaus Antz eröffnet, das bisweilen auch prominente Gäste begrüßen konnte: Bundeskanzler Ludwig Erhard weilte hier während des Bundestagswahlkampfes 1965. Auch die Mannschaft des 1. FC Saarbrücken kam regelmäßig nach Weiskirchen.

Im März 1954 bereitete sich die saarländische Elf hier auf das WM-Qualifikationsspiel gegen Deutschland vor. Die deutsche Elf bezog vor diesem Spiel ein Quartier im Lindenweg in Bischmisheim östlich von Saarbrücken. Das dortige Hotel Berghof wurde später geschlossen, das Gebäude als Seniorenheim genutzt. 2012 wurde ein Neubau errichtet, in dem übrigens bis zu seinem Tod im Januar 2020 der saarländische Nationalspieler Herbert Binkert wohnte. Er zählt als 12-facher saarländischer Nationalspieler zu den großen Persönlichkeiten des Saarfußballs.

Auch das Hotel Hofhaus Antz existiert nicht mehr. Das Gebäude stand längere Zeit leer und wurde schließlich 2003 abgerissen. An seiner Stelle errichtete man das Haus des Gastes, einen modernen Neubau, der heute zusammen mit der barocken Pfarrkirche und dem großen Pfarrhaus die Weiskircher Ortsmitte bildet.

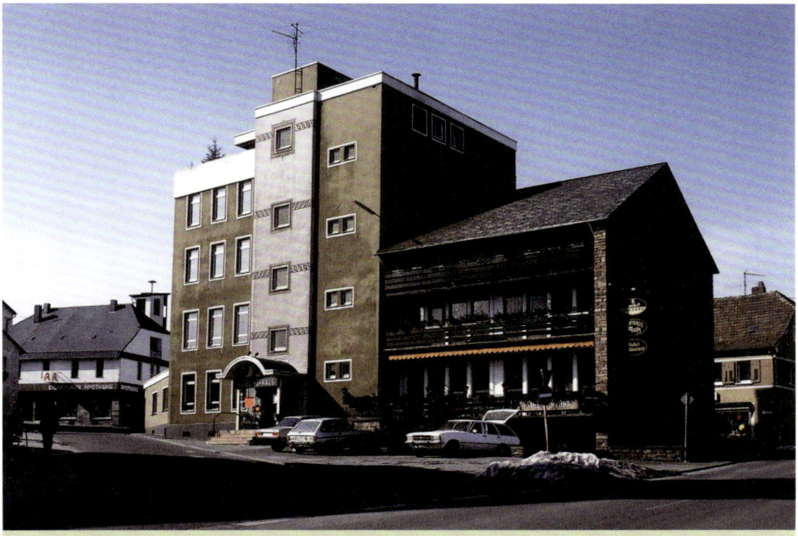

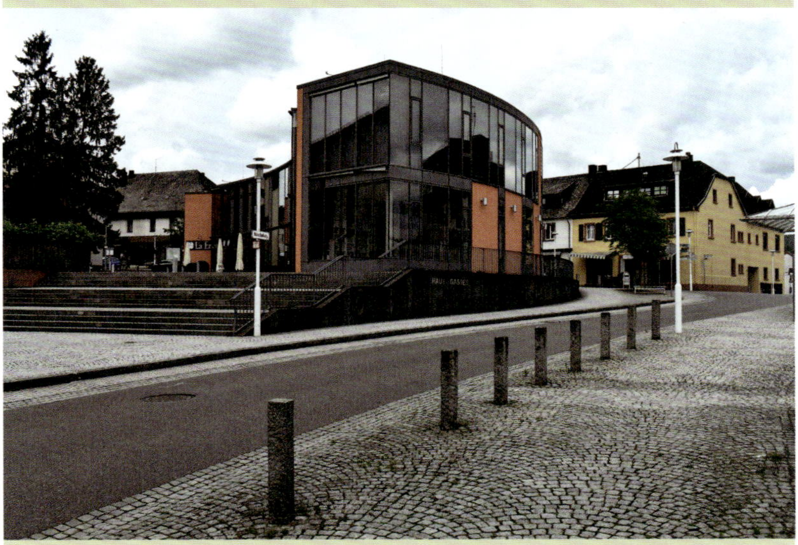

HARTE 4 FAKTEN

Adresse: Trierer Straße 21, 66709 Weiskirchen

Gründung des Hotels: 1930

Schließung des Hotels: 1990

Heute: Haus des Gastes (2005 eröffnet)

Wiesbach 100

Wallenborn-Stadion

Die echten Unabsteigbaren

Das grammatikalisch bedenkliche Adjektiv „unabsteigbar“ hatte der VfL Bochum erfunden, der allerdings nur wenig später dennoch den Gang in die 2. Liga antreten musste. Der FC Hertha Wiesbach hingegen kann mit Fug und Recht für sich beanspruchen, unabsteigbar zu sein: Laut Vereinschronik ist noch nie eine aktive Mannschaft abgestiegen. Allerdings waren lange Zeit auch die Erfolge dünn gesät, sieht man einmal vom Sieg im Amtspokal des Amtsbezirks Eppelborn im Jahr 1953 ab.

Der Verein wurde 1908 in der Gastwirtschaft Graus in Wiesbach-Mangelhausen gegründet, hieß zunächst SSK Hertha Mangelhausen und spielte ursprünglich in den Farben Schwarz und Weiß. Das heutige Schwarz-Gelb wurde erst 1952 festgelegt. Langsam, aber stetig ging es für die Wiesbacher durch die Amateurligen nach oben: 1992 erreichten sie die Bezirksliga, 2000 die Landesliga, 2004 die Verbandsliga und 2013 schließlich die Oberliga. Aufwärts immer, rückwärts nimmer.

Hilfreich war dabei ein Pool an Sponsoren, darunter Prowin, ein Direktvertriebsunternehmen aus dem nahen Illingen, dessen Name heute auch das 1959 eingeweihte Wallenborn-Stadion trägt. Aufgrund der guten Finanzlage und der spielstarken Mannschaft wurde der Aufsteiger sogar zu den Mitfavoriten in der Oberliga gerechnet. Das konnte die Hertha zwar nicht ganz erfüllen, aber der Club hält sich seitdem stabil im vorderen Mittelfeld der Liga, wenn auch mit eher niedrigem Zuschauerzuspruch. Erst als 2017 der FV Eppelborn für ein Jahr in die Oberliga kam, hob dies den Wiesbacher Schnitt an. Die Lokalderbys hatten schon in der Saarlandliga in der Regel mehr als 1.000 Besucher angelockt.

Ambitionen in Richtung Regionalliga hat die Hertha aktuell nicht, denn selbst als Dritter der Oberliga stellte der Verein 2016/17 keinen Lizenzantrag: Aus finanziellen Gründen, aber auch wegen des nicht regionalligatauglichen Stadions. Die Hertha gilt aber inzwischen als etablierter Oberligist und möchte das auch bleiben. Allein schon, um auch weiterhin als unabsteigbar bezeichnet zu werden.

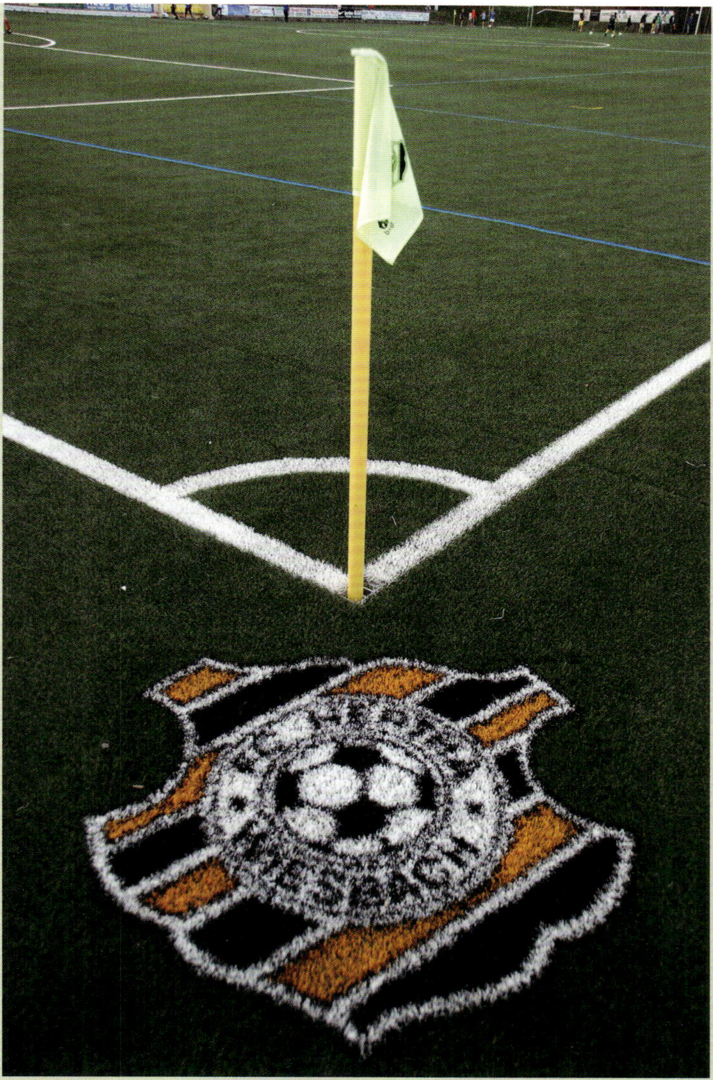

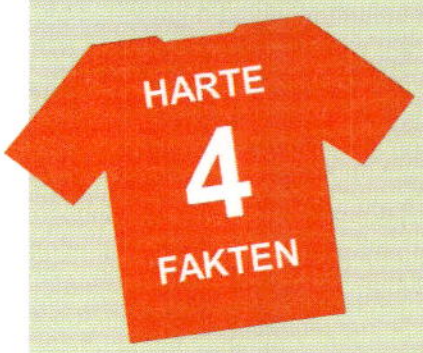

Adresse: Landstuhlstraße, 66571 Eppelborn

Kapazität: 2.000

Verein: FC Hertha Wiesbach

Vereinsfarben: Schwarz-Gelb

Einer geht noch, einer geht noch rein …

Dieser Ort hätte unbedingt noch reingehört?

Verzeihung. Bitte hier eintragen

HARTE 4 FAKTEN

Literatur-/Quellenverzeichnis

Jürgen Albers et al. (Hrsg.): Saarbrücken zu Fuß. 17 Stadtteilrundgänge durch Geschichte und Gegenwart. Hamburg 1989.

Heinrich Biehl: Die Geschichte der Alten Villa auf dem Kitten, Band 7, Dudweiler Geschichtswerkstatt, 2002

Paul Burgard, Ludwig Linsmayer: 90 Minuten. Mit Ferdi Hartung in die Bundesliga. Teil 1: Borussia Neunkirchen. Saarbrücken 2012.

Paul Burgard, Ludwig Linsmayer: 90 Minuten. Mit Ferdi Hartung in die Bundesliga. Teil 2: 1. FC Saarbrücken. Saarbrücken 2014.

Paul Burgard, Ludwig Linsmayer: Der Saarstaat. L'État Sarrois. Saarbrücken 2005.

Deutscher Sportclub für Fußballstatistiken e.V. (Hrsg.): Saarland-Chronik. Fußball im Saarland 1963/64 – 1993/94. Seelze 2018.

Deutscher Sportclub für Fußballstatistiken e.V. (Hrsg.): Saarland-Chronik. Fußball im Saarland 1994/95 – 2008/09. Seelze 2020.

Tobias Fuchs, Jens Kelm: 100 Jahre Ellenfeld-Stadion. Vom Borussia-Sportplatz zum Erinnerungsort. Neunkirchen 2012.

Tobias Fuchs: Das Warenhaus und die Familie. Die Joseph Levy Witwe AG und ihre jüdischen Besitzer, in: Saarbrücker Hefte 112 (2015), S. 89–97.

Dieter Gräbner, Ferdi Hartung: Foto: Hartung. Das Beste aus 50 Jahren Sportfotografie. Saarbrücken 2007.

Hardy Grüne, Christian Karn: Das große Buch der deutschen Fußballvereine. Kassel 2009

Hardy Grüne (Hrsg.): Zeitspiel Legenden: Fußballvereine, Band 1. Hannover 2020.

Johannes Hoffmann: Das Ziel war Europa. Der Weg der Saar 1945–1955. St. Ingbert 2013.

Ulrich Homann, Ernst Thoman: Als die Ente Amok lief. Geschichten aus den ersten 10 Jahren Fußball-Bundesliga 1963–1973. Essen 1989.

Ulrich Homann, Achim Nöllenheidt (Hrsg.): Don Hennes und die Liebe zur Liga. Geschichten aus der Bundesliga 1973–82. Essen 1992.

Reinhard Klimmt, Herbert Günther: Die Molschder 1903–2003. 100 Jahre 1. FC Saarbrücken. Saarbrücken 2003.

Carsten Pilger: 111 Gründe, den 1. FC Saarbrücken zu lieben. Berlin 2016.

Saarländischer Fußballverband (Hrsg.): 50 Jahre Saarländischer Fußballverband. Saarbrücken 1998.

Saarländischer Fußballverband (Hrsg.): Saarfußball: 5 Jahre in der FIFA. Saarbrücken o.J. (ca. 1957).

Heinrich Schirra: FC Hellas Marpingen. „So war es ...". Eine Zeitgeschichte des FC Hellas und der Marpinger Bevölkerung. Marpingen o. J. (ca. 1995).

Werner Skrentny (Hrsg.): Das große Buch der deutschen Fußball-Stadien. Göttingen 2010.

Werner Skrentny (Hrsg.): Teufelsangst vorm Erbsenberg. Die Geschichte der Oberliga Südwest 1946–63. Essen 1996.

Von der Stunde 0 zum Tag X. Das Saarland 1945–59. Saarbrücken 1990.

110 Jahre Sportfreunde 05 Saarbrücken e.V. Saarbrücken 2015.

100 Jahre FSV Saarwellingen.1911–2011. Festschrift zum Jubiläum. Saarwellingen 2011.

100 Jahre SV Röchling Völklingen 06. Völklingen 2006.

Web-Quellen:

de.wikipedia.org
www.11freunde.de
www.borussia-neunkirchen.saarland
www.fc08homburg.de
www.fc-saarbruecken.de
hörfehler.org
(Podcast zu Fußball-Zeitgeschichte)
www.landesarchiv.saarland.de
www.lpm.uni-sb.de/typo3/index.php?id=lpmlbsagb
(Landesbildstelle des Saarlandes)
www.lsvs.de
www.saarbruecker-zeitung.de
www.saar-fv.de
www.saar-nostalgie.de
www.sr.de
www.suedwest-fussball.de

Danksagungen

Christine Alt (Saarländischer Fußballverband), Dr. Tobias Fuchs, Hardy Grüne, Jutta Haag (Landesarchiv Saarland), Gabi Hartmann (Nachlass Paul Hartmann), Sebastian Kolb (Saarländischer Rundfunk), Peter Luy (Gemeinde Weiskirchen, Archiv), Carsten Pilger, Ralf Pirmann, Bernd Sautter, Tanja Schepp (Hofschule Bildstock), Francisco Sierra Garrido (Landesbildstelle des Saarlandes).